철학 이야기(하)

현대사상연구회 엮음

차 례

철학 사상 이야기(하)

제8장 19세기의 사상(2)

인간과 사상

프랑스의 번영은 과학, 미술, 공예의 진보에서 오는 결과로서밖에 실현될 수 없다. 그런데 모든 공후(公侯)들이나 궁정의 고관, 사교들, 원수, 지사, 그리고 아무것도 하지 않는 유한배들은 과학, 미술, 공예의 진보에 조금도 도움이 되지 못한다. 그들은 이러한 것의 진보에 공헌을 하기는커녕 진보를 방해하는 일밖에 할 수 없는 사람들이다. 그 이유는 그들이 지금까지 계속해 온 바의 실증적인 지식에 대한 추측적인 이론의 우월을 길이길이 계속시키려고 노력하기 때문이다. 그들은 과학자나 예술가나 기술자들로부터 이들이 응당 받아야 할 최고의 존경을 빼앗아 가고 필연적으로 국민의 번영을 방해한다. 말할 것도 없이 그들은 과학이나 미술이나 공예의 진보에 직접 도움이 되지 않게끔 자기들의 재산을 사용하기 때문이다. 뿐만 아니라 국민이 바치는 세금에서 봉급, 연금, 상여, 보상, 기타의 명의로 국민에게는 쓸모없는 자기들의 일을 위해서 해마다 3억으로부터 4억에 이르는 막대한 돈을 끌어낸다.

이상의 가정은 현재의 정치의 가장 중요한 사실을 명백히 한다.

그리하여 이 사실 전체를 한 눈으로 볼 수 있는 장소에 우리를 세워 놓고 있다. 다시 말하면 이것은 사회 조직이 아직 불완전하다는 것, 많은 사람들이 아직도 폭력과 책략에 의해서 탈취당하고 있다는 사실, 인류는 정치적으로 더욱 부도덕한 곳에 깊이 가라앉아 있다는 사실을 간접적이기는 하지만 명확하게 우리에게 설명하고 있는 것이다.

《생시몽[1]의 우언(寓言)》

생시몽은 푸리에, 오언과 나란히 공상적 사회주의를 대표하는 인물이다. 공상적 사회주의는 인도주의의 입장에서 빈곤에 허덕이는 사람들을 구하고자 하여 지배계급의 존재에 눈을 돌렸다. 생시몽의 이 말에서도 지배계급이 사회에 있어서 쓸모없고 해롭기만 한 존재라고 말하고 있다. 공상적 사회주의는 사회나 경제의 과학적 법칙을 충분히 분석하지 않았기 때문에 공상에 그치고 말았다. 그러나 그 동기는 사회 개혁을 뜻하는 사람들의 가슴에 영원히 살아 있었다. 마르크

---

1) 생시몽(Claude Henri Comte de Saint-Simon, 1760-1825), 프랑스의 사회 주의자. 파리의 귀족(백작) 출신. 달랑베르에게 사사했다. 미국 독립전쟁 에 참가했고 프랑스 대혁명의 공포정치 시대에 룩셈부르크에 유폐당했 다. 사회 재조직의 문제를 푸는 것을 평생의 과제로 하여 실증 정치학, 물 리주의(物理主義)라고 스스로 명명한 방법에 의한 산업 국가를 실현하려 했다. 계급의 대립을 인식하여 자본주의 기구에 비판의 눈을 돌리면서 최 종적 해결은 종교(원시 그리스도교)에 맡겼다. 그의 사상은 제자인 콩트 에 의해서 실증주의 사회학으로 발전되었지만 한편 종교적 경향을 띤 생 시몽주의도 형성되었다. 사회 개량을 위하여 전사재(全私財)를 던지고 만년에는 빈곤에 고통을 입어 자살까지 하려 했다. 저서에는 《생시몽의 우언(寓言)》, 《산업자의 정치적 문답》, 《신(新)그리스도교》가 있다. 프랑 스 3대 공상적 사회주의자 중 한 사람이다.

스나 엥겔스도 공상적 사회주의에서 많은 영향을 받았다. 《공상에서 과학으로—유토피아로부터 학문에로의 사회주의의 발전》는 공상적 사회주의를 비판하고 과학을 토대로 한 사회주의를 주장한 것이다.

공상적 사회주의는 계몽주의가 발전한 것이라고 볼 수도 있다. 그 이상사회는 정의, 이성, 자유의 지배가 행해지는 사회인 것이다. 단지 그 사회를 실현하기 위하여 혁명을 일으키는 것을 부정했다. 그것은 아직 당시의 자본주의의 발달이 불충분하였기 때문이다. 공상적 사회주의는 당시 겨우 일어나기 시작하고 있던 프롤레타리아트의 계급 투쟁과는 관계없는 장소에서 발생한 것이다. 그러나 자본주의 사회에 대한 근본적인 비판은 마르크스주의가 받아들였다.

부르조아적 문명 사회에서는 노동은 모순이고 대중은 좋은 음식을 받기에는 너무 가난하다. 이런 사회에서는 보다 좋은 식사를 하는 사람이 그 생산물을 재배하는 사람은 아니다. 하물며 미식가(美食家)의 미식이라는 것은 재배와는 아무런 직접적인 관계를 갖지 않는다. 그것은 생산과 소비가 동시에 하나의 인간에게 영향을 주는 집단적 기구에까지 아직 미치지 않고 있는 다른 기구와 같이, 단지 자기의 욕망을 만족시키고 있는 데 지나지 않는다.

푸리에[7]의 《조합적 사회주의 요강》

푸리에는 노동을 향락에까지 끌어올려 제각기 자기의 능력에 따라서 노동할 수 있게까지 하지 않으면 안 된다고 주장했다. '팔랑주'라는 것이 그가 생각한 이상사회인 것이다.

이 사회에서는 농업이 중요한 산업이며 2천 명의 주민으로 구성된다고 한다. 여기서는 노동이 매력 있는 일로 되어 있다. 이것은 당시 노동이 현저한 고통을 수반했던 것에 대한 근본적인 부정이다. 푸리에의 사상에는 평등주의가 그 근본이 되어 있는데, 그것은 노동에 의한 평등주의다. 그와 동시에 노동의 질이 변화하며 향락되는 것을 바라고 있다. 이런 사고방식은 고도화된 공산주의 사회의 이상이 되어 있는 것이다.

여기 당분간 이 나라에서 위험 없이 시험할 수 있고 실행 가능한 것, 말하자면 합리적인 개혁이 단 한 가지 있다. 이 개혁에는 모든 사람과 당파가 참가할 수 있다. 그것은 영국의 전인구 중 가난한 자, 무식한 자, 교육을 못 받은 또는 훈련을 못 받은 자, 또는 나쁜 교육과 훈련을 받은 자, 이런 모든 사람들을 훈련하고 관리하는 개혁인 것이다. 그리고 이 목적을 위해서 그 어떠한 개인이나 혹은 사회층에게도 전혀 위험이 따르지 않게 하는 공명하고 간단하면서 실행 가능한 계획인 것이다.

---

2) 푸리에(Francois Marie Charles Fourier, 1772-1837), 프랑스의 사회주의자. 부유한 상가에서 태어났으나 프랑스 혁명으로 인해서 상속재산을 잃었다. 그 후 상업에 종사하면서 사회 개량에 뜻을 두어 그 실현과 저술에 평생을 보냈다. 1808년 《4개 운동과 일반적 운명에 관한 이론》을 저술하여 자본주의 사회의 모순을 파헤치고 미래의 이상사회를 묘사했다. 그 후 파리에 나와 이상사회 건설을 위한 자금을 모집했으나 실패했다. 그의 이상사회란 일종의 협동조합과 같은 조직인 '팔랑주'이며 모든 인간의 행복은 본능의 해방에 있다고 역설하며 조화의 사회를 공상했다. 그리하여 그것은 모순의 변증법적 발전에 의하여 달성된다고 했다. 그는 3대 공상주의자 중 한 사람이며 상기한 외에 《가정적 농업적 사단론(社團論)》, 《조합적 사회주의 요강》 등 많은 저서를 남기고 있다.

그 계획이란 하층계급의 성격 형성과 거기에 따른 일반적 개선을 위한 제도인 것이다. 국민적이면서 충분히 생각한, 배타적이 아닌 제도인 것이다. 나는 내 생애를 이 문제에 바친 경험에 의거해서 주저없이 다음과 같이 말할 수 있다. 역시 사회의 그 어떠한 사람도 빈곤이나 범죄에 빠지는 일이 없고 또 형벌을 받는 일도 없이 생활할 수 있게 훈련을 할 수 있다고. 왜냐하면 그런 죄악은 항상 현재 우리가 살고 있는 세상에서 행하여지고 있는 여러 가지 제도의 잘못 때문에 생기는 결과이기 때문이다. 그것들은 모두가 무지의 필연적 결과인 것이다.

어떤 사람들일지라도 그들에게 합리적으로 훈련을 시키면 그들은 합리적으로 된다. 이와 같이 훈련된 사람들에게 바르고 쓸모있는 일을 맡겨라. 그렇게 하면 그들은 그런 일을 바르지 않고 해로운 일보다는 즐겨 선택하게 될 것이다. 이런 훈련과 일을 주는 것은 모든 정부에게 예측할 수 없는 이익을 갖게 할 것이다. 더욱이 그것은 쉽게 실행될 수 있는 일이다.

오언[3]의 《새로운 사회관》

---

3) 오언(Robert Owen, 1771-1858), 영국의 사회주의자. 북웨일즈의 가난한 가정에서 자랐지만 젊었을 때부터 방직업자로 성공했다. 노동 시간의 단축, 임금 인상, 노동자 주택의 개선 등을 기획하였고 더욱이 영업 성적을 올린다는 이상적인 공장 '뉴 라나코'를 경영했다. 사상적인 면에서는 박애주의에서 사회주의로 옮아갔다. 공산사회의 건설을 제안하고 미국에 건너가 공산촌(共産村) '뉴 하모니'를 시험했으나 실패하고 말았다. 이 운동은 정치적인 압박을 받았으나 쉬지 않고 그는 자기 자신 노동자 계급의 한 사람이 되어 이 운동을 계속하였다. 전국공정노동교환소를 설치하는가 하면 노동조합운동을 지도하기도 했다. 그도 결국 말년엔 궁핍한 생활에 떨어지고 말았다. 그는 3대 공상적 사회주의자 중 한 사람이며 인간의 성격은 환경에 의해서 좌우된다는 신념을 갖고 사회 조직의 개선을 주장했다. 《새로운 사회관》, 《신도덕세계》, 《자서전》 등의 저서가 있다.

오언의 근본 사상은 인간이란 환경의 영향을 받으며 환경을 개량함으로써 인간 자체도 개선할 수 있다는 점이다. 이 사상을 실행에 옮긴 것이 '뉴 라나크' 공장이었다. 이 공장의 노동자는 가족을 합해서 약 천 3백 명이었고 그 밖에도 자선원(慈善院) 같은 데서 보내 온 유아가 4, 5백 명 있었다. 그들의 당초의 정신적·물질적 상태는 한결 비참한 것이었다. 그러나 오언은 이 공장을 이상적으로 움직여 일단 성공을 거두었다. 얼마 안 가서 공장 경영은 곤란에 빠졌지만 그는 환경을 달리하여 자기의 이상을 최후까지 추구했다. 유토피아 건설자로서의 오웬의 성공과 실패는 그와 비슷한 실험을 하려는 사람들에게 많은 교훈을 주었다.

　기관(器官)을 되풀이하여 자주 사용하면 그 기관의 발달을 돕고 강하게 하고 키우는 결과가 된다. 반대로 사용을 그만두는 경우 만일 그것이 습성적인 운동을 하는 것이라면 발달을 막고 위축시키며 차츰 퇴화시킨다. 그 사용 중지가 자손에게까지 오랜 기간이 계속되면 그 기관은 소실된다. 이것은 많은 실례로써 증명되고 있다. 여기 근거를 두고 보면 동물은 그것이 가진 개체의 습성을 강제적으로 달라지게 하는 환경의 변화가 오면 거기에 따라서 사용도가 줄어드는 기관이 차츰 위축된다. 그리고 사용도가 증가한 기관은 점점 발달된다. 뿐만 아니라 그 개체가 습성적으로 사용하는 사용도에 응분하는 힘과 크기를 개체의 모든 기관이 획득하게 되는 것이다.

라마르크[4]의 《동물철학》

　진화론이라고 하면 다윈의 《종의 기원》을 생각하는 것이 보통이다. 그러나 이 다윈의 책이 출판된 해보다 50년이나 앞서 이 라마르크의 《동물철학》이 발표되었던 것이다. 그것은 1809년의 일이었다. 그해는 우연히도 다윈이 탄생한 해였다. 진화론은 《동물철학》에서 비롯되었고 《종의 기원》에서 재흥(再興)했다고 볼 수 있다.

라마르크는 '생물학(biologie)' 이란 말을 처음으로 쓴 사람이다. 동물의 종류는 하등(下等)한 것에서부터 시작하여 고등동물로 진화해 온 것이다. 하등동물은 '자연발생'에 의해서 생겨나고 그것이 차츰 복잡한 체제를 갖추어 가는데, 그 과정에서 환경이나 조건의 영향을 받아 자주 사용하는 기관은 발달하고 사용하지 않는 기관은 없어져 가 한층 더 복잡한 변화가 생기는 것이다. 이런 생각은 오늘날 '획득물질(獲得物質)'의 유전이라고 말하여지는 이론을 토대로 한 진화론이다. 라마르크는 《동물철학》에서 인류의 발생에 관하여서도 날카로운 관찰을 하여 원숭이로부터 진화한 것이라는 암시를 하고 있다. 이것은 30년 후에 발표된 《종의 기원》 속에서도 충분히 전개될 수 없었던 부분이다.

---

4) 라마르크(Jean Baptiste Pierre Antoine de Monet Lamarck, 1744-1829), 프랑스의 박물학자(博物學者), 진화론자. 의학 공부를 하고 그 후 식물학을 배웠다. 뷔퐁의 원조를 얻어 《프랑스 식물지》를 냈으나 곧 동물학으로 옮겨갔다. 파리 식물원의 식물표본 주임, 동물학 교수를 역임. 그의 이론은 《무척추동물의 세계》, 《동물철학》, 《무척추동물지》에 상세히 나타나 있다. 종(種)의 불변설 및 생물의 자연발생설을 부정했고 동물의 기관의 용불용(用不用)의 법칙과 환경 조건의 영향에 의하며 생기는 후천성질(後天性質)의 유전을 주장했다. 이 획득물질의 유전을 중심으로 하는 진화론을 당시에는 아무도 거들떠보지 않았다. 그는 만년에는 실명(失明)과 가난으로 고생하다 파리 시내에서 죽었다. 특히 그는 동물을 척추동물과 무척추동물로 분류한 사람이다.

자연도태는 전세계를 통하여 시시각각으로, 어떠한 쓸모없는 변종(變種)에 이르기까지 미쳐지고 있다. 열등한 것은 물리치고 우수한 것만을 보존하며 증가시키는 것이다. 그리하여 모든 유기체를 유기적 생활과 무기적 생활 상태의 연결로써 개선하기 위해서 '기회가 주어지는 어떠한 때와 장소에서든' 묵묵히 그리고 서서히 작용하고 있는 것이다. 이와 같은 조용한 진보와 변하는 시간의 흐름이 한 시대의 경과를 눈에 띄게 해 주기까지는 언제까지나 느낄 수 없다. 또한 지나간 과거인 오랜 지질시대를 훑어보는 인간의 눈도 대단히 불완전한 것이다. 생활의 모습이 지금과 옛날과는 상당히 다르다는 것을 알 수 있는 데 지나지 않는다.

다윈[5]의 《종의 기원》

다윈은 진화론의 창시자로 알려져 있

" But with regard to the material world, we can at le far as this—we can perceive that events are brought abov insulated interpositions of Divine power, exerted in each case, but by the establishment of general laws."

W. WHEWELL : *Bridgewater T*

" To conclude, therefore, let no man out of a weak c sobriety, or an ill-applied moderation, think or maintai man can search too far or be too well studied in the book word, or in the book of God's works ; divinity or philosop rather let men endeavour an endless progress or proficience

BACON : *Advancement of Lea*

Down, Bromley, Kent,
October 1st, 1859.

1859년 런던에서 간행된 《종의 기원》.

다. 그러나 라마르크의 경우에서 본 바와 같이 진화론은 다윈 이전 시대에 이미 있었다. 그리스 시대에도 진화론과 같은 생각을 한 것이 있었고 근대에 들어와서도 뷔퐁, 괴테, 그리고 다윈의 조부인 에라스무스 다윈 등이 진화론에 부분적인 공헌을 남겼다. 그럼에도 불구하고 다윈의 공적은 다음의 두 가지 점에서 지적할 수 있다. 즉 첫째는 진화의 사실을 의논의 여지가 없을 만큼 많은 실증을 들어 증명하고 있다는 것이고, 둘째는 진화의 방법으로서 보다 더 교묘한 방법인 '자연도태'를 제시했다는 것이다.

자연도태의 이론을 착상한 것은 인위도태(人爲淘汰)로부터였다. 말, 개, 고양이, 보리, 밀, 장미, 다알리아 등은 사람이 인위적으로 변종

ON

E ORIGIN OF SPECIES

BY MEANS OF NATURAL SELECTION,

OR THE

RVATION OF FAVOURED RACES IN THE STRUGGLE
FOR LIFE.

By CHARLES DARWIN, M.A.,

LLOW OF THE ROYAL, GEOLOGICAL, LINNEAN, ETC., SOCIETIES;
OF 'JOURNAL OF RESEARCHES DURING H. M. S. BEAGLE'S VOYAGE
ROUND THE WORLD.'

LONDON:
OHN MURRAY, ALBEMARLE STREET.
1859.

The right of Translation is reserved.

시킬 수 있다. 이 변종들은 그 동물이나 식물의 조상과는 거의 관계가 없는 것으로 생각될 정도로 변화시킬 수 있는 것이다. 가령 그레이하운드라는 개는 늑대의 자손이지만 늑대와는 다른 종(種)이 되어 있다. 인위도태에 의해서 진화가 가능한 것이라면 자연도태로도 같은 일이 일어나지 않겠는가. 인위도태에서의 사육자(飼育者)와 같은 역할을 행하는 것이 자연도태의 경우에는 생존경쟁일 것이다.

《종의 기원》에는 인류의 발생 문제가 눈에 거슬리지 않게끔 조심스럽게 씌어 있다. 그러나 그 뒤의 《인간의 유래》에서는 인류가 원숭이의 조상에서 진화한 것이라고 분명하게 논했다. 다윈의 이런 사상은 당시 교회의 사상과 무섭게 충돌했다. 교회에서는 《성서》에 씌어 있는 것과 같이 신이 인간을 비롯하여 만물을 창조했다고 역설했다. 그리하여 진화론은 20세기에 와서도 카톨릭교회로부터 비난을 받고 있다.

　　이제부터 어떠한 고통이 닥치더라도 가슴을 열자.
　　모든 인류에게 주어진 것을

---

5) 다윈(Charles Robert Darwin, 1809-82), 영국의 박물학자, 진화론자. 원래 재주가 있고 좋은 환경에 태어나 평생 학구 생활을 했다. 에딘버러 대학에서는 의학을, 케임브리지 대학에서는 신학을 공부했다. 북웨일즈로 지질학 연구여행을 했고, 이어서 약 5년간 해군 측량선을 타고 남반구를 돌았을 때 생물은 진화한다는 확신을 얻었다. 그 후 자료의 수집과 연구를 계속하여 종의 기원의 해명에 몰두했다. 1859년 그는 드디어 《종의 기원》을 출판했다. 《재배식물의 변이》, 《인간의 유래》와 함께 다윈 진화론의 체계를 명백히 한 책이다. 여기에서 종의 변화성과 적자생존의 현상을 통하여 자연도태의 이론을 수립했다. 이 사상은 웰즈나 헉슬리의 협력을 얻어 세계적인 사상으로까지 발전했다.

이 내 안의 나로서 받아들여 맛을 보자.

나의 혼으로 더 높고 더 깊은 것을 잡아

즐거움이든 괴로움이든 내 가슴속에 쌓고 또 쌓아

내 자신인 나를 인류의 내가 될 때까지 넓혀서

마지막엔 인류 바로 그것처럼 멸망해 보자.

괴테[6]의 《파우스트》

우리는 또한 《파우스트》와 그 구성과 그것을 닮은 사건에 관해서 여러 가지 이야기를 했다.

괴테는 잠시 동안 조용히 명상에 잠겨 있었지만 곧 입을 열고 이야기 했다.

"나이가 들면 속세의 일에 관해서 젊었을 때와는 생각이 달라지는 거야. 그래서 나도 다음과 같은 사고방식을 갖지 않고서는 견딜 수가 없어. 즉 데몬들은 인간을 건드리고 비웃기 위해서 특별히 어떤 몇 사람의 인간을 만들어 내지. 그러나 데몬이 만든 이 인물들은

---

6) 괴테 (Johann Wolfgang von Goethe. 1749-1832), 독일의 시인, 문학가, 과학자, 정치가. 프랑크푸르트에서 났다. 아버지는 황실 고문관, 어머니는 동시(同市) 시장의 딸이었다. 라이프치히 대학과 슈트라스부르크 대학에서 공부하고 변호사를 개업. 《젊은 베르테르의 슬픔》을 발표(1774)하고 '슈투름 운트 드랑' 운동을 전개했다. 1775년 바이마르 공국(公國)의 칼 아우구스트 공에게 초대되어 정무를 담당, 재상, 귀족과 나란한 지위에 있었다. 그때를 전후하여 스위스에 3회, 이탈리아에 2회 여행을 했다. 청년시절부터 노년에 이르기까지 많은 연애의 체험을 거듭한 것이 그의 작품의 원천이 되었다. 슈타인 부인의 감화가 가장 컸으며 이탈리아에서 고대 예술 및 르네상스 예술을 접했는데, 그것이 그에게 고전주의에 눈을 뜨게 했다. 《파우스트》, 《빌헬름 마이스터》 및 그 밖의 많은 명작을 쓰면서 예술론 그리고 자연과학의 논문도 저술했다. 만년의 심경은 그의 비서 에케르만이 저술한 《괴테와의 대화》에 자세하게 기록되어 있다.

누구나 한번 견주어 보고 싶다고 생각하게 될 정도로 흥미를 일으키기는 하지만 누구도 그 인물들에게 미칠 수 없을 정도로 위대한 인물들이란 말이야. 이렇게 하여 데몬들은 라파엘을 그와 같은 인물로서 만들어 낼 거야. 라파엘의 사색과 행위는 언제나 완전하여, 모든 부분에 있어서 그때그때 탁월한 후계자가 나와 그의 가까운 곳까지는 갔지만 그에게 필적할 만한 곳까지 간 사람은 없어. 그리고 또 데몬들은 모차르트를 음악에 있어서 아무도 미치지 못하게 만들어 냈어. 문학에 있어서는 셰익스피어지. 당신이 이 천재를 향해서 어떤 저항을 할 수 있는지 알고 있지만, 내가 말하는 것은 천재가 아니라 천성(天性)이야. 나면서 얻은 천성의 위대함에 관한 것이야. 나폴레옹은 둘도 없는 영웅으로 존재하고 있어. 러시아 인이 사양하고 콘스탄티노플에 가지 않은 것은 역시 위대한 것이었지. 그러나 이같은 특성은 나폴레옹한테서도 찾아낼 수 있어. 그 증거로, 그도 역시 행동을 철회

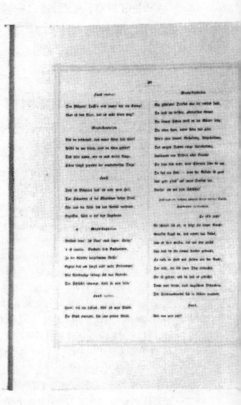

1858년 슈투트가르트에서 간행된 《파우스트》

하여 로마에는 가지 않았거든."

이 잔잔한 화제에 여러 가지 이와 유사한 것이 연결되었다. 그렇지만 나는 마음속으로 '데몬들은 괴테에 대해서도 꼭 같이 생각하고 있었음에 틀림없다. 왜냐하면 괴테도 어떻게 좀 대항해 보고 싶다는 흥미를 갖게 하지만 역시 그 위대함 때문에 누구도 어차피 어깨를 나란히 해보기는 글렀으니까' 하고 혼자 생각하였다.

에케르만의 《괴테와의 대화》

'데몬'이라는 말은 괴테가 자주 입 밖에 낸 말이다. Dä-mon이란 신과 인간의 중간에 있는 초인적 존재로서 마귀를 뜻한다. 비유적으로는 초자연, 초인적, 귀신적인 위력을 뜻한다. 천재의 일은 데몬의 힘을 비는 경우가 많다. 한밤중, 시인이 펜을 들고 있으면 귓전에서 소근거리는 소리가 들린다. 그 소리대로 써 나가면 훌륭한 시가 되었다는 얘기가 있다. 이것은 데몬의 속삭임인 것이다. 괴테는 천재나 위인이나 영웅이 하는 일 가운데서 데몬의 움직임을 본 것이다.

에케르만(1792-1854)은 1823년부터 괴테의 비서가 되어 만년의 괴테와 담화를 나누면서 그의 말을 기록했다. 그것이 《괴테와의 대화》이다. 괴테의 《시와 진실》이 젊었을 때의 괴테를 말하고 있다고 한다면, 이 대화는 만년의 괴테의 진실을 말하고 있다. 에케르만은 어린이와 같은 순진한 마음으로 괴테의 일언일구를 정확하게 이해했다. 그는 괴테를 가장 잘 전할 수 있는 사람이었다.

《파우스트》는 유럽의 전설인 파우스트 이야기에서 나온 작품이다. 학문의 세계에 몰두하고 모든 학문을 수업한 파우스트는 깊은 번민에 사로잡힌다. 그 까닭은 지식으로써는 생명의 근원을 알아낼 수 없다는 것을 알았기 때문이다. 거기에 악마인 메피스토펠레스가 등장하여 파우스트의 본능에 호소한다. 파우스트는 메피스토펠레스에게 안내되어 다시 젊어질 수 있는 약을 먹고 그레트헨과 연애에 빠진다. 그 후 파우스트는 황제에게 잘 보여 가장무도회에서 고대 그리스의 미녀 헬레네를 만나 그 아름다움에 정신을 잃고 기절한다. 메피스토펠레스는 파우스트를 옛 서재로 데리고 간다. 거기서는 그의 제자가 인조 인간을 만드는 데 성공하고 있었다. 이 인조 인간의 안내로 다시금 헬레네가 있는 곳으로 돌아와 사랑한다. 두 사람 사이에서 아이가 태어난다. 어느 날 아이가 바위에서 떨어져 죽는다. 그 슬픔 때문에 헬레네는 죽음의 나라로 돌아가 버린다. 그 후 파우스트는 황제 밑에서 이상의 나라를 건설하려 한다. 결국 메피스토펠레스는 파우스트를 유혹하는 것을 단념한다. 파우스트의 혼은 영원한 여성에게 인도되어 천국으로 올라간다. 신이 파우스트의 끊임없는 노력을 인정했기 때문이다. 인간이 노력하고 또 노력하여 날마다 새로운 자유를 손에 넣어 나간다는 것이 파우스트의 결론이다. 이것은 독일 정신과 세계 시민의 향상, 발달을 위한 노력이 결합된 것이다. 인간 긍정이 이 작품의 강한 기조가 되어 있다.

어쨌든 너는 내 말을 들었으니까 모두 용서해 주지. 이것에 관해서는 만나서 직접 얘기하기로 하자. 오늘은 정말 안정되어 있다. — 나의 마음속에는 너의 행복을 생각하는 이외에 아무것도 없다. 또 나의 행위를 너도 그런 눈으로 보아 다오. — 너를 불행하게 하고 나의 생명을 단축시키는 것과 같은 일에 결코 발을 내딛지 말아 다오. 밤새도록 기침이 나서 겨우 세 시가 되어서야 잠이 들었다. —마음속으로 너를 포옹한다. 그리고 이제 곧 네가 나를 오해하는 일은 없으리라고 굳게 믿는다. 너의 어제의 행동도 그렇게 보고 있다. 오늘은 틀림없이 같이 오리라고 생각하고 있다. 이제 이 이상 나를 슬프게 하거나 걱정하게 하지는 말아라. 그럼 조심하거라.

너의 참되고 충실한 애비

《베토벤[7] 서간집》

베토벤은 불행한 천재의 대표적인 사람이라고 말해도 좋을 것이다. 집도 가난했고 아버지는 술주정꾼이었다. 실연의 고배도 맛보았다. 그리고 음악가로서의 치명적인 장애 때문에 고민하지 않으면 안 되었다. 귀머거리가 되었던 것이다.

이 편지는 조카인 칼 반 베토벤에게 보낸 것이다. 이 조카를 그는 자기 아들처럼 사랑했다. 그러나 조카는 공부는 않고 나쁜 친구를 사귀며 자기의 장래가 어찌 돼 나가든 자기도 모르겠다는 식이었다. 이 편지에는 조카에게 보내는 순수한 애정을 통한 훈계와 힐책의 말이 담겨져 있다. 그의 조카는 이 편지를 받고 얼마 안 있어 자살을 기도했으나 미수에 그쳤고 이 때문에 베토벤은 70 노인처럼 늙어 버렸다. 베토벤은 병과 경제적 곤란, 가족의 불행에도 불구하고 〈장엄한 미사〉, 최후의 피아노 소나타 그리고 〈교향곡 제9번〉, 〈현악 4중주곡〉 등의 걸작을 만들었다.

청년이 대학 생활을 시작하여 처음으로 학문의 세계에 발을 디딜 때 전체에 대한 감수성이나 충동이 크면 클수록 거기에 대해서 아무것도 식별할 수가 없게 되고 혼돈된 인상밖에 받지 못한다. 그리고 나침반도, 목표가 되는 별도 없이 그 위에서 표류하지 않으면 안 될 대양과 같은 인상밖에 받지 못한다. 일찍부터 자기의 목적과 통하는 길을 밝은 빛으로 분별해 놓고 있는 것은 소수의 예외자들뿐, 이들

---

7) 베토벤(Ludiwg van Beethoven, 1770-1827), 독일 고전음악의 완성자. 본의 음악가의 가정에 태어났다. 아버지와 오르간 연주자인 네페에게서 배웠고 열두 살에 음악직(音樂職)에 들어갔다. 빈에 나와 하이든에게 사사하여 피아니스트로 데뷔. 즉흥 연주나 작곡의 재능을 인정받아 귀족들의 원조를 받게 되었다. 그러나 30세 때부터 청각이 나빠지고 실연의 고뇌까지 겹쳐 유명한 '하이리겐쉬타트의 유서'까지 썼지만 음악에의 애착과 강한 의지력으로써 절망에서 다시금 일어섰다. 그의 작품은 독일 고전주의의 형식을 사용해 삶의 이념을 힘차게 표현하고 있다. 그의 작품 전체를 이상주의가 꿰뚫고 있기 때문에 낭만과 음악의 선구자라고도 한다. 교향곡 9개, 피아노 소나타 32곡 이외에 협주곡, 실내악, 미사곡, 가곡 등 많은 작품을 남겨 놓고 있다.

은 여기서 걱정하지 않아도 된다. 걱정거리는 위에 말한 상태에 있는 청년들이다. 그들에게서는 보통 다음과 같은 결과가 나온다. 우수한 두뇌를 가진 사람은 불규칙하고 무질서하게 닥치는 대로 여러 가지 연구에 열중하며 여기저기를 방황한다. 그리고 어느 연구에 있어서도 핵심까지 꿰뚫는 일이 없다. 이 핵심이란 온갖 형태를 갖는 한없는 교양에까지 성장해야 할 배아(胚芽)인 것이다. 혹은 쓸모없는 시도를 하다가 대학 생활이 끝날 때가 되어서야 겨우 얼마나 우리는 쓸모없는 짓을 했는가, 그리고 얼마나 중요한 본질적인 것을 놓쳐 버렸는가 하는 것을 알게 될 정도이다. 또는 별로 재능이 없는 머리를 가진 다른 사람들은 처음부터 미리 체념하고 만다. 그들은 저속하게 몸을 풀어놓고 겨우 기계적인 공부와 기계적인 이해 방식으로 자기들이 장래에 할 수밖에 없는 겉치레 생활에 필요하다고 생각되는 정도의 전문적인 학문을 기억으로 몸에 배게 하려고 기도하는 것이다.

셸링[8]의 《학문론》

셸링은 대학이란 학문을 위한 기관이라고 생각하고 학문의 자유를 추구했다. 단지 그 자유는 절대자의 이념 아래 놓인 자유이고 방자(放恣)를 뜻하는 것이 되어서는 안 되었다. 셸링의 자유에 대한 사고방식은 《인간의 자유의 본질에 관한 철학적 연구》란 저술 속에 자세하게 나와 있다. 일체의 사물에는 '나의 뜻'과 함께 '보편의지'가 포함되어 있다. '보편의지'는 신의 지성(知性)에서 오는 것이다. '나의 뜻'과 '보편의지'의 통일은 선 (善)이며 그것이 분리된다는 것은 바로 악을 뜻한다. 이 자유의지론은 뒤에 신비주의에 빠졌다. 인간의 자유의 근거를 신에게서 구하는 것이 아니라 '신 가운데 있는 자연'에서 구했던 것이다. 그는 자연은 잠자는 정신이며 아직 성숙하지 않은 예지(叡智)라고 생각했다. 이 사고방식은 독일 낭만파와 통한다.

서풍이여,

나를 수금(竪琴)이 되게 하여 다오, 마치 숲처럼.

혹시 숲속의 나뭇잎처럼 나의 잎도 떨어져 흩어져 간다면

너는 웅장한 교향곡이기에

숲과 그리고 이 나에게서

서럽고 또한 아름다운 늦가을의 조율(調律)을 켜내겠지.

서풍, 그 칼칼한 넋이여, 나의 넋이 되렴. 세찬 그대여,

나로 변하여라!

새로운 목숨을 낳기 위해서 벌거벗은 나의 사상을 낙엽처럼 대지

---

8) 셸링 (Friedrich Wilhelm Joseph von Schelling, 1775-1854), 독일의 대표적 낭만파 철학자. 튀빙겐 대학에서 신학, 고전어학, 철학을 공부했다. 헤겔이나 횔덜린과 친교를 맺었다. 계속해서 라이프치히 대학에서 수학과 자연과학을, 예나 대학에서는 피히테 철학을 공부했다. 예나, 부르츠부르크, 에를랑겐, 뮌헨, 베를린 등 각 대학에서 교편을 잡았고 스위스에서 객사했다. 그 당시의 그의 사상적 발전은 《자연철학시론》, 《선험적 관념론의 체계》, 《나의 철학체계의 서술》, 《인간의 자유의 본질에 관한 철학적 연구》, 《천계(天啓)의 철학》 등에서 볼 수 있다. 즉 피히테 철학에서 출발하여 자연을 유기체로서 파악하고 그 근원을 우주의 영(靈)이라고 하는 자연철학의 입장을 취하며 동시에 자연과 정신의 최고 동일점에다 예술을 놓는 미적 관념론을 수립한 것이다. 따라서 자연과 정신, 주관과 객관은 절대자에게 있어서는 차별 없이 동일하다고 하는 동일철학을 주장했다. 그러나 1804년 이후는 모든 것은 악을 통하여 존재한다고 한 뵈메의 영향에서 벗어나 신비주의를 취하게 되고 합리주의는 한계가 있다고 하며 비합리주의를 역설했다.

에 날려서 뿌려라!

그리하여 노래의 힘으로

아직 꺼지지 않은 난로에서 재와 불꽃을 흩어 뿌리듯이,

나의 말을 세상 사람들에게 뿌려 버려라!

아직 잠자고 있는 땅을 향하여

나의 입술에서 예언(豫言)의 나팔을 불어 울려라!

오, 서풍이여, 겨울이 오면 봄도 멀지 않으리니.

셸리[9]의 〈서풍에 부치는 노래〉

이 시는 〈서풍에 부치는 노래〉의 마지막 부분이다. 1819년 가을 셸리는 이탈리아의 피렌체에 가까운 아르노 강의 주변에 있는 숲속에서 폭풍 직전의 광경을 보고 난 후 서풍을 빌어 자유와 해방에의 동경을 노래한 것이다. "겨울이 오면 봄도 멀지 않으리니"라는 마지막 말은 당시 유럽의 상황을 겨울로 보고 혁명이 봄을 동반하겠지 하는 의미를 담은 것이다. 셸리는 서정시인이지만 추상의 세계에 넘쳐 흐르는 이상의 미를 노래하는 일이 많았다.

---

9) 셸리(Percy Bysshe Shelley, 1792-1822). 영국의 시인 서섹스 주 귀족의 아들로 태어남. 옥스포드 대학 재학 중 《무신론의 필요성》을 써서 퇴교당하고 방랑생활을 함. 아일랜드에 건너가서는 카톨릭 교도의 해방을 외치고 독립 운동을 도왔고, 급진사상가 고드윈과 알게 되어 그의 딸과 결혼했으며 스위스와 프랑스를 돌아다녔다. 바이런이나 키츠와도 친한 교분이 있었다. 1818년 이탈리아에 가서 각 지방을 다니며 많은 시를 썼지만 스페치아 만에서 요트 전복으로 익사했다. 영국 사회의 압정에 반항하여 〈여왕 맵〉, 〈사슬이 풀린 프로메테우스〉, 〈서풍에 부치는 노래〉, 〈아도니스〉 등에서 자유에 대한 회구와 자연과 인류에 대한 깊은 사랑을 아름다운 선율로 표현. 이상미를 추구했다. 영국의 로맨티시즘을 대표하며 신비 시인이라고도 불린다. 그의 로맨티시즘은 많은 시인들에게 영향을 주었다.

영국의 로맨티시즘은 셸리 이외에 워즈워스, 콜리지, 스코트, 바이런, 키츠 등의 특색 있는 시인을 많이 낳았다.

프랑스의 애국은 심장이 뜨거워지는 것에 의해 발생한다. 심장은 이 열로써 팽창하고 확대되는 것이다. 그것은 벌써 측근자들뿐만 아니라 온 프랑스를, 문명의 온 땅을 사랑으로 감싸 버리고 만다. 이와 반대로 독일의 애국은 심장이 수축하는 데서부터 발생한다. 추위 때문에 그것은 가죽처럼 위축해 버리고 외국인을 증오하며, 그리하여 그들은 이미 유럽 사람도 세계의 시민도 아니다. 그대로의 편협한 독일인이 되려고 하는 것이다…… 이렇게 하여 독일이 낳은 가장 빛나는 신성한 정신에 대한 반항이 시작되는 것이다. 즉 그 반항의 대상은 곧 저 인간성이며, 인류의 동포화라고 하는 보편적인 사업이며, 우리들의 위대한 사람들, 즉 레싱, 헤르더, 괴테, 장 파울과 같은 모든 교양 있는 독일인이 항상 복종을 맹세해 왔던 저 세계주의인 것이다.

하이네[10]의 《낭만파》

하이네는 연애시인으로 소개되어 왔지만 그 본질은 사회시인이라고 해야 할 것이다. 단 그의 서정시는 괴테의 초기와 맞설 정도이다. 유태인이기 때문인지 그의 사상과 감정은 코즈모폴리턴적이며 당시의 편협한 독일 국가주의에는 견디지 못하였다. 마르크스와 교분이 있었던 것은 사회주의에 공감했기 때문이다. 그는 독일이 낳은 이단적 시인이다. 그는 독일에서 추방되어 파리에서 살았기 때문에 프랑스인과 독일인의 국민성의 비교 같은 것에도 관심을 가지고 있었던 것

같다. 그리고 하이네 자신은 독일인도 프랑스인도 다 초월하여 보다 넓은 지점에까지 나와 있었던 것이다.

실증철학의 연구는 우리들의 여러 가지 지적 능력의 활동의 모든 결과를 고찰하는 것에 의해서 이제까지 잘못된 방법으로 연구되어온 인간 정신의 논리적 제법칙을 밝히는 단 하나의 합리적인 수단을 제공해 준다.

세계가 모든 관념에 의해서 지배되든가 또는 뒤집혀진다고 하는 것, 더구나 모든 사회기구가 필요한 부분은 그 기초를 세론(世論)에 둔다고 하는 것은 이미 증명을 필요로 하지 않는다.

모든 과학은 이론적 지식과 응용적 지식에서 이룩된다. 그러나 여기서 취급하지 않으면 안 될 것은 전자뿐이다. 이론적 지식 즉 본질적인 의미에서의 과학은 일반 과학과 특수 과학으로 나눌 수 있다. 그 가운데서 우리가 고찰하지 않으면 안 될 것은 전자뿐이며 구

---

10) 하이네(Heinrich Heine, 1797-1856), 독일의 시인. 뒤셀도르프의 가난한 유태 상인의 아들로 태어났다. 함부르크에 있는 큰아버지 밑에서 상업 전승을 하는 동안 백부의 두 딸을 사랑했으나 실연을 당했다. 백부의 원조로 대학 교육을 받았고 연애 체험을 모은 시집을 발표했다. 그 후 기독교로 개종, 1827년부터 수년간 영국, 이탈리아를 여행했다. 그 후 급진적 자유주의에 의한 여행기를 쓰는 틈에 《노래책》을 저작하여 서정시의 제1인자가 됐다. 7월혁명에 감동하여 파리에 가서 마르크스 등 사회주의자와 교우했다. 저서인 《낭만파》에서 조국을 신랄하게 비판했기 때문에 프로이센에서 추방되어 곤궁과 병으로 만년을 보냈다. 하이네는 청년독일파의 중심이었지만 조국을 사랑하는 마음이 한결같으면서도 그 편협함을 증오하는가 하면 혁명사상에도 공감과 반발을 보이는 등 모든 면에서 모순이 발견되기도 한다. 《하르츠 기행》, 《독일 겨울 이야기》 같은 저서도 유명하다.

체적 물리학이 아무리 관심을 끈다 하더라도 우리의 고찰 대상은 추상적 물리학만으로 한정된다.

콩트[11]의 《실증철학 강의》

콩트는 생시몽의 영향을 강하게 받았다. 생시몽은 천문학, 물리학, 화학을 발달시킨 실증정신을 높이 평가했다. 그리하여 이 정신을 인간과 사회의 영역에까지 넓히지 않으면 안 된다고 생각하여 '사회생리학'이라 부르고 그 뒤 '사회학'이라고 이름을 붙였다. 결국 콩트는 예언자나 실천가로서는 뛰어나지만 학자로서는 결함이 있는 생시몽에 불만을 품고 그에게서 떠났다.

콩트의 실증철학은 혁명으로 인하여 부서진 프랑스 사회를 재건하고 유럽을 중심으로 하는 인류 사회의 재조직을 목적으로 한다. 콩트는 이 철학을 노동자들 사이에 보급하여 새로운 사회조직에 필요한 도덕과 교육의 기초를 만들려 했던 것이다. 실증철학이 내건 표어는 '질서와 진보'였지만 이것은 그 이후에 와서 '사랑을 원리로 하고 질서를 기초로 하며 진보를 목적으로 한다'로 변했다. 이것은 주지(主知)주의에서 주정(主情)주의로의 전환을 의미하는 것이다. 콩트의

---

11) 콩트(Auguste Comte, 1798-1857), 프랑스의 철학자. 실증주의 및 사회학의 창시자. 프랑스 남부에 있는 몽펠리의 국왕파 집에서 자랐다. 파리의 공과대학을 중퇴. 1817년 생시몽의 비서가 됐다가 1824년에 결연하고 자기 집에서 실증주의를 강의했다. 친교가 두터웠던 미망인의 죽음을 계기로 신비주의자가 되어 '인류교'를 제창하기에 이르렀다. 사회질서의 회복은 지성의 개혁으로부터 되는 것이라고 생각하여 지성을 3단계의 법칙으로 설명하고 있다. 저서로는 《실증철학 강의》, 《실증정치체계》 등이 있다.

전기(前期) 사상은 데카르트에서 백과전서주의자에 이르는 과학주의와 진보사상을 맺어 놓은 것이었다. 이 과학주의는 사회적 실천에서는 충분한 효과를 올리지 못했다. 그 이유는 과학주의는 사회의 도덕적 연대를 위해서 도움이 되지 못했기 때문이다. 오히려 인간을 사랑으로써 맺어 주는 카톨리시즘이 필요해졌다. 콩트는 '인류교'를 만들어 카톨리시즘의 정신을 살려 자기 사상을 실천에 옮겼다. 이때까지의 주지주의가 나아갈 길이 없게 된 곳에서 새로운 주정주의를 내세운 것이다. 이것이 콩트의 후기 사상이다.

1822년 여름 나는 처음으로 한 편의 논문을 써 봤다. 그것이 어떤 논문이었는지 지금은 거의 기억하고 있지 않다. 오직 그것이 부자는 도덕상의 품성에 있어 가난한 사람보다 우수하다는 의견을 공격한 것이었다는 것만 기억하고 있다. 이 의견은 내가 당시 귀족적 편견이라고 보고 있던 것이었다. 나의 글은 극히 이론적이었다. 이런 주제는 곧잘 지나치게 과격해서 감정적인 논조가 되기 쉬운 것이었다. 특히 젊은 사람들에게는 그런 기분을 일으키기 쉽다고 생각된다. 그러나 나의 문장에는 이와 같은 점이 조금도 없었던 것이다. 더구나 나는 과격한 문장에는 극히 서투른 편이었다. 나에게, 어떻게든 처리해 나갈 수 있다고 생각되며 그것을 해 보겠다는 의욕이 일어나는 것은 원리적인 이론뿐이었기 때문이다. 반드시 나는 무엇이든 도리(道理)에다 기초를 두었다. 감정에 호소하는 문장을 쓰려 하면, 시의 형식이든 웅변의 형식이든 그것이 가진 힘에 대해 나는 지극히 수동적으로만 민감할 뿐이었다. 이 논문이 다 될 때까지 전혀 모르고 있던 아버지는 이것을 보고 대단히 만족해했다. 그러나 순이론적인 능력 이외에까지도 나의 마음의 움직임이 미치게 하고 싶었던지 아버지는 연설체의 글을 써보라고 했다. 이 충고를 좇아서 나는 두 개의 연설문을 써보았다. 마침 그리스의 역사나 사상 그리고 아테네의 웅변가들의 연설 등을 공부하고 있었으므로 그것을 이용했던 것이다. 스파르타 사람이 앗시리아에 침입했을 무렵 페리클레스가 그들을 공격하지 않았다는 데 대해서 규탄이 일어났다고 가정한 연설문이었다. 하나는 그때의 페리클레스를 문책하는 연설문이었고 다른 하나는 그를 변호하는 연설문이었다. 그 뒤에도 나는 계속하여 논문을 써보았다. 때로는 나의 능력으로는 도저히 감당할 수 없는 큰 제목을 잡고 시도해 본 적도 있었다. 그러나 이런 것들은 항상 쓴다는 것 자체와 그것이 계기가 된 아버지와의 토론, 두 가지 면에서 나에게 큰 이익을 가져다 주었던 것이다.

밀[12]의 《자서전》

존 스튜어트 밀의 《자서전》은 프랭클린의 《자서전》과 함께 이런 종류의 문학 가운데서도 가장 우수한 것이다. 프랭클린은 18세기 말부터 19세기에 걸쳐서 아메리카라는 특별한 환경 속에서 싸워 성공한 사람이었다. 밀은 여기서 제임스 밀이라는, 철학자이며 역사가, 경제학자였던 아버지로부터 천재 교육을 받으며 우수한 사상가가 되어가는 과정을 냉

---

12) 밀(John Stuart Mill, 1806-73), 영국의 경제학자. 런던에서 태어났다. 철학자, 역사가, 경제학자인 제임즈 밀의 장남으로 어릴 때부터 천재 교육을 받았다. 아버지와 함께 벤담의 공리주의를 신봉했으나 7월혁명 직후 파리에 가서 생시몽파의 사상에 접하였다. 자유주의의 선구라고 불리는 《경제학원리》, 《자유론》을 저작했고 또 《논리학대계》에서는 경험론의 입장에서 포괄적인 논리학을 설명하고 있다. 《자서전》은 산문의 백미(白眉)이다.

정하게 서술하고 있다.

벤담의 공리주의를 발전시키고 수정한 것은 밀의 가장 큰 공적이다. 이 공리주의는 개인 자신의 행복이 아니라 관계자 전부의 행복을 기도하는 것이라고 설명된다. 밀은 사회적 동정심을 중요하게 생각하여 공리주의가 이기주의에 빠지는 위험을 막는 힘이 된다고 생각하였다. 그는 사리(私利)와 공리(公利)가 상극할 경우에는 반드시 사리를 희생하지 않으면 안 된다고 했으며, 이것이 극기설(克己說)이다. 이 극기설은 공리설에 모순을 가져온다고 해서 비난을 받기도 했다.

밀은 19세기의 대표적인 자유주의자였다. 그는 《자유론》에서는 개인의 요구가 시민 사회라는 전체와 어떻게 조화되지 않으면 안 되는가를 논하였다. 조화를 구하는 그의 사고방식은 《대의정체론》이나 《부인의 예속》 같은 저술에서도 찾아볼 수 있다. 이것은 당시 시민계급이 봉건세력을 넘어뜨리고 자기들의 세계를 어떻게 유지할 것인가 하는 점을 고민하던 사실과 깊은 연관을 가지고 있다. 밀은 시민계급의 가장 우수한 대변자로서 그들의 이익을 지키려 했던 것이다. 당시 노동자계급이나 지식인들 사이에서 희구되고 있던 사회주의로 인해서 동요하는 일은 없었다. 더욱이 그는 추리와 귀납의 논리학 체계로써 새로운 논리학을 제창했다. 이것은 콩트의 실증철학 등의 영향에서 나온 것이며 시민계급의 논리학이었다. 밀은 다시 더 나아가서 '도덕과학'을 생각하고 그 토대 위에 설 수 있는 '사회과학'에 관해서도 연구했다.

국가의 목적은 인간의 본질을 적극적으로 전개시켜 진보적으로 발전시키는 데 있다. 다시 말하면 인류의 진정한 사명인 인류에게 가능한 문화를 현실적으로 존재할 수 있도록 만드는 일이다. 노동자는 그들 자신이 누구로부터도 감싸 지켜질 수 없는 존재이기 때문에 이 국가의 윤리적 사명을 충분히 자각하고 있다. 따라서 노동계급의 사상이 지배하고 있는 국가는 최고의 명확성과 완전한 자각을 가지고 국가의 윤리적 성질을 자신의 사명으로 할 것이다.

라살[13]의 《노동자 강령》

라살은 헤겔 철학의 영향을 받았다. 《노동자 강령》은 1862년에 발표된 것으로 1848년에 발표된 《공산당 선언》에서 특히 강한 영향을 받고 있다. 단 국가의 본질은 계급 지배라는 것을 그는 그다지 강조하고 있지 않다. 그 결과 노동자를 현재의 상황에서 구출하는 것은 혁명이 아니라 보통 직접 선거라고 주장했다. 빈민계급이 이 선거를 통해서 국회에 참가하지 않으면 안 된다고 설파했다. 역시 혁명을 합법적으로 평화스럽게 완수한다는 방법이다. 이 사상을 기초로 그 후 '전독일노동자협회'가 결성되었다. 이 노동자협회는 독일사회민주당으로 발전했다.

---

13) 라살(Ferdinand Johann Gottlieb Lassalle, 1825-64), 독일의 사회주의자. 유태인 직물상의 집에서 태어남. 브레슬라우와 베를린 대학에서 공부함. 헤겔 철학에 기울어졌으나 독창적인 사상 전개를 했다. 3월혁명에 참가하여 6개월의 금고형을 받았다. 그 후 노동운동을 지도했고 1863년 라이프치히에서 전독일노동자협회를 조직하여 총재가 되었으나 연애 사건에 의한 결투로 죽었다. 저서로는 《헤라클레이토스의 철학》, 《기득권의 체계》, 《노동자 강령》, 《공개답장》 등이 있다. 임금 철칙을 배격하고 국가 보조에 의한 생산 조합의 설립과 이것을 실시하기 위한 보통선거를 주장했다.

러시아 민족의 과거는 어두웠고 현재는 두렵다. 그러나 그들은 미래에 대한 권리를 가지고 있다. 자기들의 현상태를 믿지 않고 있다. 인민은 시간으로부터 많은 것을 얻지 못한 만큼 더욱 강렬하게 시간에 기대하는 대담성을 가지고 있다.

러시아 민족에 있어 가장 고난스러운 시기는 이제 끝나려 하고 있다. 그러나 무서운 싸움이 그들을 기다리고 있다. 민족의 적이 싸움을 준비하고 있는 것이다.

게르첸[14]의 《러시아 민족과 사회주의》

19세기의 40년대부터 60년대에 걸쳐서 러시아에는 몇 사람의 사회주의 사상가가 등장했다. 벨린스키, 도브롤류보프, 체르니셰프스키, 그리고 게르첸 등이다. 벨린스키는 도스토예프스키를 발견한 문예비평가로서 리얼리즘 문학론을 확립했다. 그리고 도브롤류보프는 벨린스키의 사상과 이론을 발전시킨 문예비평가였다. 체르니셰프스키 또한 이 시대의 우

---

14) 게르첸(Aleksandr Ivanovich Gertsen, 1812-70), 러시아의 문학가, 사상가. 부유한 지주귀족과 독일 여자 사이에서 태어났다. 모스크바 대학 재학 중 생시몽을 신봉하는 학생 클럽을 조직했다가 유배되었다(34-40년). 석방된 후에는 페테르스부르크에 살면서 벨린스키, 바쿠닌과 교분을 가지며 헤겔 철학을 연구했다. 1841년 노브고로드에 다시 유배당했다가 1년 후 모스크바에 다시 돌아왔다. 소설 《누가 죄인이냐》를 썼고 철학논문 〈과학에 있어서의 딜레탕티즘〉, 〈자연 연구에 관한 서간〉 등을 발표했다. 그는 급진적 서구주의의 입장에 서서 슬라브주의자들과 논쟁을 했다. 1847년 파리에 망명했으나 1948년의 혁명이 실패하는 것을 보고 서구사회에 환멸을 느껴 자본주의가 아직 발달하지 않은 러시아가 오히려 사회주의의 실현 가능성이 있다고 생각했다. 이것은 그 후 '나로드니키' 이론의 기초가 됐다. 1852년 영국 런던에 가서 문집 《북극성》을 내고 격주간지 《종》을 발행했고 자기의 회상기 《과거와 사색》을 냈다. 만년에 그는 런던을 떠나 파리에서 객사했다.

수한 문예비평가로서 유물론적 입장에 서 있었다. 그러나 그는 파리의 2월혁명과 그 반동을 목격하고 유럽의 사회주의에 크게 실망하여 러시아 농민을 기초로 한 사회주의를 수립하지 않으면 안 된다는 것을 깨달았다. 이것은 그 후 '나로드니키'의 이론으로 발전했다. '나로드니키'란 19세기 후반기에 세력을 점유한 인텔리겐차 집단으로, 그들은 러시아가 사회주의에 도달하기 위해서는 인텔리겐차가 지도하는 인민(나로드)이 혁명 세력이 되어야 한다고 생각하고 농민공동체를 만들려고 시도했던 것이다. 당시 러시아에는 아직 프롤레타리아트의 세력이 발달되지 않았으므로 농민을 토대로 하여 혁명을 일으키려고 한 것이었다. 그들은 계급 투쟁이 아니라 개인의 영웅주의적 행동에 의한 테러리즘을 혁명의 무기로 생각했다. '나로드니키'는 19세기 말에 플레하노프와 레닌이 나와 마르크스주의에 의한 혁명운동을 일으키게 되자 비판을 받았다. 그러나 그 휴머니즘과 영웅주의적 행동을 관찰하는 정신만은 높이 평가되었다.

그 후 게르첸을 선두로 하여 벨린스키, 도브롤류보프, 체르니셰프스키는 헤겔의 관념론을 날카롭게 비판하고 유물론에 의한 사회주의로 귀순했다. 이 네 사람의 말을 소개한다.

생활이란 끊임없이 움직이는 발전이며 부단한 형성에 지나지 않는다.……산다는 것은 발전하고 전진하는 것을 의미한다.

— 벨린스키

자연은 모든 것이 단순한 상태로부터 복잡한 상태로 그리고 불완전한 상태로부터 완전한 상태로 발전하고 있다. 그러면서 항상 같은 물질인 것이다. 오직 그 발전하는 단계가 틀릴 뿐이다.

— 도브롤류보프

"형식의 영원한 교체, 이것은 일정한 내용 혹은 지향에 의하여, 또는 그 지향이 그 안에서 증강하는 결과로서, 혹은 그같은 내용의 보다 높은 결과로서 그것이 생겨나게 된 바 형식의 영원한 부정이다. 이 위대하고 영원하며 보편적인 법칙을 이해한 사람, 그리하여 이것을 온갖 현상에 적용하는 것을 배운 사람! 오, 그 사람은 다른 사람이 매혹될 만한 여러 가지 기회를 얼마나 냉정하게 불러들이고 있는 것일까! 이런 사람은 죽어 가는 그리고 멸망해 가는 그 어떤 것을 보아도 슬퍼하지 않는다. 그리고 이렇게 말할 것이다. 존재해야 할 것은 존재하게 하라, 마지막의 승리는 우리의 것이다라고."

— 체르니셰프스키

인류나 자연은 역사적 발전의 흐름 밖에 서서는 이해할 수가 없다.……자연을 멈추게 할 수는 없다. 그것은 과정이다. 그리고 흐름이며 이동이며 운동이다.

— 게르첸

현재까지의 사회의 역사는 그 모두 계급투쟁의 역사이다. 자유민과 노예, 귀족과 평민, 지주와 농노, 길드의 간부들과 상인 등, 한마디로 말해서 억압하는 사람과 억압받는 사람이 항상 서로 대립하고 있으며 혹은 눈에 보이지 않게 혹은 공공연하게 끊임없는 투쟁을 해 온 것이다. 그리하여 이 투쟁이란 언제나 전사회의 혁명적 변혁에

1867년 함부르크에서 간행된 《자본론》과 1872년 간행된 러시아어판 《자본론》

그치던가 그렇지 않으면 서로 싸우던 두 계급이 다 망하는 비극으로 끝났던 것이다.

역사의 초기에 있어서는 어느 시대, 어느 사회를 막론하고 인류는 여러 신분으로 나누어져 있었고 여러 종류의 사회적 지위의 계급으로 완전히 분리되어 있었다. 고대 로마에는 귀족, 기사, 평민, 노예가 있었고 중세에는 봉건 영주, 가신(家臣), 길드의 주인, 직공, 농노가 있었으며, 그 위에 이들 계급은 대부분이 또 조그마한 계급으로 나누어져 있었다. 봉건 사회의 몰락으로 나타난 근대 부르조아 사회는 계급 대립을 폐지하지 못했다. 그것은 단지 새로운 계급, 새로운 억압의 조건, 새로운 투쟁의 형태를 낡은 모든 제도와 바꾸어 놓은 것뿐이었다.

그러나 우리의 시대, 다시 말하면 부르조아지 시대의 특징은 계급 대립이 단순화되었다는 것이다. 전사회는 적대적인 2대 진영과 서로 직접 대립하는 2대 계급으로, 다시 말하면 부르조아지와 프롤레타리아트로 점차로 분열되고 있다.

마르크스 [15] 의 《공산당 선언》

《공산당 선언》은 1848년 런던에서 발표되었는데, 엥겔스의 협력으로 만들어진 것이다. 그것은 시민 사회의 발전 법칙을 명백히 하고 프롤레타리아트의 계급 투쟁 속에서 공산주의는 어떠한 실천을 하지 않으면 안 되는가를 말하고, 또한 지금까지의 여러 사회주의를 비난하며 공산주의야말로 과학적인 사회주의라는 것을 역설했다.

마르크스의 과학적 사회주의는 공산주의며, 뒤에 레닌이

---

15) 마르크스(Karl Heinrich Marx, 1818-83), 독일의 경제학자. 사회주의자. 과학적 사회주의를 창시한 사람. 프로이센의 라인 주에서 태어났다. 아버지는 유태인 변호사. 본, 베를린 양대학에서 배우고 헤겔 좌파 사람들과 친교를 가졌다. 졸업 후에 곧 예나 대학의 학위를 얻었다. 라인 주의 반정부지인 《라인신문》의 주필이 되었으나 몇 개월 만에 발행이 금지되었다. 1843년에 파리에 가서 《독불년지》를 발간. 다음해에 《라인신문》 당시에 알게 되었던 엥겔스와 다시 만나 《신성가족》을 공동 집필했다. 파리에서 추방되어 브뤼셀로 돌아와 공산주의자 동맹에 가입. 한편 《도이체 이데올로기》, 《철학의 빈곤》을 거쳐 《공산당 선언》으로 사적 유물론을 확립했다. 《공산당 선언》은 공산주의자 동맹의 강령으로 씌어진 것으로 엥겔스와의 공저이다. 2월혁명 후는 파리에 갔고 곧이어 3월혁명이 일어나자 케른에 잠입하여 《신라인신문》의 주필이 되었다. 혁명의 실패로 인해 독일에서 추방되어 1849년부터 런던에 징주했다. 1864년 제1인터내셔널의 창설을 지도하고 겸해서 주저(主著) 《자본론》, 《경제학비판》 등을 집필했다. 《자본론》의 완성을 보지 못하고 죽었기 때문에 제2권 이후는 엥겔스가 간행했다. 그 밖에 《임금노동과 자본》, 《잉여가치학설사》 등이 있다.

이것을 발전시켜 레닌주의를 창설하였다. 레닌주의는 스탈린에 의해 받아들여졌고 이것을 스탈린주의라고 부르게 되었다. 마르크스, 레닌, 스탈린주의는 공산주의의 본래의 궤도를 걷고 있는 것으로 보아 왔다. 그러나 스탈린이 죽은 뒤 스탈린에 대한 비판이 행해지고, 따라서 스탈린주의라고 하는 것은 존재하지 않는다는 의견이 나타나게 되고, 나아가서는 레닌주의로 되돌아갈 것을 주장하게 된다. 이런 경우에 있어서도 마르크스주의는 여전히 그 생명을 잃지 않고 있다. 마르크스는 헤겔 좌파에서 시작하여 사회주의로 나아갔던 것이다. 경제학에서는《자본론》을 저술하여 시민 사회의 경제 법칙을 발견하였고, 또한 《신성가족》,《포이어바흐에 관한 테제》,《도이체 이데올로기》,《철학의 빈곤》, 그 밖의 많은 저서를 통해서 사적 유물론을 논했다. 《공산당 선언》에서는 인류의 역사가 계급 투쟁의 역사라고 하여 프롤레타리아 혁명을 주장했다. 마르크스의 사회주의는 세계의 공산주의자들로부터 광적인 지지를 받고 있다.

유물사관은 다음과 같은 명제에서 출발한다. 즉 생산과 그것에 따르는 생산물의 교환이 일체의 사회 제도의 기초라고 하는 것에서 출발한다. 역사상 나타난 어떤 사회에서도 생산물이 분배되게 되면 거기에 따라서 모든 계급 또는 모든 신분에의 사회적 편성이 이루어지며, 그것은 무엇이 어떤 모양으로 생산되며 그 생산물이 어떤 식으로 교환되느냐에 따라서 결정된다. 결국 일체의 사회적 변화라든가 정치적 변혁의 궁극적 원인을 인간의 두뇌 속 영원한 진리와 정의를 향해 점차로 증진하는 통찰 속에서 구해서는 안 된다. 생산과 교환 방법의 변화 속에서 구하지 않으면 안 된다. 요컨대 철학 속에서가 아니라 그 시대의 경제 속에서 구하지 않으면 안 되는 것이다. 현재의 사회 제도가 불합리하고 불공정하며 이성은 무의미하게 되고 선도 악이 되었다는 통찰이 생겨나는 것은 다음에 기술하는 것의 증거에 지나지 않는다. 다시 말하면 생산 방법이나 교환 형태 속에 은밀히 변동이 일어나서 종래의 경제적 조건에 맞게 만들어진 사회 제도는 벌써 그것에 적합하지 않게 되었다는 것이다. 동시에 이것은 발견된 폐해를 없애기 위한 수단도 변화한 생산 관계 그 속에—많든 적든 발전한 모양으로—존재하고 있는 것에 지나지 않는다는 것을 말하는 것이다. 이러한 수단은 물론 머리 속에서 얻어지는 것이 아니라 생산이라고 하는 눈앞에 있는 물질적 사실 속에서 머리를 써서 발견하지 않으면 안 되는 것이다.

엥겔스[16]의 《공상에서 과학으로》

엥겔스는 마르크스의 협력자였다. 따라서 마르크스주의를

---

16) 엥겔스(Friedrich Engels, 1820-95), 독일의 경제학자, 사회주의자. 마르크스와 더불어 과학적 사회주의의 이론을 확립했다. 방직공장주를 아버지로 가진 그는 라인 주에서 태어났다. 김나지움을 중퇴하고 지원병으로서 베를린에 체재하던 중 베를린 대학에서 청강하며 헤겔 좌파에 가담했다. 《경제학 비평 대강》을 쓸 무렵에 혁명적 민주주의로 이행. 제대 후 영국으로 건너갔고 귀로에 파리의 마르크스를 찾아가 평생의 친구가 되었다. 브뤼셀에서 마르크스와 더불어 공산주의자 동맹에 가담하여 《공산당 선언》 및 그 밖의 공저를 발표하고 마르크스주의를 확립했다. 또 3월혁명도 지도했으나 실패하여 런던으로 망명, 맨체스터에서 상업을 경영하며 마르크스를 경제적으로 원조했다. 제1인터내셔널의 창립을 도왔고 마르크스가 죽은 뒤에 《자본론》의 유고를 정리하여 속간하였고 제2인터내셔널의 조직도 했다. 주요 저서로는 《반(反)뒤링론》과 《가족, 사유재산 및 국가의 기원》, 그리고 《공상에서 과학으로》가 있다.

마르크스 · 엥겔스주의라고도 한다.

그는 《공상에서 과학으로》에서 생시몽, 푸리에, 오언 같은
사람들의 공상적 사회주의를 비판하고, 유물사관과 잉여가
치설이라고 하는 마르크스의 2대 학설에 기초를 둔 과학적
사회주의를 일으키지 않으면 안 된다는 것을 역설하고 있다.
공상적 사회주의자들은 자신들의 공성에 따라서 이상 사회
를 건설하려고 했다. 그러나 이와 달리 과학적 사회주의자는
사회발전에 있어서의 필연의 법칙을 인식하고 그 인식을 기
초로 하여 실천하지 않으면 안 된다고 말한 것이다. 여기에
서 필연의 법칙이라고 하는 것은 비록 시민 사회가 그 내부
깊이 모순을 가지고 있으나 그것은 혁명에 의해서 해결되며
나아가서는 사회주의 사회가 이루어진다고 하는 것이다.

엥겔스는 마르크스보다도 넓은 시야를 가지고 있으며 마
르크스가 취급하지 못한 몇 개의 문제를 논하고 있다. 예를
들면 《변증법과 자연》에서는 자연의 내부를 꿰뚫고 있는 모
순의 법칙을 지적하고 가족, 《사유재산 및 국가의 기원》이
나 《원시 기독교사론》 같은 데서는 역사상의 문제를 유물사
관에 의해 분석해 보였다. 엥겔스는 마르크스주의의 깊이를
더 깊게 했다고 하지만 어떤 부분에 관해서는 마르크스주의
의 엄밀한 법칙에서 다소 이탈된 점도 없지 않다. 그러나 이
것은 엥겔스의 결점이 아니고 마르크스주의가 너무나 많은
사건을 취급하지 않으면 안 되었다고 하는 사정에서 나온 결
과라고 보아야 할 것이다.

자기의 힘이 자기의 소유인 것이다.

자기의 힘이 자기의 소유를 준다.

자기의 힘이 자기 자신인 것이다. 그리고 그것을 통해서

자신의 소유가 된다.

슈티르너[17]의 《유일자(唯一者)와 그의 소유》

슈티르너의 무정부주의는 개인주의적 무정부주의다. 크로포트킨 같은 사람이 인간 상호간의 연대를 중요시한 결과 무정부주의를 인정한 것과는 달리, 슈티르너의 입장은 개인을 중요시한 나머지 그것을 극단으로 밀고 나간 지점에서 무정부주의를 발견한 것이다. 자기의 관심사는 선에 관한 것도 아니고 또 어떤 사람에 관한 것도 아니며 자기 자신에 관한 것이다. 이 자기야말로 유일한 것이다. 종교, 양심, 도덕, 권리, 법률, 가족, 국가 등은 자기를 압박하는 것이다. 이것들은 모두 부정하지 않으면 안 된다. 그 결과 이상 사회로서 '자아인연맹(自我人聯盟)'을 만들지 않으면 안 된다. 이것은 사회와는 달리 개인을 절대적으로 존중하는 것이다. 개인은 그 개성을 얼마만큼 넓힌다고 해서 다른 개성과 충돌하는 그런 일은 없다. 개성을 절대적인 것으로 생각하면서 동시에 그 개성이 사회 전체와 모순 없이 존재할 수 있다고 보는 점에 특색이 있다. 이것은 사회와 개인의 조화를 인정하는 사

---

17) 슈티르너(Max Stirner, 1806-56), 본명은 Kaspar Schmidt. 독일의 철학자, 개인주의 사상가. 바이로이트에서 태어났다. 베를린 대학, 에를랑겐 대학에서 배우고 헤겔의 강의를 받았다. 헤겔 좌파에 속한다. 한때 교사를 했고 뒤에 신문 기자가 되었다. 프루동에 끌려 철저한 개인주의를 제창했고 일체의 사회적 권위는 허망하다고 하는 무정부주의를 주창했다. 주저로는 《유일자와 그의 소유》가 있다.

상인 것이다.

재산이란 서로 훔치고 빼앗는 것이다.

나는 자유이며 내 자신의 법률 이외의 어떤 법률에도 복종하고 싶지 않다. 자기 자신을 이끌어 나가려면 사회라고 하는 건축을 계약이라고 하는 사상 위에 재건하지 않으면 안 된다.

프루동[18]의 《재산이란 무엇인가》

프루동은 ‘무정부주의(아나키즘)’라고 하는 말을 처음 사용한 사람이다. 정부나 정치 권력이나 지도자를 부정하고 자기를 원칙으로 하는 사고방식이다.

재산에 대한 생각이 가장 유명하다. 그는 이렇게 말하고 있다. 사람들은 도둑질한다. 노상에서 폭력을 써서 도둑질하고, 단독으로 또는 그룹을 짜서 도둑질하며, 야간에 도둑질한다. 강도를 하며 사기를 행하고 위조하며 소매치기를 한다. 상대방을 신용하지 않으며 도박이나 복권을 노리고, 폭리를 탐내며 지대를 받아 내고 정당한 보수 이상으로 이윤을

---

18) 프루동(Pierre Joseph Proudhon, 1809-65), 프랑스의 사회주의자. 무정부주의 이론가 중 한 사람. 가난한 집에서 태어나서 식자공이 되었다. 《재산이란 무엇인가》에서 사유재산을 부정하여 유명하게 되었다. 뒤에 리용의 한 운수회사에 근무하였고, 1848년에 국민의회 의원에 선출되었으나 극단적인 의견을 토로했기 때문에 금고(禁錮)형을 받고 브뤼셀에 망명했다. 그 후 곧 귀국하여 형을 복역하고 《혁명가의 고백》을 썼다. 그는 파리에서 죽었으며 저서 중 《경제적 제모순의 체계〔빈곤의 철학〕》는 사유재산과 공산주의를 공격한 것으로, 마르크스의 《철학의 빈곤》에 의해 비판되었다.

추구하며, 자기가 만든 것으로 벌기도 하고 일을 하지 않고 많은 봉급을 받기도 한다.

그가 단순하게 사유재산만 부정한 것은 아니다. 재산 속에 정의의 관념이 없이 재산이 불공평하게 분배되고 있는 경우에는 그것을 파괴하지 않으면 안 된다고 한 것이다. 정치 형태로는 프롤레타리아 독재에 반대하고 자유연합의 사회를 이상으로 생각했다. 그것은 자발적인 계약에 기초를 둔 합의의 사회이다.

무정부주의라고 하는 정치 사상은 옛날 그리스 때부터 존재하고 있었으며, 그것을 대별하면 세 가지로 나눌 수 있다. 첫째는 무정부주의를 자연법의 토대 위에 서 있는 것으로 생각하는 것인데, 바쿠닌의 사상이 바로 그런 것이며 크로포트킨도 이 계열에 속한다. 둘째는 이 자연법이 저절로 지켜지는 것이 아니고 인간의 의무라고 생각한다. 즉 일종의 애타설(愛他說)이다. 영국의 고드윈이 이 계열에 속한다. 셋째는 독일의 슈티르너와 같은 극단적인 개인주의로서 자기의 행복을 절대적인 것으로 생각한다. 이 무정부주의는 소렐에 의해서 제창된 생디칼리슴과도 연관성을 가지고 있다.

공산주의가 러시아의 10월혁명에 의해서 현실에 뿌리를 박게 되기까지는 무정부주의 세력이 상당히 강했다. 무정부주의는 오늘날에도 아직 그 생명을 유지하고 있다. 레닌은 무정부주의를 비난하고 부르주아 사상이라고 단정해 버렸다. 무정부주의자는 공산주의의 프롤레타리아 독재를 비난하고 있다.

자유는 모든 인간 발전의 최고의 목적이다.

— 바쿠닌[19]

바쿠닌은 프루동의 영향을 받아 개인의 자유를 존중했다. 그 자유란 고립된 개인이 아니고 결합된 개인에 의해서 지켜지는 것으로 생각했다. 국가를 부정하며 법률을 부정하고 또한 사유재산을 부정했다. 사회 개혁에 있어서도 정치 조직을 전제로 한 행동을 강력히 부정했다. 사회의 조직으로는 '집산주의'를 제창했다. 이것은 생산에 있어서의 공산주의이며 소비에 있어서의 개인주의였다. 공산주의는 개인의 자유를 부정하나 '집산주의'에서는 개인의 자유를 존중했다. 또한 개인의 자유라고 하는 입장에서 신의 존재를 부정하고 무신론의 입장을 취하여 이렇게 말했다. "신이 존재한다면 인간은 노예다. 그러나 인간은 이성적이며 정의와 자유인 것이다. 그렇다면 신은 존재하지 않는다." 바쿠닌은 교회와 국가를 가장 역겨운 것으로 취급하고 있다. 러시아의 국교는 그리스 정교였고, 이는 프로테스탄트와 같이 개인이 자유로 선

---

19) 바쿠닌(Mikhail Aleksandrovich Bakunin, 1814-76), 러시아의 사상가. 토베리 현의 귀족의 아들로 태어났다. 포병학교 졸업 후 군관이 되었으나 사직하고 모스크바로 갔다. 벨린스키, 게르첸과 만나 철학을 연구. 뒤에 독일, 스위스, 프랑스 등을 돌아다니며 프루동의 영향으로 무정부주의에 가까와 갔다. 1848년 파리 폭동에 참가, 전슬라브 민족의 합동도 제창했으나 실패하고 독일에 망명. 여기서도 드레스덴 폭동을 지도했다는 이유로 체포되어 러시아에 호송되었다. 사형 선고를 받았으나 특사로 1857년 시베리아로 유형, 1861년에 탈출하여 일본, 미국을 거쳐 런던으로 간다. 곧 제1인터내셔널에 가담했으나 무정부주의를 주장하여 제명되었다. 그 뒤에 스위스로 인퇴하고 베를린에서 객사했다. 그가 죽은 뒤에 《신과 국가》가 출판되었다.

택할 수 있는 시민 사회의 종교는 아니었다. 또한 당시의 러시아 국가는 헌법을 갖지 않은 봉건적인 국가였으며 농노제 위에 서 있었다. 바쿠닌이 반박한 것도 당연한 일이었다. 극단적인 압제가 극단적인 몽상을 낳은 것이다.

정말 다행히도 경쟁이라고 하는 것이 동물계에 있어서나 또는 인간계에 있어서나 원칙은 아니다. 그것은 동물계에서도 예외적인 시기에만 국한되어 있다. 그리고 자연도태가 경쟁을 능가하는 활동 영역을 차지하고 있다. 보다 좋은 상태는 상호 협조와 상호 지지에 의해 경쟁을 배제하는 것에 의해서 만들어진다.

크로포트킨의 《상호부조론》

무정부주의는 법률에 의지하지 않고, 또한 스스로 부과한 것이든 남에게서 선발되었든 권력에 의지하지 않고, 그 사회를 조직하는 자의 상호 동의와 사회적 풍습이나 습관의 모든 것에 의해 규정되는 그런 사회를 생각하는 것이다. 그러한 사회적 풍습이나 습관은 법률이나 규칙이나 미신에 의해서 화석화(化石化)되는 것이 아니라, 과학과 자연의 진보와 숭고한 이상의 순차적인 성장에 자극된 자유 생활 속에서 끊임없이 자라고 있는 요구와 일치해서 부단히 발전 조정되는 것이다.

크로포트킨[20]의 《근대 과학과 무정부주의》

크로포트킨의 무정부주의는 무정부공산주의라고 불린다. 바쿠닌의 집산주의에서는 소비에 있어서의 개인의 자유를 주장했으나, 크로포트킨은 생산도 소비도 구별하지 않고 사회 전체의 부는 만인의 것이 아니면 안 된다고 생각했다. 무정부는 공산주의가 되고 공산주의는 무정부가 되는 것이다 라고 기술하고 있다. 무정부 공산제도의 사회는 물론 프롤레타리아 독재제도의 사회와는 그 취지가 다르다. 이 사회는 자유인이 단위가 되어 있다. 자유인은 자유 조합을 만들고 자유 조합은 자유 연합을 만든다. 여기에서는 권력에 의한 강제가 없고 개인은 계약에 의해서 결합되는 것이다. 이 이상사회는 개인의 자유를 전제로 하고 있으며 모든 사람은 이 자유를 마음대로 누릴 수 있다.

크로포트킨의 무정부주의는 자연과학, 특히 생물학에 기인된 것이다. 그 밖의 다른 무정부주의자들은 너무 추상적으로 흘렀으나 크로포트킨은 구체적으로 무정부주의를 생각했던 것이다. 《상호부조론》은 다윈의 진화론이 초래하는 결과에 반대하는 것이다. 생산 경쟁이나 적자생존만이 생물계의 원칙이 아니고 서로 돕는 상호부조의 원칙이 널리 퍼지고 있는 것을 지적한다. 상호부조는 생물계뿐만이 아니라 미개인이나 중세의 도시에서도 행해지고 있었다. 이것은 바로 무정

---

20) 크로포트킨(Pyotr Alekseevich Kropotkin, 1842-1921), 러시아의 지리학자, 무정부주의자. 귀족 출신. 카자흐 기병대에 들어갔으나 곧 사직하고 페테르스부르크 대학에 입학했다. 러시아 지리학협회 회원이 되어 시베리아의 지도를 정리하고 핀란드나 스웨덴의 빙하지대도 답사했다. 제네바에서 국제노동자협회에 가입했으나 곧 무정부주의를 신봉하게 되었다. 귀국 후 1874년에 체포되었다가 2년 후에 도망. 영국과 스위스를 거쳐 파리로 갔으나 다시 스위스로 왔다. 1881년 알렉산더 2세 암살 사건 후 추방되어 토농에서 프랑스 정부에게 체포되었다. 그러나 학자들의 운동으로 석방되었다. 그 후 런던에 정주하여 저작에 전념하다가 러시아 혁명 후 모국으로 돌아갔다. 주저로는 《프랑스 혁명사》, 《상호부조론》, 《러시아 문학에 있어서의 이상과 현실》, 《어느 혁명가의 회상》 등이 있다.

부주의의 내용을 더욱 풍부하게 하는 사고방식이다.

오늘 나는 거침없이 선언한다. 사회주의는 폭력에 대한 변명 없
이는 존속할 수 없다고.

소렐[21]이 1908. 5. 18 《마탱》지에 발표한
〈폭력에 관한 고찰〉의 요약

소렐은 생디칼리슴의 제창자였다. 생디칼리슴은 바쿠닌
및 그 밖의 무정부주의의 사상을 받아들이고 있다. 사회 혁
명을 일으키고 집산주의 사회를 건설하는 것이 그들의 목표
다. 국가를 부정하는 점에서 마르크스주의와는 다르다. 그러
나 계급 투쟁의 이론을 인정하고 있는 점에선 마르크스주의
와 통하는 점이 있다.

생디칼리슴은 노동조합주의라고 하는 어원을 가지고 있
다. 단 생디칼리슴이라고 하는 경우에는 노동조합주의 가운
데서도 급진적인 '혁명적 노동조합주의' 를 의미한다. 정치
행동을 무시하고 노동자계급 자신의 직접 행동에 의해서 목
적을 달성하려고 한다. 프랑스, 이탈리아, 스페인 등 라틴 민
족계의 여러 나라에서 번창했다. 이 이론은 실제로는 실패하

---

21) 소렐(Georges Sorel, 1847-1922), 프랑스의 철학자, 사회주의자. 셸브르
에서 태어났으며 이공과 대학을 졸업하고 한때 정부의 기사로 있었다.
그 후 오랫동안 사회 문제를 연구한 결과 생디칼리슴의 이론가가 되었
다. 그의 반의회주의와 행동주의는 당시의 노동자나 지식인에게 환영을
받았다. 만년에는 구교적(舊敎的) 반민주주의적인 입장을 취했다. 그의
이론은 무솔리니의 파시즘 이론으로 이용되었다. 주저로는 《폭력에 관
한 고찰》이 있다.

는 일이 많았으며 어떤 경우에는 혁명과 반대되는 파시즘으로 옮겨지고 마는 위험도 있었다. 소렐은 노동조합주의 형이상학자라 알려졌으나, 그 후에 무솔리니에게 영향을 주어 파시즘의 이론에 이용되고 말았다. 의회를 통해서 개혁을 시도하는 온건한 태도에 대해서 폭력의 구체적인 형태로서의 제네스트를 주장했다. 이 이론이 뒤에 파시즘에 큰 영향을 주게 된 것은 소렐의 사상이 체계적 이론을 지니지 못했기 때문이라고 생각된다.

내가 너무나 엄격하게 애들을 다루고 있다는 소문이 마을에 퍼지고 있을 때에도 나는 태도를 바꾸지는 않았습니다. 그 소문을 듣자 나는 곧 말했습니다. "어린이들이여, 내가 얼마나 너희들을 사랑하고 있는지를 너희는 알고 있다. 그러나 너희들이 이젠 처벌하지 말아 주기를 바라는지 어떤지를 내게 말해 보라. 내가 그처럼 오랫동안 너희들 가운데 뿌리박고 있던 악습을 뺨을 때리지 않고 버리게 할 수 있겠느냐? 내가 너희들에게 무엇인가를 말할 때, 뺨을 때리지 않아도 말한 것을 잘 생각하느냐?" 친구여, 어린이들이 당신 눈앞에서 "얻어맞는 일이 없도록" 하고 외치며 또한 죄를 범했을 때 "사양치 마시고"라고 얼마나 진심으로 말하고 있는가를 당신은 알고 있습니다.

페스탈로치[2]의 〈슈탄스 체재(滯在)에 대해서
어떤 친구에게 보낸 편지〉

페스탈로치의 무덤은 1846년에 스위스 취리히 교외에 있는 어떤 시골에 세워졌다. 그 묘비명에는 "모든 것을 남을 위해 바치고 자기 자신에게는 아무것도"라는 한 구절이 새겨져 있다. 그는 단순한 교육가가 아니고 한 사람의 휴머니스트였다고 할 수가 있다.

페스탈로치 교육학의 특색으로서 손꼽을 수 있는 것은 다음과 같다. 첫째 체험의 교육학이었다. 자신의 체험을 통해서 어린이들을 가르쳤다. 둘째로 빈곤한 사람들을 건진다고 하는 사회 개혁의 교육학이었다. 셋째로 인간 학교를 세우고 인간성을 교육하려고 노력했다. 넷째로 이 인간 학교를 토대로 해서 어린이들을 대상으로 하는 기초 교육을 중요시했다. 다섯째로 기초 교육은 학교에 있어서도 가정에 있어서도 행해지지 않으면 안 된다고 생각했다. 근대 교육학의 이론을 세웠을 뿐만 아니라 그 정신을 실행했다. 교육을 통해서 인간정신의 근본적인 힘을 키우려고 했던 것이다. 루소와는 달리 어린이들을 문화로부터 멀리 떼어놓지 않고 사회에 적극적으로 참가시키고 인간의 환경을 바꾸려고 했다. 페스탈로치는 인간의 교육의 본질을 생각하고 교육자로서 실천한 점에서 휴머니스트라고 할 수 있다.

참된 예술을 허위의 것과 구별하는 방법으로서 단 하나의 분명한

---

22) 페스탈로치 (Johann Heinrich Pestalozzi, 1746-1827), 스위스의 교육가. 취리히의 의사의 아들. 카롤리나 대학을 졸업한 후 69년 브룩크에 농장을 세웠다. 또한 빈민학교를 경영. 《은자의 저녁》에서 자신의 교육이념을 기록했다. 1799년에 슈탄스에 고아원을 열었으나 곧 문을 닫았다. 브르크도르프에 사숙(私塾)을 세우고 《게르트루트는 어떻게 그의 자식을 가르치는가》를 썼다. 여기에는 기초 교육을 중요시하고 인간성의 도야(淘冶)를 강조하는 교육이념이 명백히 제시되어 있다. 그 후 학원을 여러 곳에 옮겼고, 교육자로서의 명성이 세계적으로 널리 알려졌다.

것이 있다. 즉 그것은 예술의 감염성(感染性)이다. 만약 어떤 사람이 자신은 아무런 활동도 하지 않고 또한 자신의 위치를 조금도 바꾸지 않고 다른 사람의 작품을 읽고 듣고 본 끝에, 자신이 그 작자나 또는 작자와 같이 예술의 대상을 지각하는 사람들과 연결되는 것 같은 느낌을 경험할 경우, 이런 느낌을 일으킨 작품은 예술인 것이다. 대상이 아무리 시적일지라도, 원본(原本)을 닮았다고 할지라도, 효과적이었다고 할지라도, 흥미가 있을지라도, 다른 어떠한 감정과도 동떨어진 아주 독자적인 기쁨, 즉 다른 사람(작자)이나 그 예술적 작품을 같이 지각할 수 있는 사람들, 청중이나 관객과 정신적으로 일치하는 감정을 사람의 마음속에 불러일으키지 않는 경우, 그것은 예술의 대상이 아니다.

톨스토이[23]의 《예술이란 무엇인가》

---

23) 톨스토이 (Lev Nikolaevich Tolstoi, 1828-1910), 러시아의 문호. 야스나야 폴랴나의 명문 귀족 출신. 카잔 대학을 중퇴하고 고향의 농민생활의 개선을 꾀하였으나 실패하고 군문(軍門)에 들어갔다. 크리미아 전쟁에 종군 중, 25세 때 그의 처녀작 《유년시대》를 썼다. 곧 군문을 나와서 1857년 서유럽을 여행했으나 부정적인 인상을 받고 돌아왔다. 야스나야 농민교육을 시작하고 농민해방(1861)을 기도, 농민의 옹호에 힘썼다. 1864년에서 1869년에 걸쳐 《전쟁과 평화》를 완성. 이것은 양심적인 귀족을 주인공으로 택하고 나폴레옹 전쟁을 중심으로 한 러시아의 움직임을 그린 것이다. 제2의 대작 《안나 카레니나》에서는 부유한 귀족계급의 퇴폐와 비인간성을 비판하고 있다. 만년에 그의 소신과 실생활과의 모순을 느끼고 집을 나가서 아스타보보 소역(小驛)에서 급사했다. 그는 족장적인 지주귀족의 위치에서 휴머니즘을 주장했다. 그 세계관을 기초로 해서 《예술론》, 《종교론》, 《인생론》을 저술했고, 선과 사랑에 의한 세계의 구제, 무저항주의, 완전평화주의를 말하고 있다. 그 밖의 유명한 작품으로는 《크로이체르 소나타》, 《산 송장》, 《부활》 등이 있다. 그 사실적 수법이 후대의 작가에게 준 영향은 매우 크다.

모든 행복한 가정은 서로가 잘 닮고 있다. 그러나 불행한 가정은 여러 가지로 불행하다.

톨스토이의 《안나 카레니나》

"눈[目]에는 눈으로, 이[齒]에는 이로 갚으라고 하는 말을 너희가 들어 알 테지만 나는 너희에게 이렇게 말한다. 악인을 적대하지 말라." 악인을 적대하지 말라고 그리스도는 가르치고 있다. 이 가르침이 진실이라는 이유는 그것이 폭력을 가하는 사람의 마음에서나 폭력을 당하는 사람의 마음에서나 다 악을 남김없이 없애 주기 때문이다. 갑이라는 사람이 을이라는 사람을 공격해서 모욕을 준다든가 경멸할 경우, 갑은 이런 일로 인해서 그의 마음속에 증오의 감정과 모든 악의 근원을 기르게 되는 것이다. 그러면 이 악의 감정을 없애 버리려면 어떻게 할 것인가? 그러한 악의 감정을 일으키는 행위와 꼭 같은 행위, 다시 말해서 남을 경멸한다든가 모욕을 준다든가 하는 행위를 무리하게 행할 것인가? 과연 그러한 비뚤어진 행위를 되풀이해야 할 것인가? 그러한 행위를 한다는 것은 아무것도 고치지 못하고 악마를 물리치지도 못하며 반대로 충동하는 것이 된다. 사탄으로 사탄을 내쫓을 수는 없다. 또한 거짓을 가지고 거짓을 씻어 버릴 수도 없다. 따라서 악으로 악을 정복할 수는 없다.

톨스토이의 《폭력을 가지고 악인을 상대하지 말라》

톨스토이는 예술이나 문학에 대해서 특별한 관심을 가지고 있었다. 예술지상주의를 가장 싫어했다. 인간의 정신에 직접 활동하는 것을 예술의 제일 요건으로 생각했다. 이러한 생각은 인생을 위한 예술 문학을 얻는 것이 된다.

《안나 카레니나》의 첫 구절은 소설의 서두로서 가장 뛰어난 것으로 알려져 있다. 톨스토이는 한편으로는 인생을 위한 예술 문학을 생각하면서도, 역시 기교라는 점에서는 예술지상주의를 제창하는 사람들이 미치지 못할 정도로 뛰어난 경지에 이르고 있다.

톨스토이의 무저항주의는 뒤에 간디에게도 그 영향을 준 것 같다. 그리스도가 복음서에서 말한 그대로 실행하려고 생각한 것이다. 현세는 악이며 환상이라고 말하는 그리스 정교 교회의 설교를 비난하고, 사람은 제 마음속에 빛을 가지고 있다고 말하고 인생을 긍정하며 자기 완성을 구했다. 그리고 외부의 악에 대해서는 무저항의 사상을 가지고 있었다. 그것은 악에 저항하는 데 있어서 악을 가지고 대한다면 그 결과 비극이 무한히 커진다고 생각했기 때문이다. 톨스토이는 일종의 무정부주의를 신조로 하고 있었다. 정부, 군대, 재판, 사유권 같은 모든 것을 폭력으로 생각하고 이것을 부정했다. 상류계급이나 귀족계급이나 지주계급의 인간이 그릇된 생활을 하고 있는 것에 대해서 농민은 반대로 인생의 참된 의미를 식별하고 있으며 우주의 창조주이신 하느님의 의지를 받들어 생활하고 있다고 강조했다. 어둠 속에서 하느님의 빛은 늘 빛나고 있다. 인간은 언제나 이 빛 가운데를 걷도록 힘쓰지 않으면 안 된다고 했다. 톨스토이는 자신의 사유재산을 전부 버리려고 했으나 가족의 반대로 많은 괴로움을 받았다.

이탈리아여, 나의 조국이여, 고상하고 사랑스러운 땅이여, 아버지와 어머니가 태어나시고 곧 묻힐 땅이여, 나 역시 태어나 묻히기 원하는 땅이여, 내 어린이들 역시 자라나고 죽을 땅이여. 몇 세기에 걸쳐서 위대하고 영광에 빛났고, 몇 년 전에 통일되어 자유가 된 아름다운 이탈리아여, 당신은 세계에 밝고 깨끗한 빛을 많이 비춰 주었습니다. 당신 때문에 많은 용사가 전장에서 쓰러지고 또한 많은 영웅이 교수대의 이슬로 사라졌습니다.

데 아미치스[24]의 《쿠오레》

《쿠오레》는 《사랑의 학교》라고도 번역되며 소년 소녀의 대부분은 이 이야기 중 하나나 둘은 꼭 읽었을 것이다. 이탈리아는 1870년에 근대 국가로서 통일되었다. 데 아미치스는 그때 소위로 군대에 있었는데 이탈리아군과 같이 로마로 들어갔다. 《쿠오레》에는 애국심에 넘치는 이야기가 많이 나오는데, 이것은 당시 이탈리아가 겨우 하나로 통일된 직후였기 때문이다. 이탈리아의 소년 소녀에게 애국심을 길러주려고 했던 것이다. 이 애국심은 군국주의나 침략주의는 아니다. 이탈리아 사람으로서 자부심을 가지고 새로운 이탈리아의 국민으로서 훌륭히 살아가기를 바라는 것뿐이다. 《쿠오레》의 바탕을 이루는 것은 애국심과 더불어 서로 도우며 인간으로서 아름답게 살아가려고 하는 휴머니즘의 정신인 것을 잊어서는 안 된다. 애국심이 동시에 휴머니즘과 통하고 있는

---

24) 데 아미치스(Edmondo De Amicis, 1846-1908), 이탈리아의 작가. 처음엔 군인으로서 오스트리아전에 참가했다. 뒤에 피렌체에서 군사신문 주필이 되었고, 1868년 체험을 쓴 《군대생활》이 인정되어 문단에 나왔다. 토리노에서 창작에 전념. 또한 유럽 각국을 여행하고 네덜란드, 런던, 모로코 등의 인상기를 발표했다. 아동 문학 《쿠오레》로 세계적으로 알려지게 되었다. 그 밖에 역사 소설도 있다.

점에 이 이야기의 특색이 있다.

　　그러면 선택의 결과는 무엇이냐? 단순한 경우에 그 결정은 분명
히 공복(空腹)과 호기심이라고 하는 두 개의 욕망 가운데 그 순간
어떤 것이 더 강한 것인가에만 의존하고 있다. 이 일에 관해서 공평
한 의식은 어떠한 의문도 허용하지 않는다. 두 개의 욕구만이 서로
대립하여 작용할 때, 부수적인 사고(思考)라든가 동기가 모두 제외
된다고 생각해도 좋다면 선택이 강한 편의 동기를 따른다는 것은 명
백한 이치이다. 다시 말하면 만약 양자가 아주 상반되는 행동으로
나온다면 선택은 단순히 강한 편의 동기만을 좇으며, 만약 양자를
동시에 만족시키는 일이 가능하다고 생각되는 경우라도 선택은 우
선 강한 편의 동기에 따르는 것이다.

빈델반트[25]의 《의지의 자유》

　　빈델반트는 바덴파(서남독일파)의 대표자이다. 이 학파는
마르부르크파와 더불어 신칸트파의 두 개의 조류를 이루고
있다. 마르부르크파는 랑게나 코엔에 의해서 시작된 방법적

---

25) 빈델반트(Wilhelm Windelband, 1848-1915). 독일의 철학자, 철학사가.
　　포츠담에서 태어났다. 예나, 괴팅겐 대학에서 철학, 자연과학을 배우고
　　피셔와 로체의 영향을 받았다. 여러 대학에서 교단에 섰으며, 슈트라스
　　부르크 대학 총장을 지냈고 하이델베르크 대학 교수가 되었다. 서남독일
　　학파(바덴학파)를 창시했다. 칸트의 관념론에서 출발, 문화의 여러 문제
　　에 비판적 방법을 적용하고 가치 철학을 말했다. 또한 개성기술적 과학
　　인 역사과학 · 문화과학을 법칙정립적 과학으로서의 자연과학에 대립시
　　키고 이 방법론을 중요시했다. 철학사 연구에 뛰어난 업적을 남기고 있
　　다. 주저로는 《근세철학사》, 《서곡》〔〈규범과 자연법칙〉, 〈역사와 자연과
　　학〉 등을 포함한 평론집〕, 《철학개론》 등이 있다.

비판주의에 의해서 칸트의 철학을 넘어서려고 했다. 정밀 자연과학의 방법에 의한 방법론이 중심이 되었다. 여기에 반해서 바덴파는 역사과학(문화과학)의 방법론을 받아들여 윤리적인 것이나 미적인 것에서만이 아니고 이론적인 것에서도 가치를 찾아내려고 노력했다. 이것은 문화철학 또는 가치철학이라고 불리며 피히테나 헤겔의 독일 관념론의 입장에 접근했다. 마르부르크파는 칸트의 의도에 어디까지나 충실한 점에서 바덴파와 좋은 대조를 이루고 있다.

《의지의 자유》는 자유의지에 관한 고전적인 문헌이다. 자유의 여러 가지 의미를 구별하고 그 하나하나에 날카로운 분석을 가하고 있는 점이 특색이다.

역사철학은 역사의 논리학에서 출발한다. 역사철학이 다루어야 할 것은 처음부터 끝까지 가치인 것이다. 첫째로 경제적·역사적 연구의 사고 형식을 이끄는 이론적 가치를 연구하는 것이다. 다음에 문화가치를 연구하는 것이다. 문화가치는 역사적으로 보아 본질적인 재료의 원리로서 의미를 가지는 형상으로서의 역사를 통일적으로 조직한다. 최후로 지금까지 역사의 과정 속에서 점차로 실현되어 온 가치를 연구한다.

리케르트[26]의 《역사철학》

---

26) 리케르트(Heinrich Rickert, 1863-1936), 독일의 철학자. 신칸트주의자. 단치히에서 정치가의 아들로 태어났다. 슈트라스부르크 대학에서 배우고 1896년 프라이부르크 대학 교수, 1916년 하이델베르크 대학 교수에 취임. 빈델반트의 영향을 받아 칸트의 선험적 관념론을 지키고 서남독일학파의 대표자 중 한 사람이 되었다. 《인식의 대상》, 《자연과학적 개념 구성의 한계》에서 가치철학, 문화철학을 제창했다.

역사철학이라는 용어는 볼테르가 처음으로 사용했다고 한다. 리케르트는 역사철학에 세 개의 개념이 있다고 생각했다. 보편사(普遍史)로서의 역사철학, 역사의 원리에 대한 학문으로서의 역사철학, 역사학의 논리학으로서의 역사철학인 것이다. 이 세 개의 개념은 다 같은 가치를 가지며 공존(共存)하는 학문이다. 어느 것이나 독특한 문제를 가지며 어떤 것이든 역사철학이라고 부르는 데 알맞은 것이다.

그러나 보편사는 역사의 전체를 통일적으로 기술하지 않으면 안 되며, 따라서 결국 통일의 원리와 그 조직의 원리 등을 미리 알고 있지 않으면 안 된다. 원리학으로서의 역사철학도 그것에 따르는 근본 문제에 대답하려면 역사의 인식이 어떠한 본질을 가지고 있는가를 밝히지 않으면 안 된다. 결국 논리적 인식이 없으면 불가능한 것이다. 이렇게 보아 간다면 처음에는 서로 독립되어 있는 것처럼 보이던 세 개의 학문이 서로 깊은 관계를 가지고 있다는 것을 알 수 있다. 리케르트는 이렇게 생각하고 먼저 역사학의 논리학을 정하고, 다음에 역사적 생활의 원리를 찾고, 최후로 보편사로서의 역사철학에 대해서 기술하는 것이다. 이런 경우 가치의 철학이 토대가 된다. 역사철학과 가치철학은 깊은 유대를 가지게 되는 것이다. 처음에는 세 개의 다른 학문으로 분리되는 것처럼 생각되었던 역사철학의 과제가 가치철학의 토대 위에 서게 되는 것이다.

리케르트는 20세기가 되어서도 자신의 철학을 굳게 지켰다. 1920년에 발표한《생의 철학》은 베르그송, 니체, 제임스, 지멜, 딜타이 등에서 볼 수 있는 반과학적·비합리적인 사고방식에 대한 저항이었다. 제1차 세계대전 후 독일에서 '생의 철학'이 유행했으나, 그것은 실존주의라고 하는 형태를 취했다. 그것에 대해서 리케르트는 '과학으로서의 철학'이라는 입장에서 비판을 가한다. 또 리케르트는 가치철학의 입장에서 유물사관에 대해서도 반대했다.

제 1, 섭생 — 배가 부르도록 먹어서는 안 된다. 취하도록 마셔서는 안 된다.

제 2, 침묵 — 자신에 대해서도, 남에게 대해서도 무익한 것을 말해서는 안 된다. 거짓을 말해서는 안 된다.

제 3, 규율 — 모든 물건(物件)은 그 장소를 정해 두라. 모든 일은 시간을 정해서 하라.

제 4, 결단 — 해야 할 일을 하려고 결심하라. 결심한 일은 반드시 실행하라.

제 5, 절약 — 자신에 대해서도 또 남에게 대해서도 돈을 함부로 써서는 안 된다. 즉 낭비해서는 안 된다.

제 6, 근면 — 시간을 낭비해서는 안 된다. 언제나 무엇인가 유익한 것에 종사하라. 무용한 행위는 모두 단념하라.

제 7, 성실 — 거짓말을 해서 다른 사람에게 해를 입혀서는 안 된다. 마음은 순진하게 그리고 공정히 가지라. 입 밖에 내는 것도 그와 같이 하라.

제 8, 정의 — 남의 이익을 빼앗는다든가 또는 주어야 할 것을 주지 않든가 해서 남에게 손해를 입혀서는 안 된다.

제 9, 중용 — 극단을 피하라. 반성하여 자기에게 잘못이 있다고 생각한다면 남의 비난이나 불법을 참으라.

제 10, 청결 — 신체, 의복, 거주에 불결한 곳이 있어서는 안 된다.

제 11, 평정 —사소한 일, 일상다반사 또는 피하기 어려운 사건으로 평정을 잃어서는 안 된다.

제 12, 순결……

제 13, 겸양 — 예수나 소크라테스를 본받으라.

《프랭클린[27] 자서전》

《프랭클린 자서전》은 자서전 문학 가운데서도 가장 뛰어난 것이다. 프랭클린은 1771년 펜실베이니아 주의 대표로서 영국에 있을 때 이 자서전을 쓰기 시작했다. 65세가 되어 자기 생애가 죽음에 가까와진 것으로 생각한 모양이었다. 그러나 결혼 이야기까지 써 나갔을 때 붓을 놓지 않으면 안 되었다. 독립전쟁을 위해서 출정하지 않으면 안 되었기 때문이다. 그 후 13년이 지나서 미국이 독립국가가 되고 전권공사(全權公使)로서 프랑스에 가 있을 때 다시 원고를 쓸 수 있었다. 1785년에 미국에 돌아와서 79세의 고령의 몸으로 그것을 써나갔다. 그리고 마지막 부분을 다 쓰고 다음해 4월에

---

27) 프랭클린(Benjamin Franklin, 1706-90), 미국의 정치가, 과학자, 저술가. 보스턴의 가난한 가정에 태어나서 어려서부터 가사를 도우며 형의 인쇄소 견습공으로 일했다. 17세에 단신으로 필라델피아로 가 다방면으로 재능을 기르고 여러 가지 사업에 성공했다. 펜실베이니아 식민지 대표로서 1757년에서 1762년까지 런던에 파견되었다. 인지법 문제가 일어났을 때 다시 영국으로 건너가 철폐를 위해 노력했다. 독립 전쟁의 기운이 보이므로 1775년에 귀국하여 대륙회의 대표, 독립선언 기초위원이 됐다. 또한 프랑스와의 절충을 위해 파리조약을 성립시켰다. 귀국 후 펜실베이니아 주지사에 취임. 헌법 제정에도 전력을 다했다. 과학자로서는 우뢰[雷]와 전신의 동일성을 입증한 것이 유명하며, 저서로 《철학적 저술》과 《프랭클린 자서전》이 있다.

사망했다.

프랭클린은 워싱턴보다도, 링컨보다도 미국 자본주의의 건설에 공헌했다. 그는 바로 무실역행(務實力行)의 모범이었던 것이다. 개인주의를 더욱 적극적인 의미로 실행하고 벤담의 공리주의를 어느 정도 세속화된 의미로 실행한 인물인 것이다. 프랭클린은 1732년부터 1757년까지의 사이에 '가난한 리처드의 달력'이라고 하는 달력을 발행했는데 거기에는 고금동서의 격언을 써 넣고 또 '부자가 되는 길'이라고 하는 서문을 첨부했다. 그 서문은 당시 미국인의 이상을 가장 구체적으로 말한 것으로,《프랭클린 자서전》과 같은 정신에 의한 것이다. 프랭클린의 저작은 미국에서만이 아니고 세계 각국에 많은 독자를 가지고 있다. 이 책은 우리나라에서도 많이 읽혀지는 것으로, 초기의 미국인을 아는 데 가장 중요한 문헌이다.

우리는 다음의 사항을 명백한 진리로 한다.

모든 인간은 평등하게 태어났다는 것, 인간은 창조주로부터 양보할 수 없는 권리가 주어졌다는 것, 생존 자유 및 행복의 추구는 이 권리에 속한다는 것, 이러한 권리를 보증하기 위해서 인간은 정부를 세우고 정부의 정당한 권한은 피치자의 동의에 의해서 생긴다는 것, 인민은 어떤 형태의 정부일지라도 만약 이러한 목적을 파괴하게 된다면 언제든지 변경하거나 폐기할 권리가 있다는 것, 그래서 인민은 자신들의 가장 좋은 행복과 안전을 확보할 수 있다고 인정한 주의를 기초로 하며 이 주의에 의한 형태로 권력을 구성하는 신정부를 만들 권리를 가진다고 하는 것 등이다.　　　제퍼슨[28]의《독립 선언》

이 독립 선언은 미국 민주주의의 가장 뛰어난 부분을 대표하는 것이다. 이 선언을 꿰뚫고 있는 평등과 인권의 사상의 유래는 다음과 같은 것이다. 17세기 초기에 영국의 퓨리턴(청교도)은 영국의 국교를 버리고 메이 플라워 호를 타고 대서양을 건너 허드슨 강변에 식민지를 만들었다. 인원은 남녀 합해 50명이었다. 이 신세계에서는 그들 누구나 신 앞에서 완전히 평등했다. 18세기 말에 영국의 지배에서 벗어나 독립한 동부의 13주는 같은 종교, 같은 언어, 같은 풍습, 같은 법률을 가지고 독립을 위해 싸웠다.《독립 선언》속에 흐르고 있는 평등과 인권의 사상은 이상과 같은 역사적인 사정에 의한 것으로 퓨리터니즘이 큰 역할을 하였다는 사실을 잊어서는 안 된다. 또한 로크의 계약 사상도 영향을 미치고 있다. 결국 이것은 18세기 계몽시대의 사상이 그 근원을 이루고 있는 것이다. 그리고 민주주의의 본질은 평등이라는 사실을 가장 힘차게 주장하고 있다.

제퍼슨의 민주주의는 잭슨의 이른바 '잭소니언 데모크라시'로 이어졌다. 잭슨은 미국 제7대 대통령(재직 1829-37)으로 미국사상 민주주의의 발전에 있어서 큰 역할을 하였다.

---

28) 제퍼슨(Thomas Jefferson, 1743-1826), 미국의 제3대 대통령. 버지니아 주에서 태어났다. 처음에 변호사가 되었으나 식민지의회 의원이 되어 독립혁명을 당하자 대륙회의 대표에 선출되었다.《독립 선언》을 기초하였다. 뒤에 버지니아에 돌아와서 봉건제도의 타파와 종교의 자유를 위해서 노력했다. 1779년에 버지니아 주지사에 취임. 1790년에 국무장관이 되었고 재무장관 해밀턴과 대립하여 리퍼블릭컨스의 이름을 남겼다. 1796년에 부통령 그리고 상원의원이 되었고 1800년에 대통령에 당선되어 공화제의 확립에 힘썼다. 공직 인퇴 후 버지니아 대학을 창립하고 총장이 되었다. 철학, 과학, 건축에도 업적을 남기고 있다.

그 토대가 된 것은 1820-30년대의 평등화의 사상이었으나, 구체적으로는 서부 지방의 발전에 따른 서부 소시민층과 산업혁명의 진전에 따른 동부 지식인층의 세력을 바탕으로 하고 있었다. 그리고 정치와 경제의 기회 균등을 실현했다. 노동자의 권리가 넓혀지고 여자의 지위가 향상되며 미국 민주주의가 크게 발전했다. 단 기회균등, 자유경쟁, 자유방임이 미국 자본주의의 급격한 발달을 가져왔으나 내부의 모순도 확대시켰다고 하는 사실도 잊어서는 안 된다.

우리가 노예운동에 종지부를 찍는다는 명확한 목적과 정확한 약속을 가진 정책을 시작한 지 벌써 5년이라는 세월이 흘렀다. 이 정책 밑에서 이 운동은 그치지 않았을 뿐 아니라 끊임없이 증대해 왔다. 그것은 어떤 위기가 오고 그것이 지나가 버릴 때까지는 그치지 않을 것으로 생각된다. '제멋대로 흩어진 집은 서 있을 수 없다' 는 것이다. 그러나 이 정부가 언제까지나 반노예, 반자유라고 하는 상태에 머물러 있을 수는 없다고 나는 믿는다. 나는 연방의 해체를 바라지는 않는다. 집이 무너지는 것을 바라지도 않는다. 그저 흩어져 없어지기를 바란다. 모든 것이 존재하게 되느냐, 그렇지 않으면 모든 것이 다른 것이 되느냐일 것이다. 다시 말하면 노예제도의 반대자들이 이 제도가 이 이상 확대되는 것을 저지하면 노예제도는 결국 폐지되는 것이며, 지금 그 과정에 있다고 믿고 세론이 안심하는 곳에서 그것이 멈추어 서거나 그렇지 않으면 노예제도의 옹호자들이 그것을 촉진시켜 드디어는 노예제도가 유서 깊은 주에서도 새로운 주에서도, 그리고 북부에서도 남부에서도, 모든 주에서 다 같이 합법적인 것이 되느냐 중 그 어느 것이다.   — 링컨[29]

링컨은 미국사상 신화적인 인물이 되어 있다. 또 휴머니즘을 위해서 전부를 바친 위인으로 존경되고 있다. 그가 '게티즈버그 연설' (1863년 11월 19일 게티즈버그의 무명전몰병사의 무덤 앞에서 행한 연설)에서 말한 '인민의, 인민에 의한, 인민을 위한 정부'라고 하는 유명한 말은 영원히 우리 뇌리에 새겨져 있다. 그는 노예 해방을 시(是)가 비(非)일지라도 실행하려고는 생각하지 않았던 것 같다. 또한 그 동기가 경제상의 문제였다는 것도 잊어서는 안 된다. 그러나 역사는 링컨이라는 정치가를 뽑아서 인류의 어떤 부분을 해방시킨 것이다.

헤르베르 : 아아, 당신은 생각하고 있는 것이나 말하는 것이 정말 철없는 어린애 같군.

노라 : 그럴지도 모르지요. 그렇지만 당신이 말하는 것이나 또 생각하는 것도 내 일생을 바칠 만한 남편답지가 많아요. 당신의 걱정이 점차로 없어지고 이젠 일체의 위험이 없어지니까, 당신은 이제 와서 아무 일도 없었던 것처럼 행동하시는군요. 그렇게 말하는 것은 나를 위한 것이 아니고 당신 자신이 부딪쳐야만 할 걱정 때문이지요. 저는 전과 같

---

29) 링컨(Abraham Lincoln, 1809-65). 미합중국 제16대 대통령. 켄터키의 가난한 농가에서 태어나 학교 교육이라고는 거의 받지 못했다. 그러나 독학으로 변호사가 되고, 일리노이 주의회 의원을 거쳐 하원의원에 당선. 뒤에 공화당에 입당하여 인도주의의 입장에서 노예제도에 반대했다. 1860년 공화당 후보로 대통령에 당선. 1863년 노예폐지령을 발표한 것이 도화선이 되어 남부 제주가 연방에서 탈퇴, 이어서 남북전쟁이 일어났다. 링컨은 승리 직후에 암살되었으나 미국 민주주의의 원칙을 일으켜 세운 공적은 크다. 남북전쟁 중에 행한 〈게티즈버그 연설〉이 유명하다.

이 당신의 종달새가 되고 또 인형이 되었단 말예요. 당신이 행여 부서지지나 않을까 해서 이제부터는 한층 더 귀중히 여길 거란 말이지요. 그래서 그 순간 제 마음에 분명한 어떤 계시가 있었어요. 8년 동안 이 집에서 저는 아무런 상관도 없는 주위의 다른 사람과 같이 살면서 셋이나 어린애를 낳았다고. 아아, 그것을 생각만 해도 기가 막혀요. 이젠 제 자신을 갈기갈기 찢어 버리고 싶어요.

입센[30]의 〈인형의 집〉

〈인형의 집〉은 1879년에 씌어졌다. 입센의 만년의 사회극 시대를 대표하는 것이며 동시에 19세기 문학의 경향까지도 대표하고 있다. 노라는 새로운 여성을 상징하며, 헤르베르는 평범한 남편이다. 노라는 본능적으로 또는 맹목적으로 육체도 영혼도 남편에게 바쳐 왔다. 이것은 여성에게 있어서 나면서부터 주어진 도덕이며 의무였다. 그러나 남자가 만든 법률은 여성의 헌신이나 가치를 인정하지 않는다. 게다가 이 남자들은 실생활 속에서 곤란에 빠지게 되면 비겁한 행동을

---

30) 입센(Henrik Ibsen, 1828-1906), 노르웨이의 극작가, 근대극의 창시자. 시엔에서 태어났다. 부유한 상인의 아들이었으나 파산 후 약제사의 조수가 되었다. 그러나 문학에 정열을 기울였다. 크리스티아니아 대학에 적을 두고 〈용사의 무덤〉으로 문단에 등장. 뒤에 크리스티아니아 국민 극장의 감독이 되었으나 그의 혁신 사상이 받아들여지지 않았고, 또 극장이 파산했기 때문에 1864년에 이탈리아로 갔다. 1868년 독일로 가서 산문극을 발표하고 1878년에 로마에 갔다. 거기서 〈인형의 집〉을 써서 세계적으로 인정받았다. 1891년 조국으로 돌아갔다. 그의 장례식은 국장으로 치러졌다. 대표작으로 〈페르 귄트〉, 〈유령〉, 〈민중의 적〉, 〈들 오리〉, 〈바다의 부인〉 등이 있다. 그의 작품은 개인주의적인 정의감을 기조로 하여 낭만적, 사색적인 것에서부터 점차로 사회극, 민족극으로 옮겨 갔다.

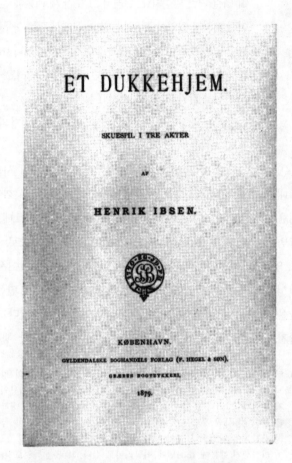

ET DUKKEHJEM.

SKUESPIL I TRE AKTER

AF

HENRIK IBSEN.

KØBENHAVN.
GYLDENDALSKE BOGHANDELS FORLAG (F. HEGEL & SØN).
GRÆBES BOGTRYKKERI.
1879.

1879년 코펜하겐에서 간행된 입센의 《인형의 집》

한다. 노라의 사랑을 인정하지 않고 자기의 사회적 지위가 무너지는 것을 한탄한다. "아내이며 어머니이기 전에 먼저 하나의 인간으로서 살고 싶다"고 한 말은 그 당시의 여성의 마음을 깊이 동요시켰다. 사실 입센의 태도에는 부정과 파괴가 있을 뿐 긍정과 건설을 찾아볼 수가 없었다. 또한 집을 나간 노라가 어디로 가느냐 하는 문제도 남아 있었다. 이것은 사회주의적 입장에서 여성 해방을 꾀하려고 한 사람들로부터 나온 비난이었다. 입센은 그 후 〈유령〉을 써서 노라가 집을 나가지 않은 경우를 다루었다. 그리고 다시 〈들 오리〉를 써서 노라의 비극에 대한 체념을 그렸다.

자연주의의 작가는 관찰하고 그리고 실험한다. 그들의 모든 일은 회의에서부터 시작된다. 결국 처음에는 회의 가운데 자신을 놓고 명확하지 못한 진리와 미해결의 현상 등에 맞서게 되지만, 대결을 계속하는 가운데 갑자기 실험적 구상이 그들의 재능을 불러일으킨다. 그리고 실험을 설정하고 사실을 분석하여 그들은 지배자가 되는 것이다.

졸라[31]의 《실험소설가》

현재 자연주의라고 하는 말은 소박한 사실주의와 거의 같은 의미로 사용되고 있다. 자연주의적 리얼리즘이라고 하면 사회주의적 리얼리즘 같은 것보다 훨씬 낮은 방법으로 취급되고 있다. 어떤 경우에는 사진으로 외계나 대상을 붙잡는 그런 리얼리즘을 의미하는 경우도 있다. 그러나 이것은 잘못이다. 졸라는 관찰과 실험이라고 하는 것을 중요시했다. 이것은 하나의 인간을 어떤 상황 속에 놓고 행동시킨다는 것을 의미한다. 졸라는 파리 대학의 생리학 교수였던 그로드 베르나르의 《실험의학 연구 서설》(1865)을 이용하여 자연주의 문학이론을 넓혔다. 베르나르는 '내분비(內分泌)'라고 하는 말을 처음 사용한 사람으로 생리학에 실험적 방법을 끌어들였다. 그리고 그는 이 실험적 방법을 상당히 중요시했다. 소설까지 관찰에 의지하고 있었다. 심리학에 의해서 실험적 방법을 받아들이면 과학이 된다. 이때까지 인간은 추상적으로, 형이상학적으로 탐구되고 있었다. 그러나 자연과학의 발달에 따라 그 법칙을 받아들여 환경에 지배되는 자연적 인간을 탐구하지 않으면 안 된다. 소설가는 관찰가인 동시에 실험가가 되지 않으면 안 된다. 소설 가운데서 어떤 인물을 움직여 그 인물이 환경으로부터 어떻게 영향을 받아 결정되는가를 상세히 탐구한다. 물론 자연과학의 실험과 소설의 실험은 그 본질이 다르다. 단지 관찰을 초월하지 않으면 안 되는 것을 강조하기 위해서 실험이라고 하는 것을 역설한 것이다.

---

31) 졸라(Emile Zola, 1840-1902), 프랑스의 소설가. 파리에서 태어났다. 아버지는 이탈리아 사람이었다. 법률학을 하려고 했으나 가난했기 때문에 학업을 버리고 서점에 근무하면서 창작을 시작했다. 뒤에 신문사에 들어가서 테느의 실증주의와 발자크를 시조로 하는 사실주의 문학에 눈을 돌려 〈테레즈 라캥〉을 발표. 이어서 '실험소설'이라고 하는 이론을 구성하고 1871년에서 1893년에 걸쳐 《루공 마카르 총서》 20권을 간행했다. 〈목로 주점〉, 〈나나〉, 〈대지〉 등의 걸작이 여기에 포함되어 있다. 이것들은 인간이 유전과 사회환경에 지배되는 상황을 그린 것으로 자연주의의 전성시대를 지도했다. 1898년 드레퓌스 사건에 대한 항의 운동의 선두에 서서 〈나는 탄핵한다〉고 하는 공개장을 가지고 드레퓌스의 무죄를 주장했다. 이것 때문에 한때 영국에 망명. 이상을 구하는 입장에서 사회주의에 공감하고 〈4복음서〉를 썼으나 완성을 보지 못한 채 가스 중독으로 죽었다.

자연주의 작가로는 프랑스의 모파상, 도데, 위스망스 등을 들 수가 있는데 영국, 독일, 러시아, 북구의 문학에도 큰 영향을 주었다. 자연주의는 19세기 후반의 가장 큰 문학사조였다.

답답하고 오싹 소름이 끼치는 듯한 꿈 속에서 불안이 최고조에 달할 때 분명히 불안 자체가 우리의 눈을 뜨게 한다. 그리고 눈이 뜨이면 지금까지 우리를 괴롭히고 있던 방의 괴물, 모든 공포가 모두 사라져 버린다. 이와 같은 것이 인생의 꿈 속에서도 일어난다. 그것은 바로 불안에 대한 근심이 최고조에 달하고 우리에게 있어서 인생의 꿈을 깨뜨리는 일이 정말 필요하게 된 경우다.

쇼펜하우어[32]의 《수상》

쇼펜하우어는 피히테, 헤겔, 셸링 같은 사람을 대표로 하는 근대 철학을 부정했다. 《의지와 표상으로서의 세계》가 출판된 것은 1818년이며 유럽 전체는 폐허화되고 있었다. 프랑스 혁명은 실패로 돌아가고 그 뒤에 나폴레옹이 등장하였

---

32) 쇼펜하우어 (Arthur Schopenhauer, 1788-1860), 독설의 철학자. 여류작가 요하나를 어머니로 단치히에서 태어났다. 소년시대에 양친과 유럽 각지를 여행했다. 은행가인 아버지가 자살한 후 괴팅겐, 베를린 양 대학에서 배웠다. 예나 대학의 학위를 얻고 바이마르에서 괴테를 알았다. 1814년에서 1818년까지 드레스덴에 머물러 《의지와 표상으로서의 세계》를 썼다. 이탈리아를 여행하고 이어서 베를린 대학의 강사가 되었으나 헤겔에게 눌려 사직했다. 뒤에 다시 이탈리아에 여행하였고 1831년 이래 프랑크푸르트에서 여생을 보냈다. 그의 철학사상은 주관론과 염세관이 결합된 것으로 《자연에 있어서의 의지에 대해서》, 《윤리학의 두 개의 근본문제》, 《수상》 등의 저서가 있다.

쇼펜하우어의 초상

으며, 이어서 부르봉 왕조가 부활했다. 근대 사회의 발단에
있어서 사람들이 미래에 대해서 쓴 유토피아는 과거의 꿈이
되고 말았다. 합리주의의 세례를 받은 지식인은 신앙을 잃어
버리고 있었다. 가령 신이 존재한다고 해도 신은 맹목일 것
이며 지상은 악의 지배하에 있다. 역사의 진보는 믿어지지

않는다. 자유라든가, 혁명이라든가, 과학이라든가, 기술이라고 하는 것은 인간의 고뇌를 증가시키는 것에 지나지 않는다. 맹목적인 세계의지가 한 사람 한 사람의 인간에게는 '살려고 하는 의지'로 되어 세계를 움직이고 있다. 이 세상의 고통이나 인간악이나 싸움은 모두 이 의지에 원인이 있다. 인간이 이 의지의 세계로부터 도피해서 인식의 세계에 도달할 때 비로소 구원이 있다. 이것이 인간악의 본질을 붙들고 구원을 얻으려고 하는 사고방식이다.

《수상》은 1851년에 베를린에서 발표되었다. 그때 쇼펜하우어는 63세였다. 1844년에서 1850년에 걸쳐서 6년 동안 매일 아침 최초의 두 시간을 이 저술에 바쳤다. 출판함에 있어서는 인세를 지불하지 않아도 좋다는 조건으로 세 군데 출판사에 교섭했으나 실패했다. 그때까지의 쇼펜하우어는 무명의 철학자에 지나지 않았으나 이 책의 출판에 의해서 일약 유명해졌다. 머리가 백발이 된 만년에야 비로소 명성을 얻었다.

절망이란 과연 장점일까? 그렇지 않으면 단점일까? 순수하게 변증법적으로 말한다면 절망이란 장점이기도 하고 단점이기도 하다. 절망하고 있는 사람을 생각하지 않고 절망을 추상적으로 생각한다면 절망은 상당한 장점이라고 하지 않으면 안 된다. 이 병에 걸릴 수 있다는 가능성은 인간이 다른 동물보다 뛰어나 있다는 것이다. 인간은 다른 동물보다 뛰어나기 때문에, 다른 말로 하면 인간은 자기(自己)인 동시에 정신이기 때문에 절망할 수 있는 것이다. 이 병의 가능성은 동물에 대한 인간의 장점이고, 이 병을 자각하고 있는 것은 자

연적인 인간에 대한 기독교 신자의 장점이며, 이 병으로부터 구원을
받고 있는 것이 기독교 신자의 행복이다.

키에르케고르[33]의 《죽음에 이르는 병》

《죽음에 이르는 병》은 키에르케고르의 사상의 정점을 나
타내는 저술이다. 《불안의 개념》을 한층 더 깊게 한 것이다.
'죽음에 이르는 병은 절망이다' 그리고 '절망은 죄다' 라는
두 개의 부분으로 되어 있다. 하느님을 떠난 인간의 상태는
죄 가운데 있다. 그것은 인간이 절대자와 관련되는 자기를
잊어버린 상태인 것이다. 그러한 생활을 하는 한, 인간은 절
망으로부터 벗어날 수 없다. 자각을 통해서 본래의 자기와
정신에의 각성을 재촉하려고 한다. 키에르케고르는 절망의
여러 가지 형태를 말한다. 이 분석을 통해서 절망으로부터
해방되는 방법을 가르친다. 이 책은 절망에 대해서 말하고
있으나 페시미즘을 기술한 것이 아니고 오히려 참된 희망을
말한 것이다. 따라서 실존주의에 공통되는 불안이나 절망의
개념을 다룬 것이다.

나는 다시 한 걸음 나아가 단언하며 힘차게 공언한다. 전인류에

---

33) 키에르케고르(Sören Aabye Kierkegaard. 1813-55). 덴마크의 사상가. 고
향인 코펜하겐에서 신학, 철학을 배운 후 독일에 유학하여 셸링의 가르
침을 받았다. 원래 몸이 약했으므로 귀국 후는 문필생활을 했다. 주관주
의를 취하고 헤겔의 객관주의와 대립. 변전하는 인간 존재 자체를 문제
로 하는 개인주의를 제창했다. 또 하느님과 인간은 멀리 떨어져 있다고
하는 생각에서 기독교를 비판했다. 저서로는 《이것이냐 저것이냐》, 《불
안의 개념》, 《죽음에 이르는 병》 등 많으며, 현대의 실존철학과 변증법
적 신학의 기초를 세웠다.

대한 사랑은 관념으로서 이것은 인간의 지혜에 있어서 가장 이해하기 어려운 관념의 하나인 것이다. 요컨대 관념으로서 그렇다. 이 사랑을 시인할 수 있는 것으로는 감정이 있을 뿐이다. 그러나 그 감정도 인간의 영혼의 불멸에 대한 신념과 더불어 존재하는 경우에만 가능한 것이다.

도스토예프스키의 《작가의 일기》

나는 12년 동안이나 감옥에 들어가 있던 사람의 이야기를 들은 적이 있습니다. 그는 내 의사의 환자 중의 한 사람으로 역시 치료를 받고 있었습니다. 간질병으로서 때때로 불안한 기분이 되어서는 훌쩍훌쩍 울곤 합니다. 어떤 때에는 자살을 하려고 한 때도 있었습니다. 그 사람의 옥중생활이 정말 슬픈 것이었다는 것은 내게도 보증됩니다. 그러나 물론 쉬운 것은 아니었습니다. 친구라고는 다만 거미와 창 밑에 돋아나 있는 조그마한 나무가 있을 뿐이었습니다……그러나 그것보다도 지난해에 만난 다른 한 남자에게서 들은 이야기를 하는 편이 좋을 것 같습니다. 그것은 아주 기묘한 사건입니다. 기묘하다고 하는 것은 결국 흔치 않은 일이기 때문입니다. 그 남자는 어느 때 다른 동료들과 같이 처형대에 올라가서 국사범(國事犯)이라는 이유로 총살형에 처한다고 하는 선고문을 듣도록 강요되었답니다. 그러나 그로부터 20분이 되니까 이번에는 은사의 칙명이 읽혀지고 감형이 되었습니다. 그렇기는 하지만 이 두 개의 선고가 읽혀지는 20분간, 적어도 15분을 그 남자는 자기는 몇 분이 지나면 죽게 된다고 하는 의심할 수 없는 신념 속에 지냈을 것입니다. 그 사내가 그때의 인상을 차근차근 말하면 나는 한 마디도 놓치지 않으려고 귀를 기울였습니다. 그뿐이 아니고 내 편에서도 몇 번이고 다그쳐서 여러 가지를 물었습니다. 그 남자는 남김없이 무서울 만큼 분명히 기억하고 있었습니다. 그리고 그 몇 분 동안의 일은 어떠한 작은 일일지라도 결코 잊어버려지지 않는다고 말하고 있었습니다. 구경꾼들과 군인에 둘러싸인 처형대에서 20보 가량 떨어진 곳에는 세 개의 기둥이 세워져 있었습니다. 거기에는 사형수가 몇 사람 있었기 때문입니다. 먼저 최초의 세 사람을 그 기둥이 있는 곳으로 끌고 가서는 붙들어 매고 아래쪽이 긴 흰 가운 식의 사형복을 입히고 총이 보이지 않도록 흰 수인 모자를 위에서부터 덮어 씌웠습니다. 그러고는 각각의 기둥을 향해서 몇 명씩 군인이 정렬하였습니다. 내가 아는 그 사내는 여덟 번째였으므로 세 번째 기둥 있는 곳으로 가게 되어 있었습니다. 교화사가 십자가를 들고 한 사람 한 사람 차례로 걸었습니다. 드디어 앞으로 5분간 정도의 생명 밖에는 없다고 하는 때가 되었습니다. 그 사내의 말로는 이 5분간이 끝없이 길고, 막대한 재산과 같이 생각되었다는 것입니다. 그 사내는 이 5분 동안에 최후의 순간 같은 것은 생각할 필요가 없을 만큼 많은 생활을 할 수 있는 그런 기분이 되어 죽음에 임해서 더욱 여러 가지의 순서를 정했던 것 같습니다. 먼저 친구들과의 이별을 아끼기 위해서 2분간을 보내기로 했습니다. 그러고는 이 세상에 이름을 남길 만한 것을 생각하기 위해서 다음 2분간을 나누고 나머지 시간은 이 세상의 마지막으로 주위를 살펴보기 위해서 사용하기로 결정하였습니다. 그 사내는 이와 같이 세 개의 순서를 정한 것, 그리고 그와 같이 쪼개나누는 것을 정말 잘 생각하고 있었습니다. 27세의 왕성하고 건강한 청년으로서 죽는 것이었습니다. 친구에게 이별을 고할 때 그 중 한 사람을 향해서 아주 엉뚱한 질문을 하고 그 회답을 흥미 깊게 기다렸다고 하는 그런 것까지 기억하고 있었습니다. 그리고 친구와의 이별을 끝내고 이번에는 자기의 일을 생각하기 위해서 주어진 2분간을 사용하기로 했습니다. 그 사내는 자기가 무엇을 생각할 것인가를 미리 예정하고 있었습니다. 요컨대 대체 이것은 어떻게 된 것이냐 하는 문제를 될 수 있는 대로 빨리, 될 수 있는 대로 명확히 생각하고 싶다고 늘 생각하고 있었습니다. 이렇게 말하는 것은 다른 것이 아닙니다. 자기는 지금 존재하고 있다, 살아 있다, 그러나 앞으로 3분만 있으면 무엇인가 되어 버린다, 누군가가 아니면 무엇인가가 되는 것이다, 대체 어떤 사람이 될 것인가, 이러한 것을, 이러한 문제를 남김없이 그 2분 동안에 풀어 버리려고 생각하고 있었던 것입니다. 형장으로부터 그리 멀지 않은 곳에 교회가 있고, 그 둥근 지붕이 밝은 햇빛에 빛나고 있었습니다. 그 사내는 무서우리만큼 집요하게 그 둥근 지붕과 반짝반짝 반사되고 있는 빛을 쭉 쏘아보고 있었던 것 같습니다. 그 빛으로부터 눈을 돌릴 수 없었다고 합니다. 그것은 그 빛까지도 자기의 새로운 자연이며, 자기는 앞으로 3분만 있으면 무엇인가의 법칙에 의해서 저 빛과 융합되고 말 것이라는 기분이 되었기 때문입니다. 형언할 수 없는 마음의 공허와 또 시시각각 다가오고 있는 이 새로운 세계에 대한 혐오의 정은 온 몸에 소름이 끼칠 만한 것이었다는 것입니다. 그러나 또 그의 말에 의하면 이때 그에게 있어서 무엇보다도 괴로웠던 것은 별안간에 떠오르는 하나의 상념이었다고 합니다. 만약 죽지 않고 산다면 어떨까? 만약 목숨을 도로 찾는다면 어떨까? 그야말로 무한한 것이 아닌가? 그러면 그것은 완전히 내 것이 된다. 그렇게 되면 나는 1분 1초를 정확히 계산해서 정말 일순간이라도 헛되게는 보내지 않을 것인데. 이 상념은 나중에는 무서운 증오로 변하고 어서, 일각이라도 빨리 총살해 주었으면 하는 기분이 되었다고 말하고 있었습니다. 　　　　　도스토예프스키[34]의 《백치》

도스토예프스키는 《가난한 사람들》을 써서 사회주의에 가까운 입장에 있던 문예평론가인 벨린스키를 감동시켰다. 그러나 1849년에 페트라셰프스키 사건에 관련되어 사형이 선고되었으나 감형되어 4년간 시베리아 유형에 처해져 옴스크의 감옥에서 죄수들과 같이 괴로운 생활을 보냈다. 이때는 《성서》를 읽으며 약간의 위안을 받았다. 출옥해서는 그때의 체험을 《죽음의 집의 기록》이라고 해서 발표했다. 이때부터 사회주의와 합리주의, 그리고 진보주의에 대해서 본능적으로 반발하게 되었다. 전에는 적이었던 러시아 황제를 찬미하기까지 했다. 《작가의 일기》에서는 슬라브주의자로서 사회주의를 극구 비난했다. 그러나 인류의 본질에 대한 고찰은 진보라든가 반동이라고 하는 분류 이상으로 날카롭고 깊은 것이었다. 페트라셰프스키 사건에 관련되어 사형이 선고되고 또 그것이 감형된 사정은 도스토예프스키의 정신의 성장에 있어서 상상할 수 없을 만큼 큰 역할을 했다. 도스토예프

---

34) 도스토예프스키 (Fyodor Mikhailovich Dostoevskii, 1821-81), 러시아 작가. 모스크바의 가난한 귀족 출신 의사의 집에서 태어났다. 페테르스부르크의 공병학교를 졸업. 처녀작 《가난한 사람들》이 벨린스키의 격찬을 받았다. 그 후 사회주의 사상에 가까워지고 1849년 페트라셰프스키 사건에 관련되어 사형 선고를 받았으나 감형되어 시베리아에 유형. 10년 후 석방되어 다시 문학에 종사하나 신비적·종교적인 경향을 굳게 했다. 1867년에서 1871년까지 차재(借財)를 피하기 위해서 독일, 이탈리아를 여행. 일생 동안 간질병으로 고통을 받았으며 가정적으로도 불행했다. 만년의 사상은 작가적 일기에 잘 나타나 있으나 이것은 사회주의를 비난하고 슬라브주의를 구가한 것이다. 대작 《카라마조프의 형제》에서는 종교에 의해서만 전세계가 구원된다고 하는 결론에 달하고 있다. 그 밖에 《학대받는 사람들》, 《죄와 벌》, 《백치》 등 인간의 정신의 암흑면을 그린 것에서 불안의 문학, 상징주의에 영향을 주었다.

스키는 이 사건을 자기 하나의 불행한 사건으로 보지 않고 인간의 정신에 주어진 심각한 타격이라고 생각한 것이다. 《카라마조프의 형제》 가운데 나오는 '대심판관의 이야기'는 인류가 이상 사회를 어떻게 이룩할 것인가 하는 20세기의 과제에 어떤 시사를 해준다. 이런 점은 도스토예프스키가 단순한 문학자나 사상가가 아니고 하나의 위대한 천재였다는 것을 깨우치게 해준다.

도스토예프스키는 이렇게 말하고 있다. "인간은 서로 괴로워하기 위해서 만들어졌다"(백치), "자기 속에 많은 모순을 동시에 간직할 수 있는 것은 러시아인뿐이다"(투전꾼). 이 말에서 상상할 수 있는 것은 도스토예프스키가 가장 러시아인다운 러시아인이며 가장 인간다운 인간이었다는 것이다.

선한 사람과 의인이라고 하는 사람들을 보라! 그들은 누구를 가장 미워하는가? 그들의 (바탕이 되는) 가치의 발판을 때려 부수는 자, 누르는 자, 그리고 침범하는 자를 미워하는 것이다! 그러나 그들은 창조의 사람인 것이다. 모든 종교의 신자를 보라. 그들이 제일 미워하는 것은 무엇인가? 그들의 가치의 발판을 누르는 자, 때려 부수는 자, 밟아 뭉개는 자다! 그러나 이들은 창조의 사람인 것이다.

니체[35]의 《짜라투스트라는 이렇게 말했다》

니체는 생의 긍정에 기인해서 모든 가치의 변환을 꾀했다. 철학자로서의 그 사상의 표현은 너무나 문학적이다. 《짜라투스트라는 이렇게 말했다》는 페르시아의 화신(火神) 짜라투스트라에 기탁해서 '초인'의 이상을 말한 것이다. 시와 산

니체

문이 섞여져 있으며 이 사상가의 사상을 가장 잘 나타내 주는 저작이다. 초인이라고 하는 것은 《비극의 탄생》속에서 말한 디오니소스적 성격을 가지고 있고, 또 그리스도에 대항하는 반그리스도이며, 인간으로서의 최고의 가능성을 가지는 인간신이기도 하다. 이것은 인간이 도달해야 할 이상의 자기라고 보여진다. 이와 같은 자기는 우주의 생명과 동일한 것이며 전존재와 동일한 것이다. 그리고 이 자기는 창조력과 같은 것이다. 앞에 인용한 부분은 창조의

---

35) 니체(Friedrich Nietsche, 1844-1900), 독일의 생의 철학의 창시자. 레켄에서 태어났다. 목사였던 아버지가 죽은 후 어머니 밑에서 자랐다. 본, 라이프치히 양대학에서 문헌학을 연구. 1869년에서 1879년에 걸쳐 바젤 대학 교수를 지냈다. 그동안 보불 전쟁에 참가. 《비극의 탄생》으로 생의 형이상학을 일으킨 이래 반시대적 고찰, 《인간적인, 너무나 인간적인》으로 과거의 문명에 대한 회의를 기술했다. 《짜라투스트라는 이렇게 말했다》에서 생의 긍정의 최고 형식을 나타내고 반기독교의 입장에서 초인의 이상을 말하고 있다. 그 후 반생은 학생 시대부터 친했던 바그너와도 절교하고 고독한 세월을 보냈다. 1889년에 정신병에 걸려 다시 회복하지 못했다. 미완의 《권력에의 의지》는 유럽의 니힐리즘의 필연성을 논한 것이다. 니체의 사상은 실존주의의 원천이 되었다.

사람에 대한 세속 사회의 저항을 기술한 것이다. 니체의 사상은 나치즘에 이용되었다. 그러나 그 본질은 보다 다른 곳에 있었다. 당시의 유럽이 직면하고 있던 모순에 대한 근본적인 비판이라고 볼 수가 있다. 기독교가 유럽 문화의 바탕을 이루고 있다고 생각하여 그것을 부정하고 새로운 가치를 설정하려고 했던 것이다. 그것은 모든 자연과 문화와 사회의 창조력인 '권력의지'에 의해서 실현한다. 그것은 생의 긍정이요 성장하는 본능인 것이다. 《짜라투스트라는 이렇게 말했다》 가운데 〈밤의 노래〉라는 시 속에서 니체는 이렇게 말하고 있다.

"나는 빛이다. 아아, 바라옵기는 밤이 그대로 있었으면. 그러나 내가 빛에 둘러싸여 있다는 것, 이것이 내 고독이다."

음악은 바다처럼 곧잘 나를 사로잡는다!
나의 연푸른 별을 향해
안개 자욱한 하늘 밑 광막한 에테르 속에
나는 지금 노끈을 푼다.

바람은 팽팽한 돛대처럼 가슴을 펴고
허파 가득히 바람을 안은 채
나는 오른다, 밤의 장막을 휩싼
겹겹이 덮쳐 오는 파도 위를.
　괴로운 항로를 더듬는 배의 온갖 격정은
내 마음속에서도 떨리고 있음을 느낀다.
순풍이며 폭풍, 웅성거리는 그 진동은

끝없이 깊은 바다 위에
나를 흔들어 재운다. ―
때로는 또한 바람이 멎
어 나의 절망의 거대한
거울이 된다.

　　보들레르[36]의
《악의 꽃》, 〈음악〉

1857년 파리에서 간행된 《악의 꽃》

이 원고에는 '베토
벤'이라고도 기록되어
있다. 음악에 대한 순
수한 애정을 아름답게
노래한 것이다.《악의
꽃》은 처음에는 '명부
(冥府)'라는 제목이
붙어 있었다. 출판되
던 해 풍속 회란(風俗
壞亂)과 독신(瀆神)이
라는 죄로 기소되어
몇 편을 삭제하지 않으면 안 되었다. 이 시집은 베를레느나
말라르메와 같은 상징주의에 큰 영향을 미쳤다. 보들레르는
1848년 2월혁명 때《공익(公益)》이라고 하는 신문을 이틀간
발간한 일도 있으나 얼마 안 가서 혁명사상으로부터 전향해
서 포의 번역을 시작하기도 했다. 보들레르의 시의 특색은
종교성에 대한 비평정신을 가지고 근대적 도시인 파리를 감

각적으로 다룬 것이다. 세속의 도덕을 무시하고 예술의 세계에서만 사는 보람을 느꼈다. 세계 사회의 양식(良識)을 무시한 점에서 데카당스라고 비난받았다. 그러나 이 시인이 구하고 있던 진실은 양식을 훨씬 초월한 귀중한 것이었다. 데카당스는 1890년대에 프랑스나 영국에서 '세기말' 문학자들의 바탕이 되었다. 이것은 시민 사회나 유럽의 역사적인 전통을 무시하고 찰나적인 관능적 향락을 구하려고 하는

---

36) 보들레르(Charles Baudelaire, 1821-67), 프랑스의 시인, 비평가, 어려서 아버지를 잃고 의부와의 불화로 괴로워했다. 성년이 되어서 죽은 아버지의 재산을 상속받았으나 아편을 상용하고 방탕한 생활을 보내며 모두 써버렸다. 미술비평가로 인정을 받으면서부터 포에 경도, 그의 소개에 힘썼다. 곧 이어 채무와 병으로 신음하면서 《악의 꽃》의 완성에 심혈을 기울였다. 이것은 근대 시민사회의 우수와 그 관능미, 양식에 대한 반역 정신을 노래한 것이다. 풍기문란이라고 벌을 받았으나 상징파의 단서를 여는 데 힘이 되었다. 뤼셀 체재 중에 실어증(失語症)에 걸려 다음해 파리에서 죽었다. 그 밖에 비평집 《낭만과 예술론》, 산문시집 《파리의 우수》 등이 있다.

태도인 것이다. 난숙기에 달한 시민 사회의 모순을 감각적으로 받아들인 사상이다. 이 일파에 속하는 사람들은 '예술을 위한 예술'을 가지고 '인생을 위한 예술'에 대항했다.

　나에게는 슬픔이 단 하나의 진리이다라고 생각되는 때가 있다. 그 외의 것은 어떤 사람은 맹목(盲目)으로 만들고 또 어떤 사람은 흡족하게끔 만드는 눈이나 욕망의 환상일지도 모른다. 그러나 슬픔으로부터는 여러 가지의 세계가 이루어져 왔다. 그래서 어린이들이나 별의 탄생에는 슬픔이 있다.

　여기에도 더욱이 슬픔에는 아주 무섭게 놀랄 만한 현실이 있다. 나는 나 자신의 일을 내 시대의 예술과 문화에 대해서 상징적 관계에 서는 것이라고 했다. 나와 더불어 이 서글픈 곳에 있는 서러운 사람은 한 사람도 남지 않고 인생의 참된 비밀에 대해서 상징적 관계에 서 있다. 왜냐하면 인생의 비밀은 고통이기 때문에 그것은 모든 사물의 뒤에 감추어져 있는 것이다.

와일드[37]의 《심연에서》

　와일드가 남색사건(男色事件)으로 투옥된 것은 1895년에서 2년 동안이었다. 그때의 사색을 한데 모은 것이 1905년에

---

37) 와일드(Oscar Fingal O' Flahertie Wills Wilde, 1856-1900), 영국의 시인, 극작가, 소설가. 더블린에서 태어났다. 아버지는 의사, 어머니는 시인이었다. 옥스퍼드에서 배우고 예술지상주의, 탐미주의를 제창. 미국에서 미학 강의를 했다. 그의 주장은 평론집 《예술적 의상》에 잘 나타나 있다. 1895년 남색문제로 투옥되어 감상록 《옥중기》를 썼다. 출옥 후는 빈곤하게 파리에서 살았다. 소설 《도리언 그레이의 초상》이나 희곡 《살로메》, 동화집 《행복한 왕자》 등이 있다. 세기말 작가의 대표자이다.

발표한 《심연에서》이다. 이 옥중기는 혁명운동으로 투옥된 사람들의 옥중기와는 전연 그 경향이 다르다. 자기의 슬픔을 오히려 향락하고 있는 것 같다. 옥중이라는 한계상황 속에서 고독한 시간을 보내지 않으면 안 되었던 예술지상주의자의 마음이 어떤 경우에는 심각하게, 어떤 경우에는 감미롭게 표현되어 있다. 와일드는 이러한 독자적인 체험에 의해서 '세기말'의 대표자 중 한 사람이 되었다.

제9장 20세기의 사상

개관

19세기가 끝날 무렵, 경제계에서 자유경쟁이 이루어질 여지가 없어지자 생산이 대기업에 집중되며 이른바 '독점자본주'로 옮겨졌다. 선진국은 시장을 구하러 해외로 진출하였다. 그리하여 식민지 쟁탈이 일어나 여러 나라와의 대립이 매우 심해졌다. 아시아, 아프리카 제지역은 어느 곳이나 여러 강국의 정치적·경제적 지배하에 휩쓸리게 되었다. 그리고 식민지에의 진출이 포화 상태에 이르자 여러 강한 나라 사이에서 전쟁의 위기가 싹트기 시작하였다. 1890년대를 경계로 하여 세계는 '제국주의'의 단계에 이르렀다.

20세기 전반에 인류는 이미 두 차례의 세계전쟁을 경험하였다. 제1차 대전은 1914년에서 1918년에 걸쳐서 독일, 오스트리아의 동맹국과 프랑스, 영국, 러시아를 비롯한 연합국 측 사이에 일어났다. 교전국의 수는 30여 개국이나 되었다. 한편 대전 중 1917년에 러시아 혁명이 일어나 인류 최초로 사회주의 국가가 생겨났다.

대전 후 베르사유 체제가 시행되어 '무병합무상금(無倂合無償金)', '민족자결주의'를 표방하는 국제 질서가 유지되는 듯이 보였다. 그러나 그 원칙은 지켜지지 않았다. 또 1920년에 탄생된 '국제연맹'도 과히 큰 효력을 갖지 못하였다. 한쪽에서는 전쟁 중에 이미 제국주의에 대한 불만이 높아졌고, 1929년부터 1933년에 걸쳐 '세계 경제 대공황'이 일어났다.

공황에 대하여 여러 나라들은 각기 그 대책을 세웠다. 일본, 독일, 이탈리아 등 선진국들은 식민지의 재분배를 위하여 군사 정책을 썼다. 1931년의 만주사변으로 말미암아 전쟁의 불안은 다시 높아졌다. 1936년의 일·독 방공협정은 1940년의 일·독·이 3국동맹으로 발전하였다. 한편 1936년에 프랑스에서는 사회당, 공산당을 포함한 인민전선 내각이 조직되었으나 1939년 독일의 폴란드 침입을 계기로 제2차 세계대전의 막이 열리어 반전운동(反戰運動)도 허사가 되고 말았다. 그것은 1945년의 일본 항복까지 6년간이나 계속되어 57개국이나 되는 나라가 서로 싸웠다.

제2차 세계대전 후 '국제연합'이 탄생되었다. 그러나 전쟁 끝 무렵부터 표면에 나타나기 시작한 자본주의와 사회주의 양체제의 모순은 냉전으로 발전되었다. 1950년에는 6·25사변이 일어나 세계대전이 유발되지 않나 하는 불안을 야기시켰으나 1953년에 휴전이 성립되었다. 사회주의 진영과 자본주의 제국간의 평화공존 문제는 인류의 존망을 결정하는 것이다.

복잡한 갈등

20세기의 사상은 이상과 같은 상태로 복잡한 갈등을 이루고 있다.

19세기 후반기의 관념론의 흐름을 받아 이상주의가 유행되었다. 독일에는 신칸트파의 2개의 주류, 마르부르크학파와 바덴학파가 있었다. 이상주의는 현실과 이상의 대립을 전제로 하고 현실을 이상에 접근시키는 것을 인간의 사명이라고 생각하는 주의이며 유물론과 대립한다. 그러나 마르부르크학파, 즉 나토르프(1854-1924) 등은 사회주의에 접근하여 사회적 이상주의를 부르짖었다. 그 경향은 슈타믈러(1856-1938)나 포를렌더 (1860-1928)가 나와 한층 더 심화됐다. 또 지멜(1858-1918)이나 오이켄(1846-1926) 등 생(生)의 철학에 근거하는 이상주의의 개념을 조직한 사람들도 있다. 영국에서는 독일의 관념론을 기초로 하여 19세기 후반기에 칼라일(1795-1881)과 러스킨(1819-1900)이 나왔다. 그들은 근대시민 사회의 속인주의에 반대하였다. 그린(1836-82)이나 케어드(1835-1908) 등은 신칸트주의와 신헤겔주의를 종합하여 순수한 이상주의의 형태를 만들었다. 영국의 이상주의의 특질은 자유주의와 밀접한 관계를 맺으면서 또한 공리주의와 대결하는 점에 있다. 또 프랑스에서는 조레스(1859-1914)가 유물사관과 이상주의의 통일을 주장하고 독자적인 사회주의를 제창하였다. 인도주의의 입장에서는 반전 반파시즘을 강조한 로망 롤랑(1866-1944)이 나왔다. 프랑스 휴머니즘의 정통적인 학자다.

다음에는 사회개량주의가 있다. 자유주의와 사회주의와의

중간적인 사상 형태이며 마르크스주의와 그 주변 또는 마르크스주의에 비판적인 사회주의의 여러 사상과도 밀접한 관계를 갖고 있다. 1870년대의 독일에 있었던 사회정책협회와 강한 사회주의의 사상은 그 전형이라고 할 수 있다. 사회적 모순을 사회 정책에 의해 극복하려고 하는 것으로서, 독일의 뒤떨어진 자본주의를 기본으로 한다. 슈몰러(1838-1917), 브렌타노(1844-1931)가 대표적인 인물이라고 할 수 있다. 미국에서도 사회개량주의가 성행하고 있었다. 이리(1854-1943)나 셀리그만(1861-1939) 등 독일의 역사파로서 경제학을 배운 사람들은 그 경향이 강하였다. 베블런(1857-1929)이나 헨리 조지(1839-97)도 사회개량주의의 입장에 있었다. 그 후 코몬스(1862-1945)를 중심으로 일어난 제도경제학도 이것과 비슷한 개량주의의 사회 사상을 나타냈다.

프랑스나 영국의 사회민주주의도 그 계열에 속한다. 20세기 초의 사회주의 운동은 반군국주의에 기인하며 인도주의적 색채가 농후하였다. 제2인터내셔널은 이 특징을 반영하고 있다. 베른슈타인(1850-1932) 등의 수정 마르크스주의도 이러한 사정에서 생겨났다. 그들은 마르크스의 학설에서 유물사관을 빼 버리고 계급투쟁론을 부정하였다. 사회개량주의의 동향은 노동조합운동이 왕성한 영국에서 가장 현저하였다. 웹 부부(남편 1859-1947, 아내 1858-1943), 쇼(1856-1950), 웰스(1866-1946) 등의 페이비언 협회가 계속하여 큰 자리를 차지하였다. 또 정통파 마르크스주의에서 떨어져 나와 자유사회주의를 형성한 사람들도 이 사상 경향이 엿보인다. 자유사회주의는 사회적 불평등의 근원을 토지 재산의 사유와 독점에 국한하여 생각하였다.

러시아의 사회주의 혁명

유럽에서는 마르크스주의가 사회 운동의 지도 원리였다. 그러나 마르크스(1818-83), 엥겔스(1820-95)의 사후 마르크스주의자들 사이에 창시자들의 이론 해석이나 객관 정세의 변화에 따르는 전략 전술의 문제를 둘러싸고 의견이 대립되기 시작하였다. 1905년 러시아에서 혁명이 일어났을 때 독일 사회 민주당 내에서 룩셈부르크(1870-1919), 리프크네히트(1871-1919) 등의 좌익 세력이 머리를 들고 일어나 카우츠키(1854-1938) 일파의 사회민주주의의 기회주의적인 태도를 심하게 공격하였다. 한편 오스트리아의 힐퍼딩(1877-1941)도 마르크스의 경제학설을 발전시켰다. 그러나 제국주의 단계의 마르크스주의의 계승자는 결국 레닌(1870-1924)이었다. 공산주의라는 명칭은 1917년 11월 러시아에서 사회주의 혁명이 성공한 이후 채택되었다. 제1차 인터내셔널 때에 마르크스와 엥겔스는 자기들을 무정부주의자와 구별하기 위하여 공산주의자라는 명칭을 붙였다. 그러나 그 후 사회민주당에서 사회민주주의를 채택하기에 이르러 공산주의라는 명칭은 그 모습을 찾아볼 수 없었던 것이다. 러시아 혁명 전에는 러시아 사회민주노동당이 볼셰비키(다수파), 멘셰비키(소수파)로 갈라져 있었다. 프롤레타리아 혁명의 가능성에 대한 인식의 상이점 때문에 갈라진 것이다. 레닌이 거느리는 볼셰비키가 무산계급의 주도권을 강조한 데 대하여 멘셰비키는 혁명 당초의 단계에서는 자본가 계급이 지도적 역할을 한다고 생각하였다. 전자는 러시아 혁명의 주동력이 되어 혁명이 성공에 이르자 독립된 당을 결성하여 공산당이라고 이름 지었고, 그 이론으로서의 마르크스주의를 공산주의라 불렀다.

레닌은 유물변증법을 공산주의를 실천하는 원리라 생각하고 제국주의론을 수립하였다. 거기에서 중앙 집권적인 당 조직론이나 노농동맹론을 부르짖어 러시아 제도를 프롤레타리아트 독재의 국가 형태라고 인정하였다. 또 국제 프롤레타리아 운동에서는 식민지와 민족 문제를 중시한다.

레닌이 죽은 후 트로츠키(1877-1940)와 스탈린(1879-1953)의 대립이 주목되었다. 전자가 1국에 있어서의 사회주의 완성은 불가능하다고 여기고 영속혁명론을 주장한 데 대하여 후자는 1국 사회주의 건설의 가능성을 강조하였다. 이 양자의 대립은 러시아 혁명과 세계 혁명과의 관련을 중심으로 하여 프롤레타리아트 독재나 공산주의의 실천 방법에 이르기까지 광범한 것이었다. 결국 트로츠키는 패하여 스탈린이 사회주의 건설을 속행하였다. 당내에서는 의견의 대립이 심하게 계속되었다. 스탈린은 1930년대에 지노비예프(1883-1936), 카메네프(1883-1936), 부하린(1888-1938)을 위시하는 다수의 반대자를 철저히 숙청하여 독재권을 잡았다. 레닌은 프롤레타리아트 독재를 과도적인 것이라고 생각했으나 스탈린은 독재의 적극적인 기능을 인식하였다.

사회주의의 각파

사회민주주의는 공산주의와 현저한 대조를 이룬다. 이것은 프롤레타리아 독재를 부정하고, 정치 투쟁을 경제 투쟁의 전제로 여겨 의회를 통해서 점차적으로 사회주의를 실현하려고 한다. 오스트리아파 마르크스주의의 힐퍼딩이나 아들러(1873-1952), 프랑스의 사회민주주의를 지도한 조레스 등이 이 사상을 대표한다. 또 영국에서는 노동당의 지도자였던 맥도널드(1866-1937)나 정치학자, 사회학자로서 이름이 높은 라스키(1893-1950) 등이 노동당의 사회주의 정책을 지지했다. 그러나 제1차 대전이 일어나자 전쟁을 지지하고 프롤레타리아트의 전열에서 이탈한 사회민주주의자도 많았다. 러시아 마르크스주의의 아버지라고 불린 플레하노프(1856-1918)도 전쟁에 참전하였다.

크리스트교 사회주의도 사회주의의 한 갈래이다. 이 사조는 19세기 중엽쯤 차티스트 운동이 실패한 후에 시작되었다. 영국 국교회의 목사였던 킹즐리(1819-75)는 러들로(1821-1911)와 함께 차티스트 대회의 실패를 목격하고 크리스트교인도 노동계급을 위하여 투쟁해야 한다는 자각을 가졌다고 한다. 그들은 모리스(1801-72) 등과 같이 사회주의의 교의(教義)를 제창하여 계몽운동과 협동조합에 중점을 두었다. 이후 20세기가 될 때까지 각양각색의 단체가 설립되어 크리스트교회의 사회적 관심을 높였다. 영국에는 이외에도 닐(1883-1973)이나 휴즈(1822-96)가 있고 미국에서도 바로우(1803-90)나 라우센부시(1861-1918) 같은 사람이 나타나 금일의 니버(1892-1971)와 틸리히(1886-1965)에 이르렀다.

사회주의에서 파생한 것으로서 생디칼리슴과 길드 사회주의도 간과해서는 안 된다. 생디칼리슴은 마르크스주의적 계급투쟁의 이론과 무정부주의 이데올로기를 인계받아서 의회주의에 반대하고 노동조합의 제네스트 등의 직접 행동으로 서 사회주의의 실현을 꾀하려고 했으며 노동조합주의라고도 불렀다. 사회 혁명을 목표로 하는데, 미래의 사회를 운운할 때에도 조합이 산업을 소유하는 형태를 상정(想定)하고 있다. 프랑스를 중심으로 해서 이탈리아, 미국, 영국, 독일 등 각국에 파급되었다. 이론적 대표자로서는 조르쥬 소렐(1847-1922)을 들 수 있다. 길드 사회주의는 생디칼리슴이 변용된 것으로서 영국 고유의 사회주의 사상이다. 제1차 대전을 전후하여 영국의 노동자가 사회주의 사상의 영향을 받고 콜(1889-1959) 등 몇 사람이 하나의 사상 체계를 세웠다. 그는 처음에는 페이비언 협회에 속하였으나 협회의 방침에 만족하지 못하고 후에 탈퇴하였다. 콜의 설에 의하면 노동자의 인간성 회복에는 임금 제도의 폐지와 노동자의 단체인 길드의 산업 관리가 필요하다고 한다. 또 생산자 단체뿐만이 아니라 소비자 단체도 조직하여 여러 가지 직능별로 전체적 단체가 모여서 연합체를 만들어 이것이 현재의 국가 기구를 대신할 수 있도록 새로운 정치 형태를 생각하기에 이르렀다. 이 사조는 전후의 사회 불황에 휩쓸려서 급속히 침체되고 말았다. 부인해방 문제는 인간해방 운동보다 뒤떨어졌었으나 19세기 후반기에 이르러 사회 문제로서 과학적으로 검토되기 시작하였다. 이미 18세기 후반 메리 울스턴크래프트(1759-97)가 《부인의 권리옹호》를 발표한 무렵부터 이 종류의 운동이 시작되었다. 뒤를 이어 밀(1806-73)이 《부인의 예속》으로 남녀평등을 처음으로 법리론적으로 취급하여 그 위에 독일사회민주당의 창립자 중 한 사람인 베벨(1840-1913)

의 《부인론》으로 발전하였다. 베벨은 변증법적 유물론의 입장에서 부인 문제를 해석하였다. 그 후의 발전은 베벨의 사상이 주축이 되어 있으나, 스웨덴의 엘랜 케이(1849-1926)의 관점은 약간 의의를 달리한다. 부르조아 개인주의에 근거하는 것으로 연애의 신성성을 설명하며 개인 정신의 자유를 강조하였다. 혁명 후의 리시아에서 세계 최초의 여성장관이 된 콜론타이(1872-1952)는 《새로운 부인》에서 사회 변혁이 바로 부인의 해방자라고 실증하고 있다.

프래그머티즘

19세기에 있어서의 미국 자본주의의 비약적인 발전은 국민 철학의 기본적 조류로서 프래그머티즘을 낳았다. 프래그머티즘은 실용주의 또는 실리주의라고 번역된다. 지식의 가치를 실제적 호응성에 따라서 결정하자는 입장에 서 있다. 영국의 경험론은 공리주의에서 시작하여 상대주의적인 경향에 기울게 되어 생물학적 구상을 사용한 것, 인간적인 노력을 중심으로 삼은 것, 사회를 강조한 것, 개량주의적인 것 등이 그 특징이다. 프래그머티즘의 발단은 퍼스(1839-1914)한 테서 구한다. 윌리엄 제임스(1842-1910)가 《프래그머티즘》을 발표한 뒤부터 일반에 유행하였다. 듀이(1859-1952)에 이르러 완성되었다. 듀이의 사상은 '뉴딜 정책'의 사상적 배경 역할을 하였다. 미국의 국제적 지위는 제1차 세계대전을 통하여 비약적으로 상승하였다. 세계 금융의 중심은 런던에서 뉴욕의 월 가(街)로 옮겨졌다. 그리고 세계 각지에 자본을 투자하여 경제적 패권을 장악하고 국제 정치의 주도권마저 확보하였다. 그러나 이 공전의 호경기에 반해 국민의 구매력은 과히 늘지 않고 생산 과잉에 빠져서 드디어 1929년 10월 뉴욕 주식시장의 대폭락을 가져와 세계 공황을 초래하였다. 공황의 초기에는 자본주의 경제에 따르는 통상적인 경기 순환이라고도 생각되었으나 공황이 심각하여짐에 따라 자본주의 경제 기구 자체에 대한 강한 반성이 일어났다. 그래서 여기서부터 수정자본주의가 탄생되었다. 수정자본주의는 자본주의의 경제체제를 원칙적으로 유지해 나가면서 부분적인 제한을 가하여 그 결함을 보충하려고 한다. 이를테면 노동계급에 의한 혁명이 아니고 국가의 경제 정책과 일부 기업의 국유화, 노동자에 대한 양보, 노자협조(勞資協助) 등 위로부터의 개량에 의하여 폭발을 피하려고 한다. 대표자로는 슘페터(1883-1950)와 버남(1905-)을 들 수 있다. 전자는 사회주의를 혐오하면서도 그것이 불가피하다는 점을 인식하여 데모크라시의 도정에서 사회주의적 조직을 결성해야 한다고 주장하였다. 후자는 자본주의는 경영과 자본을 분리하여 경영자 중심의 사회에 향하고 있다고 설명하여 노자(勞資)의 협조를 꾀하였다. 수정자본주의의 경향은 이것보다도 빨리 제1차 세계대전 후 독일사회민주당이 시험한 정책 중에 나타나 있다. 특히 구체적인 것은 미국의 공황 대책으로서 일어난 '뉴딜 정책'이다. 이 정책은 케인즈 좌파의 사상에 영향을 받은 것이다. 개개의 기업의 자유스러운 활동을 풀어 놓으면서 국가나 공공단체가 간접적으로 통제하고 한편 사회보장 정책을 진행하여 국가를 노자(勞資) 사이에 선 중립적인 제3자적 조정자로 여기려 하였다. 이 대담한 개혁은 어느 정도의 성과를 얻었으나 그 반면에 독점 자본의 강화를 초래하였다. 그 위에 제2차 대전 후의 독일 경제 부흥에 임하여 이루어진 경영협의회 등도 이 수정자본주의의 사상을 인계받았다.

루스벨트는 '뉴딜 정책'을 채택한 데 대해서는 테크노크라시(기술주의)도 약간의 영향을 주었다고 말하고 있다. 이것은 20세기에 있어서의 미국적 공상사회주의이다. 불경기를 극복하기 위하여 탄생된 기술을 중요시하는 사회개량 사상인데 현실적으로는 성공하지 못하였다. 윌리엄 헨리 스미스, 베블런, 하워드 스코트 등이 주창하였다. 그들은 자본주의 밑에서 기술의 진보나 생산업의 발전이 저지당하는 것은 그 생산 양식에 원인이 있다고 생각하였다. 그래서 경제 조직을 기술의 진보에 맞게 재편성하고 경제 생활의 메커니즘을 합리적인 기초, 즉 에너지 계산 위에서 개조하자고 주장하였던 것이다.

이와 같이 대공황은 한편으로는 자본주의에 대한 반성 내지 양보를 가져왔으나 또 한편에서는 전체주의에의 길을 열었다.

파시즘의 대두

제1차 대전 직후 이탈리아에서는 외채 등에 의한 인플레이션 때문에 국민의 불만이 증대되어 각지에서 심한 스트라이크(동맹파업)가 일어났다. 사회당은 이 정세에 호응하여 제1당을 차지하고 사회혁명 전후의 양상을 나타냈으나 얼마 안 있어 두 개로 분열, 1921년의 선거에서는 자유주의자에게 대패하였다. 이때를 놓치지 않고 민주주의, 사회주의, 국수주의를 결부한 강령을 내걸고 무솔리니(1883-1945)의 파시스트당이 출현하였다. 그들은 1922년에 내각을 조직하고 스스로 반포한 선거법에 의해 절대 다수당이 되었다. 이렇게 하여 독재체제를 건설하고 반혁명운동을 추진하였다.

독일에서도 이 파시스트와 같은 경향을 가진 나치즘이 머리를 들기 시작하였다. 히틀러(1888-1945)가 거느리는 나치스(국가사회주의 독일노동당)는 최초에는 중산 계급에 지지자가 많았으나 차츰차츰 대자본가의 옹호를 받게 되었다. 그리고 조각 후에는 공산당 탄압을 시작하여 모든 정당을 해산하고 대규모적으로 군비를 재정비하였다. 파시스트당이나 나치스의 정책 및 당시의 중·동구, 스페인에게 일어난 일련의 반혁명운동을 총칭하여 파시즘이라고 부른다. 파시즘은 전체주의의 전형으로서 지도자 원리를 최고의 정치적 원칙이라고 여긴다. 이것은 권위주의 및 전체성 원리와 결부되어 있다. 또 전체주의는 개별자나 부분에 대하여 전체의 우월을 주장한다. 전체란 국가를 의미한다. 무솔리니는 "파시스트의 목적은 지상적인 국가에 의하여 국민을 통일하는 데 있다. 국가는 국민의 도덕적 연결을 대표하는 것이기 때문에 일체의 사물의 위에 있는 지상(至上)이다. 국가가 없으면 어떠한 국민도 존재하지 않는다"라고 말하고 있다. 나치스의 사상은 유태인 박해 정책에 단적으로 나타난 것과 같이 민족 전체주의이다. 민족은 피와 땅에서 생겨난 산 공동체로서 이것에의 봉사는 개인의 최고의 의무이며 나치즘의 최고의 도덕률이라고 한다. 히틀러는 게르만 민족, 특히 독일 민족의 우수성을 역설하였다. 이 인종적 역사관은 '피의 신화'라 하여 로젠베르크(1893-1946)가 조직화하였다. 역사는 피와 피, 인종과 인종의 투쟁이라고 하면서 독일의 침략을 합리화하였다.

사회의 혼란기, 또는 발전기에서는 흔히 휴머니즘이 제창된다. 20세기에도 이 현상이 나타났다. 로망 롤랑은 전시 중 스위스에 살면서 유럽 국민 상호간의 증오나 살육이나 문명 파괴의 야만성을 근심하며 지식인의 입장에서 반전운동의 선두에 섰다. 또한 독일계 프랑스 사람인 슈바이처(1875-1965)도 제1차 대전 전부터 식민지 아프리카 콩고에 병원을 세우고 흑인들에게 전도와 의료 봉사를 하였다. 또 세계 평화를 위하여 적극적으로 일한 것도 잊어서는 안 될 일이다. 알랭(1868-1951)도 급진적 공화주의를 채택하여 국가와 전쟁에 크게 반대하였다.

20세기의 문예 사상

대전은 또 많은 작가를 낳았다. 프랑스에서는 앙드레 지드(1869-1951)가 《신프랑스 평론》을 주간하였다. 이 잡지는 발레리(1871-1945), 클로델(1868-1955), 프루스트(1871-1922) 그리고 알랭 등을 둘러싸고 제2차 대전에 이르는 프랑스 문단의 지도적 역할을 완수하였다. 그들의 작품은 시대정신을 반영하여 사회로부터 압박당하는 불안의 혼을 그대로 묘사하였다.

독일에서는 20세기에 이르러 자연주의와 바뀌어 신낭만주의가 등장한다. 이 경향을 좋아하지 않던 토마스 만(1875-

1951)을 위시하여 헤세(1877-1962), 하우프트만(1862-1946), 릴케(1875-1926) 등은 모두 19세기의 교양에 젖은 사람들이었다. 따라서 근대 정신과 불안을 그대로 표현하는 것이 아니라 인간의 심리에 예민한 조명을 비추었다. 그러나 거기에서는 전세기의 회의주의의 체취가 어느 정도 풍기고 있다.

신낭만주의에 이어서 대전 중부터 전후에 걸쳐서 표현주의가 문학계를 크게 흔들어 놓았다. 이것은 프로이트(1856-1939)나 베르그송(1859-1941)의 주장을 형이상학적 근거로 하여 기계 문명의 압력과 사회에 대한 두려움 속에서 현실을 증오하고 인간의 존재를 주관적으로 표현하려고 했다. 그러나 이 흐름은 얼마 안 가서 케스트나(1899-1974)나 레마르크(1898-1970)로 대표되는 신즉물주의에 주류를 양보하였다. 유태 계통의 특이한 문학가 카프카(1883-1924)는 전체주의에 좀먹어 들어가는 사회의 비극을 상징적으로 표현한 실존주의계통의 선구자로 인정되고 있다. 이 무렵 러시아 문학계는 10월혁명을 경험하였다. 대부분의 문학가가 민중에게서 이탈한 중에 고리키(1868-1936)는 노동자계급의 의식과 투쟁을 써서 사회주의 리얼리즘의 발전을 위해 힘을 다했다. 그 후 마야코프스키(1893-1930), 알렉세이 톨스토이(1883-1945),엘렌부르그(1891-1967), 숄로호프(1905-1984) 등이 새로운 러시아 문학을 대표하고 있다.

한편 미국의 문학계는 전 세기의 사실주의에서 사회적 리얼리즘으로 발전하여 드라이저(1871-1945), 싱클레어 루이스(1885-1951), 오닐(1888-1913), 업튼 싱클레어(1878-1968) 등이 전통과 물질 문명을 비판하였다. 이 리얼리즘은 제1차 대전 후 전쟁 때문에 불신과 회의와 절망을 맛보았다. 그리고 '잃어버린 세대'의 손에 의해 유럽과는 별개의 영역을 개척하게 된다. 이것을 대표하는 작가가 헤밍웨이(1899-1961)로서 자연주의적 페시미즘과 개인의 무력(無力)을 비정(非淸)한 문체로 표현하고 있다. 이 경향은 토머스 울프(1900-38), 콜드웰(1903-83)을 거쳐 스타인벡(1902-68)의 대에 와서는 인간 생활의 영위를 긍정하고 신뢰하기에 이른다. 그 위에 영국 문학도 회의와 절망에서 출발하여 제1차 대전 후에는 혼란한 현실을 응시하여 거기서부터 탈출하는 길을 찾기 시작하였다. 그 중에서도 D. H. 로렌스(1885-1930)는 양성 관계(兩性關係)를 사회 질서의 기반으로 하는 사상, 곧 '성(性)의 형이상학'을 창조하였다.

휴머니즘의 출현과 나란히 민족 독립의 부르짖음도 각지에서 들리기 시작하였다. 제1차 세계대전 후 유럽에서는 폴란드, 체코슬로바키아, 유고슬라비아, 리투아니아, 라트비아, 에스토니아, 핀란드 등의 신흥 국가가 탄생되었다. 이집트나 아시아에서도 민족 운동이 일어나 유럽의 지배에서 벗어나려는 활발한 움직임을 보였다.

비폭력 · 불복종의 반영(反英)운동

인도는 19세기 후반기부터 영국의 지배를 받아 왔으나 19세기 말엽부터 국민회의파를 중심으로 하는 국민운동이 발생하였다. 국민회의파는 20세기 초에 간디(1869-1948)의 지도를 받아서 비폭력 · 불복종의 반영운동을 행하여 왔다. 이 운동은 영국 정부의 탄압과 회유(懷柔)라는 양면 정책에도 불구하고 넓은 층에 침투하였다. 그 후 간디의 제자 네루 (1889-1964) 등을 지도자로 삼은 반제국주의 및 반봉건주의 의 움직임이 보였다.

중국에서는 1912년 신해혁명을 거쳐 중화민국이 성립되었 으나 대전 중 일본을 위시한 열강의 압박을 반대하는 소리가 높아졌다. 그리고 1919년 배일운동으로서 5 · 4운동이 일어 난 것을 필두로 손문(쑨원; 1866-1925)은 민족, 민권, 민생의 삼민주의를 강령으로 하는 중국 국민당을 조직하여 국민의 많은 지지를 받았다. 손문이 죽은 후 장개석(장제스; 1887- 1975)이 주도권을 장악하여 영국 타도, 군벌 타도를 목표로 국민혁명에 박차를 가했다. 그러나 차츰차츰 외국 세력과 협 조하여 좌파를 탄압하고 국민정부를 수립하였다.

제2차 대전 후 제국주의 세력은 약체화되고 민주주의 세 력이 강하여졌다. 일본, 독일, 이탈리아 등의 제국주의는 한 층 쇠퇴하였다. 영국이나 프랑스에서도 경제상의 타격이 커 져 국내 민주 세력의 강화와 아시아, 아프리카의 식민지에서 의 독립운동이 고조된 결과 국가의 권력이 약해졌다. 한편 미국이 모든 자본주의 국가를 통솔하는 지위에 섰다.

또 한편 러시아에서는 대전 때문에 많은 손해를 받았음에 도 불구하고 스탈린 정권과 사회주의 체제를 더욱 견고히 하 였다. 또 동구, 발칸제국을 점령 중 각국의 공산당을 살려서 정권의 획득을 꾀하였다. 러시아는 미국과 더불어 세계의 2 대 세력이 되었다. 폴란드를 위시하여 유고슬라비아, 알바니 아, 불가리아, 헝가리, 체코슬로바키아를 포함한 소위 위성 권이 확립되어 사회주의 세력은 그 체제가 견고해지고 자본주의 블럭과 정면으로 대립하게 되었다. 그러나 스탈린이 죽은 후 그의 독재와 관료주의에 대한 비판이 일어나 '눈 치우기'라고 칭하는 완화 정책을 거쳐서 흐루시초프(1894-1971)를 중심으로 새로운 정체를 정비하였다. 스탈린 시대에는 적시하던 티토(1892-1980)와도 화해를 하고 유고슬라비아국과의 국교를 회복하기도 하였다. 러시아의 '눈 치우기'에 호응하여 유럽 제국에서도 민중이 지금까지의 러시아의 지도권을 물리칠 의사를 표시하기에 이르렀다. 이것이 헝가리 폭동이 되고 러시아의 대위성권 정책이 비난을 받았다.

미소 양국의 미묘한 세력 관계와는 별도로 아시아, 아프리카의 움직임도 나타나기 시작하였다. 중국에 있어서는 전쟁 중에는 협조하고 있던 국민당과 공산당이 또다시 항쟁을 시작하였다. 최초에는 장개석이 거느리는 국민정부군이 우세하였으나 중공군은 토지 개혁을 통하여 농민들의 지지를 받아 그 세력을 다시 찾았다. 이와 같이 하여 1949년 10월 모택동(1893-1976)을 주석으로 하는 중화인민공화국이 설립되었다. 인도차이나에서는 전쟁 중 민족운동을 계속한 호치민(1890-1969)을 중심으로 하는 베트남 공화국과 프랑스가 설립한 바오 다이(1913-)의 두 정권이 대립하였다. 인도네시아 공화국에서는 민족주의자 수카르노(1901-70)가 초대 대통령에 취임하였다.

또 인도는 1946년 드디어 영국으로부터 독립 부여의 성명을 얻었다. 그러나 힌두교도와 이슬람교도의 항쟁이 계속되어 1947년 인도와 파키스탄 두 나라로 갈라져 독립하기에 이르렀다. 계속하여 1950년에는 인도공화국이 탄생하였는

데 수상 네루를 중심으로 중립주의를 채택하여 국제 문제에 유력한 공헌을 많이 했다.

마지막으로 제2차 대전 후의 문예 사조와 과학의 영역을 돌아보기로 한다.

실존주의의 원천

전쟁이 끝난 후 얼마 안 있어 프랑스에서는 사르트르(1905-80)를 중심으로 실존주의 문학운동이 시작되었다. 그 이론적 배경은 제1차 대전 후 독일의 하이데거(1889-1976)나 야스퍼스(1883-1969)가 위기의 의식에 입각하여 부르짖은 실존철학이다. 이것은 키에르케고르(1813-55)나 니체(1844-1900)에서 그 원천을 구할 수가 있다. 그러나 전후의 실존주의는 하나의 철학적 입장을 넘어서서 넓게 사람이 사는 법, 존재하는 법에 대한 자기 주장으로서 사회 일반의 관심을 불러일으켰다. '본질'에 대하여 '실존'을 높여 우위에 두고 자각적 존재인 인간이 그 근본적 기분인 불안을 극복하고 자기의 있을 바를 자유스럽게 선택하는 상황 중에서 형성해 가는 것으로 생각한다. 이 생각하는 방식이 문학에 적용되었을 때 그 과제는 인간의 성격이나 심리의 분석 묘사에 그치지 않고 현실의 역사적 파악과 함께 민간의 조건 그 자체를 해명하는 것이라고 사르트르는 주장하였다. 이에 대하여 카뮈(1913-60)는 관념적인 희망으로 현실을 가르기를 거부하며 부조리와 반항을 근거로 삼는다.

자연과학은 전세기부터 현저한 진보를 계속하여 왔다. 현세기에 와서 과학과 기술의 맡은 바 임무는 급작스럽게 증대되었다. 1900년에 플랑크(1858-1947)는 열복사(熱輻射)의 파장의 실험식에서 에너지가 불연속적으로 변한다는 관념을 도입하여 양자설을 세웠다. 이어서 1923년 하이젠베르크(1901-76) 등의 손으로 양자역학이 확립되었다. 또 딜릭(1902-)도 양자역학체계를 논하였다. 그 후 상대론적 전자론을 연구하여 양전자(陽電子)의 존재를 예언했다. 또한 이것보다 먼저 아인슈타인(1879-1955)은 일반 상대성 이론을 완성하였다.

생물학에서는 영국의 토머스 헉슬리(1825-95)와 러시아의 오파린(1894-1980)의 업적이 있다. 전자는 인간의 원류(猿類) 기원설을 확립하였다. 후자는《생명의 기원》을 저작하여 무기물질에서 유기물질이나 생명이 발생하는 과정에 대하여 획기적인 학설을 낳았다.

또 전쟁 중부터 계산 기계 등의 이론을 개척하고 있던 위너(1894-1964)는 사이버네틱스의 연구를 지도했다. 이 이론은 베블런 등의 테크노크라시의 흐름에 입각하였다.

이상과 같이 20세기의 과학적 발전은 원자핵 에너지를 발견하는 등 끊일 줄 모르고 있다. 1957년에 러시아에서, 또 1958년 미국에서 인공위성을 발사하는 데 성공하여 우주 시대로의 길을 열었으며 인류의 가장 큰 사업이라고 여겨지고 있다.

인간과 사상

　종교와 정치 분야에서 평등을 확립할 수 있었던 민주주의, 교회와 군주와 귀족의 권리를 타도할 수 있었던 민주주의가 경제와 사회 분야에는 손도 대보지 못하고 그냥 내버려 둔 것은 도저히 있을 수 없는 일이다. 그럼에도 불구하고 사회철학의 분야에서 승리는 불가피하다고 가정하는 것처럼 위험한 일은 없다. 평등하지 못한 힘은 아직도 크고 불공평하게 지켜진 이익은 거대한 것이다. 불평등의 철폐에 대하여 낙관적인 견해를 갖는 것은 어리석은 일이다. 또 불평등이 확실히 재배한다고 믿는 것도 자기 만족에 지나지 않는다. 과학이 발달하였기 때문에 사회적 모순이 사회적 불행을 낳는 원인이 되었다. 이것은 현대 사회의 비극이다. 왜 그러냐 하면 이 새로운 과학의 분야에서는 민주주의 세력이 특권 세력과 다투면 민주주의 세력이 현재 타도하려고 하는 상태보다도 더 나쁜 상태가 장래에 일어날 가능성이 다분히 있기 때문이다. 우리들은 도리어 인간 정신에 양보와 희생의 길을 밟으라고 명령하는 이성의 힘을 믿지 않으면 안 된다. 우리들은 도리어 주인들을 설득하여서 우리들의 평등이 저희들의 자유를 초래하는 것임을 이해시키지 않으면 안 된다.

라스키[1]의 《정치평론집》

　라스키 사상의 변천은 3기로 나누어서 생각할 수 있다. 제1기는 그가 미국에서 학구 생활을 시작하면서부터 1930년에 이르는 수년간이다. 이 시기에는 개인주의의 입장에서 국가를 생각하였다. 첫째, 최고의 가치는 훌륭한 자아(自我)의 발전이며 국가는 그러기 위한 조건을 제공하지 않으면 안 된다. 둘째, 누구나 절대적 진리를 이해하고 있는 것은 아니기 때문에 각자의 자유스러운 의견을 발표하고 사회의 진보를 꾀하지 않으면 안 된다. 셋째, 인간은 이성적 존재이기 때문에 설득으로써 사회적 선(善)을 구하도록 행동시킬 수 있다. 그러기 위하여 자유가 필요한 것이다.

라스키는 정신의 자유를 보장할 것을 더욱 강하게 주장한다. 의견 발표의 자유, 신앙의 자유는 물론이지만 각 개인은 한 사람과 같이 생활함으로써 생활이 풍부하게 되는 것이므로 단결의 자유도 필요하다. 이 자유는 국가 권력이라는 현실에 직면할 때 민주정치를 강력히 요구한다. 민주정치가 성공하기 위하여는 각자가 경제적 자유를 갖지 않으면 안 된다. 여기에 인용된 문장은 《정치평론집》에 수록되어 있는 〈평등에의 원망(願望)〉의 끝 부분이다. 이 〈평등에의 원망〉을 통해서 사회주의를 구하게 되었다. 그 결과 자유주의에 근거하는 국가론과 사회주의적 평등의 요구를 통일하려는 생각까지 가지게 되었다. 이 시기는 라스키 사상의 가장 충

---

1) 라스키(Harold Joseph Laski, 1893-1950), 영국의 정치학자. 옥스퍼드 대학 졸업 후 도미, 하버드 대학 등의 강사가 되었다. 보스턴 경찰관의 스트라이크를 변호하여 라스키 사건을 일으켰다. 1920년에 귀국 런던 정치경제학교, 런던 대학에서 정치학을 담당. 대저 《정치학개론》은 다원적 국가론에 사회주의적 색채를 가미한 세계적 걸작이다. 그 후 페이비언 협회에 입회하여 노동당에 입당, 이론적 지도를 담당하여 위원장도 되었다. 일시 마르크스주의와 가까워져 의회주의에 의혹을 가졌으나 만년에는 계획경제에 근거를 둔 국가 이론을 전개, 개인적 자유를 존중하는 정신을 최후까지 관철하였다. 《근대 국가에 있어서의 자유》, 《위기에 선 데모크라시》, 《현대 혁명의 고찰》 등 정치 제도나 민주주의 문제와 힘있게 융합되어 있다. 라스키 사상의 추이는 영국의 자유주의 내지 민주주의가 공산주의와 어떻게 접촉하고 어떻게 멀어지게 되었는가를 나타내 준다.

실한 부분을 반영하고 있다.

　제2기는 1931년서부터 시작된다. 1929년에 미국의 월 가 (街)에서 시작된 공황은 영국에도 파급되어 경제적 · 사회적 혼란이 생겼다. 그는 이 시기에 마르크스주의에 찬성하였다. 지금까지의 미적지근한 개량주의는 참을 수 없었기 때문이다. 마르크스주의가 모든 역사철학 중에서도 가장 완전한 것이고, 국가 이론으로서도 가장 적절한 것이며, 모든 정치 철학 중에서도 가장 확실한 것이라고 생각하였다. 라스키는 영국 민주주의의 장점을 인정하면서도, 계급대립이라는 현실이 있는 이상 민주주의가 잘 운영되느냐 안 되느냐가 의문이었던 것이다. 라스키는 제2차 세계대전 중에《현대 혁명의 고찰》,《신앙 · 이성 · 문명》등을 썼다. 그 중에서 러시아의 지도자가 범한 큰 잘못을 인정하면서도 전체적으로는 러시아의 실험을 새로운 문명의 탄생이라고 칭찬하고 있다. 이것은 온건한 사회주의자였던 웹 부부가 1935년에 《러시아의 공산주의》를 써서 공산주의에 찬성한 것과 어느 정도 비슷하다.

　라스키의 제2기는 1945년에 노동당이 선거에서 대승함과 동시에 끝나고 말았다. 그는 이 승리를 대단히 기쁘게 생각하고 민주주의를 통하여 사회주의가 실현될 수 있다고 생각하였다. 민주주의에 대한 신뢰가 또다시 회복된 것이다. 제3기에는 제1기의 자유주의, 제2기의 마르크스주의를 넘어서 민주주의에 근거를 둔 사회주의 이론을 모색하였다. 라스키가 죽은 후 미정고(未定稿) 그대로 발표된《현대의 모순》을 보면 그가 미국과 러시아의 정치 노선을 둘 다 부정하고 새로운 민주주의를 찾아서 고민하고 있었음을 알 수 있다.

라스키 사상의 변천은 서유럽과 미국의 예민한 지식인의 사상의 변천을 상징하는 것이다. 영국이나 미국의 지식인들은 1930년대에 파시즘의 위협을 앞에 놓고 민주주의를 지키기 위하여 공산주의와 손을 잡았다. 사회주의에 대해서도 친근감을 느꼈다. 제2차 세계대전이 민주주의의 승리로 끝나자 공산주의를 전체주의라고 부정하는 경향이 강하게 되었다. 라스키 사상의 추이는 이러한 일반 사정과 깊은 연관성이 있는 것이다.

이 세상에서 사는 목적이라고 밀할 수 있을 만큼 가치 있는 것은 하나도 없다. 인류의 초기에서부터 종교열이 왕성한 시대를 통해서 현명한 사람들은 이상과 같이 생각하고 또 그것을 눈치채고 있었다라고 상정하는 것은 세계사 어느 시대에서도 볼 수 있고 또 금일에도 일반적으로 볼 수 있는 일이다. 그러나 이러한 생각을 가진 사람들은 참으로 불행하다. 그럼에도 불구하고 그들은 이 불행을 영광으로 여기고 있다. 즉 그들은 이러한 불행의 원인을 이 우주의 본질에서 구하고 따라서 이것만이 지식인의 가질 바 유일의 이성적 태도라고 생각하는 것이다. 그러나 그들이 자기의 불행을 이와 같이 영광으로 여길 때, 과히 이론을 즐기지 않는 사람들은 그 불행이 정말인가 아닌가에 대하여 의심을 품고 있다. 불행한 것을 즐기고 있는 사람들은 실제로 불행한 사람은 아니다라고 생각되는 것이다. 그렇지만 인간은 본질적으로 불행한 것이다라고 생각하는 것은 너무나도 단순하다.

러셀[2]의 《행복론》

러셀도 또한 영국 민주주의가 낳은 위대한 지식인이다. 수학자로서도 유명하다. 아니 수학자에서 철학자로 바뀌었다고 하는 쪽이 적절하겠다.《물질의 분석》에서는 아인슈타인의 '상대성이론'이나 하이젠베르크의 '전자역학(電子力學)' 등을 통일하고, 철학적 견지에서 물질이란 무엇이냐 하는 문제를 분석했다. 이것은 이 책보다 수년 전에 씌어진《정신의 분석》과 견줄 수 있는 것이다. 세계를 형성하는 재료는 정신적인 것도 물질적인 것도 아니고 '중성적(中性的)'인 것이라고 생각하였다.

러셀은 민주주의의 입장에서 러시아 공산주의에 대하여서는 강력히 반대했다. 그러나 원자폭탄과 수소폭탄의 위험이 커짐이 따라 민주주의와 공산주의를 넘어서서 세계가 평화를 위해 손잡지 않으면 안 된다는 점을 역설했다. 현실의 사태에 응하여서 자기의 생각을 바꾸어 가는 것은 라스키 때에도 보여준 바와 같이 영국 사람의 국민성이라고 할 수 있다. 다만 러셀에 있어서는 80세가 넘어서까지 소설을 써 낸 그 유연한 두뇌 작용의 결과인 것도 고려할 필요가 있다. 러셀

---

2) 러셀(Bertrand Arthur William Russell, 1872-1970), 영국의 수학자, 철학자, 사회사상가, 정치가. 존 러셀의 손자로 태어나서 수학에서 출발하여 철학으로 옮김. 화이트헤드와의 공저《수학의 원리》를 내어 수리철학, 또한 기호논리학의 기초 이론을 확립했다. 평화주의자의 입장에서 제1차 대전을 반대하였기 때문에 케임브리지 대학 강사직을 잃고 반년간 투옥되었다. 그 후 중국, 러시아, 미국, 일본 등지를 여행함.《외계에 대한 우리들의 지식》,《철학개설》,《사회개조의 원리》,《자유에의 길》등 정치, 교육, 인생에 대한 많은 평론이 있다. 1950년 노벨 문학상 수상. 철학적 입장에서는 비판적 실재론을 대표하며 사상가로서는 자유주의적 개량주의를 부르짖었다.

아빠, 전쟁에서 아빠는 무엇을 해?(러셀과 자녀의 대화 그림)

은 제1차 대전이 시작됐을 때는 평화론자로서 전쟁에 반대
하며 〈유럽의 지식계급에 호소한다〉라는 글을 발표했다. 그
것은 다음과 같은 주장이다.

진리는 그것이 어떠한 것일지라도 영국, 프랑스, 독일, 러시아, 오
스트리아에 있어서도 똑같은 것이다. 진리는 국민의 필요에 응하여
타협하는 것이 아니다…… 일상의 생활에서 진리를 추구하는 것을
임무로 하는 학자들은, 이러한 것에 대해서 동지의 틀린 점은 무엇
이며 적의 진리는 무엇인가를 깨달아서, 스스로 진리의 대변자가 되
어야만 하는 것이다.

러셀은 라스키와 같은 뚜렷한 사상적 추이는 없었으며 일
관된 평화주의자이고 강한 민주주의자였다.

특정한 경제구조의 기초 위에서 발생한 법률적 · 정치적인 관계
는 사회적 인간의 심리에 결정적인 영향을 끼치는 것이다. 마르크스
는 이렇게 말했다. "각양각색인 소유권의 형식 위에, 사회적 생존
조건 위에 특유한 형태를 가진 가지각색의 감각이나 환상이나 사고
방법이나 인생관 등의 모든 상층 건축이 건설된다."
실재(實在)는 사유(思惟)를 규정한다. 그리고 과학이 역사의 발
전 과정에 대하여 새롭게 한 발 앞선 설명을 가할 때마다 최근의 유
물론의 원칙에 유리한, 이상과 같은 증명이 새로이 제공된다.

플레하노프[3]의 《마르크스주의의 근본 문제》

《마르크스주의의 근본 문제》는 1908년에 저술된 것으로

마르크스주의의 입문서이다. 동시에 또 마르크스가 죽은 후 10년쯤 더 산 엥겔스의 견해도 받아들여서 하나의 체계를 이루려고 한 것이다. 이것을 쓸 당시의 플레하노프의 정치적 입장은 미묘하였다. 플레하노프는 처음에는 나로드니키에 속했고 나중에 마르크스주의로 옮겨 왔다. 1900년에는 레닌과 협력하여 《이스크라》지를 발간하고 있었는데, 조금 나중의 일이기는 하지만 1903년의 러시아 사회민주노동당의 제2회 대회에서 분열이 일어났을 때 멘셰비키(소수파)와 짜고 볼셰비키(다수파)를 거느린 레닌과 격렬히 대립하였다. 1905년의 러시아 혁명 때는 무장 봉기에 반대하고 기회주의적인 태도를 취했다. 그러나 그 후 1908년부터 1912년의 반동기 때에는 볼셰비키에 접근하여 멘셰비키의 정책에 비판을 가하였다.

다시 말하면 《마르크스주의의 근본 문제》를 쓸 때의 플레하노프는 정통적 입장에 가까웠다고 할 수 있다. 그러나 정치적 입장과는 별도로 철학적 입장에서는 이 저술도 약간의

----

3) 플레하노프(Georgy Valentinovich Plekhanov, 1856-1918), 철학자, 사상가. 러시아 마르크스주의의 아버지라고 불림. 탄보프 현의 지주 출신. 처음엔 나로드니키의 비밀 조직에 가담하였으나 1880년 국외로 망명 중 마르크스주의와 국제노동운동을 알았음. 이후 40년 가까이 되는 망명 기간 중 고국의 사회운동을 일으켰다. 제네바에서는 노동해방단을 조직, 엥겔스와 제2인터내셔널을 조직하였다. 또 레닌의 《이스크라》지 발간에도 협력하였으나 러시아 사회민주노동당의 분열(1903) 후 멘셰비키가 되어 제1러시아 혁명의 무장궐기에 반대하였다. 혁명 좌절 후의 반동기에는 볼셰비키에 가까웠으나 제1차 대전 중 사회애국주의에 기울어졌고 핀란드의 테리오키에서 죽었다. 《사회주의와 정치투쟁》, 《일원론적 사관의 발전의 문제》, 《마르크스주의의 근본 문제》 등의 저작이 있고 레닌에게 큰 영향을 끼쳤다.

약점을 가지고 있다. 그것은 하부구조와 상부구조의 연결을 기계적으로 생각한 점이다. 또 이데올로기를 막연하게 사회 심리의 결정이라고 간주한 점도 비난당하고 있다. 하부구조란 인용된 문장 그대로 말하면 '경제구조의 기초'이며 상부구조란 '법률적·정치적인 관계'를 말함이다. 이데올로기는 물론 상부구조이다.

플레하노프는 레닌에게도 강한 영향을 주었다. 레닌은 정치적 입장에서 플레하노프와 이별하게 되었을 때 대단히 슬퍼하였다고 한다. 플레하노프의 복잡한 발자취는 혁명가로 일관한다는 것이 얼마나 곤란한가를 말하여 주고 있다.

사회민주당은 본래 그 모든 본질로 보아 국제적인 당이다. 동시에 그것은 무엇보다도 국민적인 당으로서의 경향도 가지고 있다. 다시 말하면 사회민주당은 공업 임금노동자뿐만 아니라 전노동자, 전피착취자층, 따라서 전인구 대부분의, 즉 보통 '국민'이라고 불리는 것의 대표자이다. 이 의미에 있어서는 하나의 국민 정당이 될 경향을 가지고 있다.

카우츠키[1]의 《에르푸르트 강령 해설》

카우츠키는 레닌으로부터 '배교자(背敎者) 카우츠키'라고 통렬하게 비판당했다. 마르크스주의에서 떨어져 나가 사회민주주의로 전환하기 시작한 것은 제1차 세계대전이 시작된 1914년경부터였다. 《에르푸르트 강령 해설》은 1892년에 씌어진 독일 사회민주당의 강령으로서, 1921년에서부터 30년 사이의 사회민주당의 실천 활동의 지침이 되었다. 또 마르크

스주의의 통속적인 해설로서도 널리 읽혀졌다. 이것은 1899
년에 씌어진《농업 문제》와 함께 카우츠키의 가장 훌륭한 저
술이라고 간주된다. 카우츠키는 1918년, 즉 1917년의 러시
아혁명 이듬해에《프롤레타리아트의 독재》라는 책을 저작하
였다. 러시아 정권이 성립됐을 때의 프롤레타리아트적 독재
가 마르크스주의 이론의 일반적인 결론이 아니라고 생각하
고 서유럽과 같이 자본주의가 발달한 나라에서는 독재보다
도 민주주의가 사회주의 실현을 위해 유익하다는 것을 논했
다. 이것은 카우츠키의 입장을 가장 잘 나타낸 것이다. 이에
대하여 레닌은《프롤레타리아 혁명과 배교자 카우츠키》라는
책을 저작하여 러시아 정권은 세계의 모든 민주주의자가 금
일까지 만들어낸 것과 비교할 때 보다 월등 뛰어난 민주주의
라고 강조하였다. "1909년에는 혁명의 시대가 가까워졌다는
것, 혁명과 전쟁이 결부된 것에 대하여 한 권의 책을 썼고,
1912년에는 마땅히 도래할 전쟁을 혁명에 이용하라는 바젤
선언에 서명했던 카우츠키가 지금에 와서는 갖은 수단을 다

---

4) 카우츠키(Karl Johann Kautsky, 1854-1933), 독일의 사회주의자, 경제학
자, 역사가, 정치가. 프라하에서 탄생함. 빈 대학에서 배우고 1875년 사회
민주당에 입당함. 엥겔스 사후 최대의 마르크스주의자로서 활약. 사회민
주당의 이론적 지도를 담당함. 1893년에《에르푸르트 강령 해설》을 발표.
또 제2인터내셔널의 이론적 지도자로서 수정주의자와 싸웠다. 그러나 당
내의 대세가 기회주의적으로 향하기 때문에 중간적 입장으로 기울어 제1
차 대전 발발과 동시에 제2인터내셔널을 해산하고 중간파를 모아 독립사
회민주당을 결성하였다. 그뿐이 아니라 러시아 혁명 때에는《프롤레타리
아트의 독재》라는 책을 쓰고 러시아 정권을 비난하였기 때문에 레닌에 의
해 '배교자' 라는 낙인이 찍혔다. 그 후 나치스의 탄압을 받아 체코슬로바
키아를 거쳐서 암스테르담에 가서 빈한 속에서 죽었다.《농업문제》,《유
물사관》등의 저서가 있다.

써서 사회 배타주의를 변호하고 이것을 미화하고 플레하노프와 마찬가지로 부르주아지와 부동(符同)하여 혁명에 대한 모든 사상과 직접 혁명적 투쟁으로 향하려는 모든 발걸음을 비웃고 있다"라고 통렬히 비난하고 있다. 그러나 카우츠키는 1938년 망명지인 암스테르담에서 84세의 생애를 끝마치기까지 자기 이론을 수정하지 않은 채 스스로 마르크스주의라고 믿고 있었다.

또 제군은 종족의 불사(不死)의 존재에 자기를 복종시키는 것은 자기의 좁은 자아를 그것과 같이 좁은 타인의 자아에 복종시키는 것을 의미한다고 생각해서는 안 된다. 그들에 있어서도 그것은 자기를 저 생명과 지식과 힘을 늘이는 모든 것에 바치는 것이다. 최대 다수의 최대 행복이라든가, 대다수의 의지라든가 하는 어리석은 것에 우리의 이지(理知)와 의지를 조금이라도 양도하려는 주의에는 나는 신뢰를 갖고 있지 않다. 나는 그와 같은 종류의 민주주의자는 아니다. 이 세계와 그 장래는 방종한 민중이나 연약한 민중을 위한 것은 아니다. 또 다수의 것도 아니다. 탁월한 자기를 위하여 존재하는 것이다. 그리고 오늘의 비범자(非凡者)라 할지라도 내일에는 평범한 자가 될 것이다.

만일 내가 조금이나마 사회평등론자라면 그것은 내가 어리석은 민중에게 쾌락의 시간을 주고 싶다고 생각하기 때문이 아니라 널리 일반에게 기회를 주어 그만큼 가치 있는 사람을 한 사람이라도 남기고 싶은 생각이 있기 때문이다. 만일 내가 경제면의 변혁을 희망한다면 그것은 현재의 제도가 무척 많은 비경제적인 소비자를 보호하고 성장시키고 있기 때문이다. 그들은 보통 사람들과 비교해 보면 소질면에 있어서는 조금도 뛰어난 점이 없고 게으르고 허영심이 강한 습관을 갖고 있다는 점에서는 도리어 보통 사람보다 못하다.

또 내가 과학을 찬양하는 것은 당연하다. 위대한 목적에의 순수한 헌신, 최후에는 아마 인간 활동의 전영역에 퍼질 것이라고 내가 기대하는 헌신을 과학의 세계에서 볼 수 있기 때문이다. 인류의 지식을 늘이기 위하여 모든 인종의 사람이 협력하는 그 협력을 나는 거기에서 찾아낸 것이다. 우리들은 모두 자유스러운 과학국의 시민이 될 수 있는 것이다. 그렇지만 우리들의 정치생활, 경제생활, 사회생활은 아직도 과학적 정신에 의하여 계몽되고 지도되지 않으면 안 된다. 아직도 재래의 전통주의에 젖어서 병약하기 때문이다.

웰스[5]의《나의 인생관》

H.G.웰스는 과학소설가로서도 알려져 있다. 19세기 프랑스의 과학소설가 베른 다음가는 뛰어난 과학소설가이다. 그러나 H.G.웰스는 아주 다른 측면을 지니고 있다. 그는 뛰어난 생물학자이기도 했다. 토머스 헉슬리에게서 생물학을 배웠는데, 이것은 후년의 사상 형성에 있어서 크게 도움이 되었다. 연속적 진보의 개념과 일종의 전체주의적 관념이 그의

---

5) H.G.웰스(Herbert George Wells, 1866-1946), 영국의 소설가, 문명비판가. 상점의 점원을 하면서 독학. 과학사범학교를 졸업하고 교육 관계 저널리스트가 되었다.《타임머신》,《우주 전쟁》을 발표한 후 과학 지식을 가미한 독자적인 문명론, 정치론을 전개하였다. 1903년 페이비언 협회에 가입하여《사회주의와 결혼》이라는 책과 또 사회소설《토노 번게이》를 저작하였다. 만년엔 페이비어니즘에 비판적이 되어 공상적인 세계통일 국가의 건설을 제창하고 있다.《세계문화사대계》도 세계국가의 이상에 의하여 썼다. 그 밖에《실험적 자서전》, 교육소설《윌리엄 클리솔드의 세계》, 사상소설《미래의 세계》등도 썼다.

사상체계를 이룬다고 말할 수 있다. 그는 '세계국가'를 끊임없이 주장하고 현재의 국가를 초월한 계획된 세계의 필요를 논했다. 그는 인류의 물질생활에 일어난 큰 변화에 주목하였다. 그것은 교통기관의 급격한 발전이었다. 원시시대부터 18세기까지는 말의 속력이 최대의 속력이었다. 19세기서부터 금세기에 걸쳐서 기차, 기선, 전신, 전화, 항공기 등이 뒤를 이어 등장하였다. 인간의 속력에서는 혁명적 변화가 일어났다. 이제 옛날의 국가는 존재의 근거를 잃고 말았다. 현재의 국가는 '세계국가'가 되지 않으면 안 된다. 그것은 일종의 유토피아이기도 하다. 생물학자이기도 하고 또 교육에도 깊은 관심을 가지고 있던 H.G. 웰스는 이것을 단지 공상의 세계가 아니고 인간이 사는 세계의 현실성을 충분히 가진 것이라고 주장했다.

우리에게는 다음과 같은 것이 필요하다.

1. 자본의 소유에 기인한 경제적 불평등을 결정적으로 타파할 것. 이것을 행할 가장 좋은 방법은 바람직하다고 생각되는 과도적인 양보를 인정하는 위에 어느 정해진 한계 이상의 유산 상속을 폐지하는 것이다.

2. 1에 못지않게 사회적 불평등을 철저히 타파할 것. 그러기 위해서는 어떠한 명목에서나 작위를 주는 습관을 폐지할 것. 상원의 폐지나, 국유화된 사업에서 높은 연봉을 받는 관리자의 새로운 계급을 만들지 않는 것도 이것에 따른다.

3. 경제적 책임을 실질적으로 분산할 것. 특히 단체교섭의 틀을 넓혀 노동조합의 교섭으로 확립된 규칙에 따라서 움직이는 현

장의 노동자에게까지 경영상의 역할을 끼치는 것에 의하여 이것을 행한다.

4. 교육 평등의 급속한 전진. 특히 종합대학을 통해서, 또 기술과 공작에 적합한 자를 위해서는 그 방면의 교육을 중요시하는 것에 의하여 행한다.

5. 노령자가 일을 할 수 있는 방법을 생각하고 또 신체상해자가 보다 충분한 갱생의 기회, 교육, 훈련을 가질 수 있을 것. 생산을 증강하기 위해서, 생산 수준을 높이기 위해서, 또 본인들의 행복의 증진을 위해서도 이러한 방법이 도움이 된다.

6. 배당의 제한. 이윤의 일부를 새로운 자본에 강제적으로 편입시킬 것. 이것들은 공유재산이 되고 주주(株主)의 재산이 되지 않을 것.

7. 전산업이나 전사업을 한층 국유화하는 방법에만 의하지 말고, 상속세와 이윤 중에 공유주(公有株)를 만들어 주식과 명령권을 차차로 인계하여 산업의 공유와 공공관리를 확대할 것.

콜[6]의 《이것이 사회주의다》

콜은 소년 시절에 유토피아 사회주의자인 윌리엄 모리스의 영향을 받았다고 한다. 온건한 사회주의를 주장하는 페이

---

6) 콜(George Douglas Cole, 1889-1959), 현대 영국의 사회학자, 경제학자. 옥스포드 대학 졸업. 1925년부터 동대학 경제학 조교수가 되고 1947년에 사회학, 정치학 교수가 됨. 내셔널 길드 연맹을 창립. 임금제도를 철폐하고 노동자가 산업 자치체에 의하여 생산 관리를 실행하여야 한다는 길드 사회주의를 제창하였다. 또 노동당의 주요한 정치, 경제 방면 이론가이기도 했다. 저서로는 《산업자치론》, 《사회이론》 등이 있다. 1952년에 페이비언 협회 회장에 취임하였다.

비언 협회에서 일한 적도 있다. 그들은 자기 자신을 유토피아 사회주의자라고 부르고 있으나 과학적 사회주의, 즉 마르크스주의에는 시종 반대의 의견을 갖고 있었다. 영국 사회주의는 사회주의를 마르크스주의에만 한정시키는 좁은 견해를 갖고 있지 않다. 공산주의와는 체계가 다른 사회주의도 응당 존재한다.

첫째, 독점은 극도의 고도 발전 단계에 있는 생산의 집적(集積)에서 발생한 것이다. 그것은 자본가의 독점 단체, 즉 카르텔, 신디케이트, 트러스트이다. 이와 같은 단체가 현대의 경제생활 가운데서 얼마나 큰 역할을 연출하고 있는가는 이미 알려져 있는 바와 같다. 20세기부터 이와 같은 단체는 선진 제국에서 완전히 세력을 차지하였다. 그래서 카르텔화에 이르는 길의 제일보는 고율 관세를 가진 나라들(독일 · 미국)에서 우선 시작되었다. 자유무역 제도국인 영국도, 약간 뒤떨어지기는 했으나, 생산의 집적에서 독점이 발생한다는 동일한 기본적인 사실을 나타내었다.

둘째, 독점은 가장 중요한 원료 자원 점유(占有)의 강화를 초래하였다. 특히 자본주의 사회의 기본적이며 가장 카르텔화한 산업, 즉 석탄업과 제철업에 대하여서이다. 가장 중요한 원료 자원의 독점적 지배는 대자본의 권력이 대단히 증대되고 카르텔화된 산업과 카르텔화되지 않은 산업과의 사이의 모순을 날카롭게 하였다.

셋째, 독점은 은행에서 발생하였다. 은행은 조심성 있는 중개적 기업에서 금융자본의 독점자로 전화하였다. 가장 진보적인 자본주의 국가는 어느 나라나 셋부터 다섯 정도의 최대 은행이 산업자본과 은행자본과의 '인적 결합(人的結合)'을 실현하여 전국의 자본과 화폐 수입의 대부분을 점유한다. 은행은 수십억에 대한 지배권을 그 수중에 넣은 것이다. 현대 부르조아 사회의 경제 기관과 정치 기관, 금융 과두제(寡頭制)가 예외없이 종속 관계의 망을 빈틈없이 펴고 있다. 금융 과두제 ─ 이것만이 이 독점의 가장 뚜렷한 현실이다.

넷째, 독점은 식민 정책에서 발생하였다. 금융자본은 '예로부터의' 많은 식민 정책의 동기에 더욱 투쟁성을 부여하였다. 말하자면 원료 자원과 자본 수출, 또는 세력 범위를 위한 ─ 즉 유리한 거래, 이권, 독점 이윤, 그 외의 범위를 위한 ─ , 그리고 끝으로 경제적 영토 일반을 위한 투쟁인 것이다. 유럽 여러 강국이, 이를테면 1876년에 그랬던 것처럼, 아프리카의 10분의 1을 그 식민지로 점령하고 있을 때에는, 식민 정책은 말하자면 토지를 '무주선점적(無主先占的)으로' 점령하는 형식으로써 비독립적으로 발전할 수가 있었다. 그런데 아프리카의 10분의 9가 점취당하게 되자(1900년경) 전세계는 분할되고 말았다. 불가피한 식민지의 독점적 점유의 시대, 이에 따라서 또 세계의 분할과 재분할 때문에 한층 날카로운 투쟁의 시대가 돌아온 것이다.

레닌[7]의 《제국주의론》

레닌은 러시아 혁명의 지도자였다. 마르크스주의를 러시아라는 특수한 후진국의 상황에 적용한 것이 레닌주의이다. 마르크스에게서 배웠다는 의미에서 '마르크스 레닌주의' 라고도 불린다. 《제국주의론》은 《자본주의의 최고 단계로서의 제국주의》라는 것이 원제이다. 생산 집적과 독점이 행하여지고 금융자본, 즉 재벌의 힘이 일국의 정치를 움직이게 된다. 그 결과 열강제국 사이에 세계의 식민지나 반식민지가 분할당하여 대전쟁이 일어난다. 소위 그것이 '제국주의 전쟁'이다. 자본주의가 발달됨에 따라서 이와 같은 사태가 꼭 일어난다. 그리고 제국주의가 프롤레타리아트의 사회혁명의 전야라는 것이다. 이 논문이 공간(公刊)된 것은 1920년으로서, 1917년의 10월혁명이 성공하고 나서 3년째 되던 해의 일이었다. 레닌의 선견지명은 근본적으로는 맞았으나 부분적으로는 그 후의 사태에 대해 잘못 예견한 점도 있다. 이를테면 제2차 세계대전은 제국주의 전쟁인 동시에 한편으로 독일이나 일본의 파시즘과 침략주의를 넘어뜨리기 위한 반파시즘 전쟁, 또는 민주주의를 살리기 위한 전쟁이었는데, 이와 같은 전쟁의 성격이 이 논문만 가지고는 석연치 않다. 더

---

7) 레닌(Vladimir Ilich Lenin, 1870-1924), 본명 Uliyanov. 러시아의 혁명가, 볼셰비키당과 소련연방의 창립자. 심비르스크의 소학교장·장학관의 아들로 태어났다. 카잔 대학 재학 중 학생운동에 가담하여 체포, 퇴학을 당했다. 페테르스부르크에서 마르크스주의 그룹을 지도하기도 하고, 국외에서 플레하노프와 연락하고 노동계급 해방 투쟁 페테르스부르크 동맹을 결성함.《인민의 친구란 무엇이냐》등의 출판물이 비합법적인 출판이라 하여 투옥되어 1897년에 시베리아에 유배당하였다. 유형 중《러시아에 있어서의 자본주의의 발달》을 완성. 1900년에 석방되자 곧 국외로 망명하여 비합법적인 신문〈이스크라(불꽃)〉를 출판함. 1903년에 러시아 사회민주노동당 제2회 대회에서 당이 분열된 때부터 볼셰비키(다수파)를 통솔함. 대회 후〈브페리요드(전진)〉를 창간, 기회주의와 싸웠다. 제1차 러시아 혁명의 좌절 이후 각지로 망명. 제1차 대전과 더불어 한때 체포당했다. 그는 대결의 본질을 제국주의 전쟁이라고 규정하고 내란으로의 전화(轉化)를 설명하며 프롤레타리아 국제주의를 강조하였다. 1917년 2월 혁명 때 귀국함. '4월테제'를 발표하고 사회주의 혁명으로 이행할 방침을 제시하였다. 케렌스키를 제거하고 10월혁명을 성공으로 이끌고 초대 인민위원회 의장이 됨. 프롤레타리아 독재를 확립, 적군(赤軍)을 창설함과 동시에 코민테른의 결성도 꾀하였다. 1921년에 신경제정책을 결정. 죽은 후 크레믈린 궁 동쪽에 있는 붉은 광장에 묻혔다. 주저로《무엇을 할 것인가》,《제국주의론》,《국가와 혁명》,《유물론과 경제비판론》등이 있다.

욱이 레닌은 이 논문 중에서 카우츠키에 대하여 논하면서, 그의 제국주의에 관한 이론이 제국주의의 근본적인 모순을 간과한 점을 들어 마르크스주의가 아니라고 통렬하게 비난하고 있다.

여기서 문제가 되는 것은 문학상의 스타일은 아니다. 내가 염두에 두고 있는 것은 일의 스타일이며 레닌주의를 실천하기 위한 특질과 독창성이다. 이것은 레닌주의적인 활동가라는 특별한 형을 만들어 낸다. 레닌주의는 이론적 · 실천적인 학교이다. 당과 국가를 위하여 일하는 인간의 특별한 형을 만들어 내어 특별한 레닌주의적인 일의 스타일을 만들어 낸다.

이 스타일의 특징은 무엇인가? 그 특질이란 어떤 것인가?

특질에는 두 가지가 있다.

(a) 러시아적인 혁명적 진취 정신과

(b) 아메리카적인 사무 능력이다.

레닌주의의 스타일은 당과 국가의 일에서 이 두 가지의 특질을 결부시키는 것이다.

스탈린[8]의 《레닌주의의 기초에 대하여》

스탈린은 생존시에는 신격화되어 러시아의 신성한 지도자라고 생각되고 있었다. 모든 것이 스탈린에 의하여 해결되며 성공한다고 인정되고 있었다. 이 경향은 1930년대 초기까지도 심한 정도는 아니었으나 그 후 여러 번의 대숙청과 '스탈린 헌법'에 대한 공포, 대조국전쟁의 승리 등에 의하여 극단적으로 치달아 수습하지 못할 지경에까지 이르렀다. 1953년

3월 5일 스탈린이 죽고 그 뒤를 말렌코프가 인계받았으나 이 때까지도 아직 스탈린에 대한 개인 숭배가 남아 있었다. 말 렌코프는 1955년 2월에 지도자의 자리를 물러났고 그 뒤를 흐루시초프가 인계받았다. 1956년 2월의 제20회 당대회에서 획기적인 스탈린 비판이 일어났다. 이때까지 신성한 독재자 로서 비판조차 허용되지 않던 존재가 흐루시초프나 미코얀 의 연설에 의하여 근본적으로 부정당하였던 것이다. 그것은 러시아 국내뿐만 아니라 전세계를 놀라게 한 사건이었다. 러 시아의 진보적 지식인들은 거듭되는 숙청에 암담한 생각을 품기는 했으나 스탈린의 잘못을 지적하지는 못하였다. 조금 이라도 비판을 하면 반공주의자라고 매장당했기 때문이다. 그런데 그것이 러시아의 지도자의 입을 통하여 위로부터 비

8) 스탈린(Iosif Vissarionovich Stalin. 1879-1953), 본명 I.V.Dzhugashvili. 러 시아의 정치가 레닌의 후계자. 그루지아의 화공(靴工)의 아들로 태어남. 신학교 재학 중 15세부터 혁명운동에 참가. 러시아 사회민주노동당에 입 당하여 퇴교당함. 시베리아에 여섯 번 유배당하여 다섯 번 탈주함. 제1차 러시아 혁명을 전후하여 각지에서 활약하여 1912년에 볼셰비키 당의 중 앙위원이 됨. 〈프라우다〉 창간 등 국외에 있어서의 혁명운동의 책임자로 서 힘을 다하였다. 유형지에서 2월혁명을 맞고 즉시 혁명운동에 가담하여 10월혁명 후에는 민족 문제, 군사 문제 등을 담당. 후에 당 중앙위원회 서 기장이 됨. 레닌이 죽은 후 트로츠키 등을 배척하고 주도권을 장악. 공업 화, 농업집단화의 방침을 결정. 2회에 걸친 5개년 계획을 수행하였다. 이 동안에 트로츠키, 지노비예프를 위시하여 많은 반대자를 숙청하고 일국 사회주의 건설을 추진시켰다. 1936년에 헌법 초안을 채택. 독소전쟁이 일 어나기 전에 인민위원회의장(수상)이 됨 . 대전 중에는 최고사령관으로 서 전쟁을 승리로 인도하였다. 테헤란, 얄타, 포츠담의 회담에서는 연합 국 정치가와 절충하였다. 죽은 후 1956년 제20회 당대회 때에는 그 독재 정치와 개인숭배가 비판되었다. 주저 《마르크스주의와 민족 문제》, 《레닌 주의의 제문제》, 《변증법적 유물론과 사적 유물론》, 《러시아에 있어서의 경제적 제문제》가 있음.

혁명의 성공 후, 다른 주의 · 주장자는 모조리 처형했다.
(스탈린에 대한 풍자 만화)

판당한 것이다. 비판의 요지는 스탈린은 독재자이며 개인 숭배를 바라고 또 정치상의 의견을 달리하는 자를 대량으로 숙청한 점 등이었다.

이 비판에 의하여 집단지도 체제가 세워졌다. 레닌은 스탈린이 횡포한 자이니 주의하라고 유언하였다. 그러나 그것은 지금까지 묵살당하고 있었다. 그러한 문서도 발표되었다. 이 스탈린 비판이 던진 파문은 대단히 심각하였다. 이탈리아 공산당의 토리아티 등은 그 비판이 불충분하다고 지적하고 개인 숭배가 이루어진 원인을 이론적으로 추구하였다. 스탈린 비판이 마치 스탈린 개인의 책임을 추궁하는 것 같은 인상을 주었으나, 스탈린의 악정은 스탈린 개인의 책임만이 아니라 러시아 공산당 전체의 책임이며 이와 같은 공산당의 존재를 달게 받아들인 러시아인 자신의 책임도 된다고 아니할 수 없다. 더욱 심각하게 생각한다면 러시아 혁명의 본질과 관련되는 문제이며, 마르크스주의의 근본까지 거슬러 올라가 생각해야 할 문제도 될 것이다.

스탈린은 '일국사회주의'를 제창하여 트로츠키의 '영구혁명론'과 대립하였다. 트로츠키는 러시아의 혁명은 러시아 일국만 가지고는 성립되지 않으며 서유럽에서 혁명이 일어나야만 러시아 혁명도 성공한다는 세계혁명설을 주장하였다. 이에 대하여 스탈린은 러시아 일국만으로 혁명이 성공할 수 있는 가능성을 설명하였다. 결과에 있어서는 '일국혁명론'이 정당하였다. 그러나 열강 자본주의 국가의 포위 안에서 혁명을 유지하기 위해서 많은 희생을 치르지 않으면 안 되었다. 스탈린은 강한 독재를 추구했다. 그것은 러시아의 단결을 지키려는 동기에서 나온 것이었다. 스탈린은 또 러시아 이외의 공산당이나 제2차 세계대전 후 공산당이 정권을 장악한 동유럽 제국에 대하여서도 러시아 제일주의를 강요했으나, 그것은 우월감에서 나온 것이 아니라 세계 혁명의 거점으로서의 러시아를 강력하게 유지하고자 하는 동기에서 나온 것이었다. 즉 스탈린의 개인 숭배도 스탈린 개인의 성격에서 생겨진 것이라고는 말할 수 없다. 설사 스탈린에게 그러한 성질이 있다손 치더라도 그러한 성질을 조장한 조건이나 상황을 고려하지 않으면 안 된다. 그것은 러시아 혁명이 놓여진 조건과 상황에 지나지 않는다. 만일 러시아의 혁명이 서유럽에서 중립의 태도의 영접되었다면 스탈린의 독재주의는 좀더 부드러운 것이 되었을 것이다. 1930년대에 러시아의 정치상황이 이와 같이 경화된 원인은 당시의 국제정세 중에서 찾지 않으면 안 된다. 물론 이에 덧붙여 국내적으로 농업 문제가 꼭 성공적인 것은 아니었다는 이유도 들지 않으면 안 된다. 그러나 스탈린의 악정의 희생은 너무나도 컸다. 대숙청과 더불어 강제수용소가 있었고, 또 예술, 문학, 학문 등 모든 것을 스탈린이 마음대로 움직이고 있었다는 국외의 비판이 꼭 근거 없는 욕설이라고만 할 수도 없는 상태였다. 러시아에서는 인간의 존엄성이 짓밟히고 있다는 비난도 지금에 와서 보면 어느 정도 맞았다고 말하지 않을 수 없다. 스탈린 비판의 문제는 여러 가지 파문을 일으켰거니와 우리는 그것이 '인간악'이었던가 '조직악'이었던가 또는 '상황악'이었던가 하는 근본적인 문제를 논해야 할 것이다.

즉 스탈린 개인, 또는 러시아 공산당이라는 조직은 그 자체에 있어서는 꼭 악을 찾는 것은 아니지만 어느 상황 밑에서는 악을 저지른다는 역사의 법칙을 인정하지 않으면 안 된다고 생각한다. 그런데 그것만으로는 해결되지 않는다.

여기에 인용한 부분은 스탈린이 트로츠키와 격렬한 투쟁을 하며 레닌의 후계자로서의 자기 증명을 하겠다는 야심에 찼던 시대의 그의 사고방식의 일반을 나타내는 것이다. 《레닌주의의 기초에 대하여》는 1924년에 간행된 것이다. 여기에서 볼 수 있는 스탈린의 훌륭한 태도는 그 후 스탈린의 주변에서 차차로 그림자를 감추고 말았다. 그것은 확실히 스탈린의 비극인 동시에 러시아 혁명의 큰 비극이기도 했다.

　우리들은 행복한 나라에 살고 있다. 여기에는 사랑하고 또 존경할 만한 사람이 있다. 이 나라에서는 사람에게 대한 애정은, 인간이 가진 창조적 에너지에 대한 경이의 감정에서, 사회주의적 생활 형태를 만들어 낼 자기의 한없는 근로적 · 집단적 힘에 대하여 많은 사람이 서로 베푸는 존경에서, 전국 노동자의 지도자이며 만국의 프롤레타리아의 교사인 공산당에의 애정에서 나오지 않으면 안 된다. 또 그것은 꼭 나올 것이다.

고리키[9]의 《문학론》

고리키는 처음에는 일하는 노동자에 대한 공감을 토대로 한 휴머니즘 문학가였으나 나중에 사회주의로 전향하였다. 톨

---

9) 고리키(Maxim Gor'ki, 1868-1936), 본명 Aleksei Maksimovich Peshkov. 러시아의 작가. 니즈니 노브고로드에서 탄생함. 어렸을 적에 양친을 여의고 구둣방의 심부름꾼 또는 정원사 등 여러 가지 직업을 가졌었다. 그 사이 카잔에서 교양을 쌓아 나로드니키의 혁명가와 사이가 가까워졌다. 그 후 각지를 방랑함. 《첼카시》를 발표하여 작가로서의 지위가 굳어졌고, 《밑바닥》을 발표, 호평을 받았다. 1905년에 페테르스부르크의 피의 일요일 사건에 관계되어 투옥됐다. 이어서 카프리 섬으로 이주했다. 1914년에 귀국하여 혁명 후의 사회주의 문화를 위하여 전력하였다. 병 때문에 1921년에서 1928년에 걸쳐 또다시 카프리 섬에서 생활했다. 1932년에 공산당에 입당. 작품으로는 《어머니》, 《유년시대》, 《클림 사므긴의 생애》 등의 소설 외에 희곡 《적(敵)》이 있다. 하층민의 생활을 묘사하는 데서 출발하여 프롤레타리아 문학으로 전향하고 사회주의 리얼리즘의 기초를 견고히 하였다. 1932년에는 러시아작가동맹 제1회 대회의 의장에 선출되었다.

스토이나 도스토예프스키가 "참고 견디어라"라든가, "악에 대항하는 데 폭력을 사용하지 말라"고 설교한 데 대하여 격렬한 비난을 퍼붓고 자유에의 길을 설명하였다. "인종(忍從)의 필요에 대한 설교를 무관심하게 들어 버리기에는 나는 너무나 많이 참고 견디어 왔으며 또 참고 견디지 않을 수 없었다. 이러한 설교는 나에게는 어느 것이나 적대적이며 조국에 대해서도 절대로 유해한 것이라고 생각된다." 고리키는 1907년 러시아 사회민주당의 제5회 대회 때 레닌과 친교를 맺게 되고 그 후 사회주의를 위하여 일하게 되었으나, 한때는 관념론에 마음이 이끌리게 된 적도 있었다. 레닌은 이런 경우에는 관대하게 고리키를 깨우쳐 주었다. 1921년에서부터 28년까지 이탈리아의 카프리 섬에서 병 치료를 하였다. 혁명 직후 조국을 떠난 이유에 대해서는 고리키가 휴머니즘의 입장에서 반혁명 분자로 체포된 사람들을 옹호하여 탄원하는 도수가 잦았기 때문에 레닌이 고리키에게 혁명의 현장에서 일시 물러나라고 제안했다고도 전해지고 있다. 귀국 후는 스탈린과 더불어 사회주의 건설을 위하여 적극적인 노력을 하였다. 스탈린은 문학가를 '혼(魂)의 기사(技師)'라고 불렀는데 고리키는 참으로 그 이름에 적합한 문학가였다. 고리키는 만년에 스탈린의 숙청을 보지 않을 수 없었고, 그것에 대하여 몹시 심뇌하였다. 그의 죽음은 비극적이었다.

고리키가 사회주의자가 되기 전의 문학 작품은 퍽 훌륭하였으나, 그 후의 문학은 죽었다고 비난하는 사람도 있다.

"그럼 전쟁을 피할 수는 없나요?"

최후의 순간까지 마리 바랑제는 희망을 버리지 않았다. 언니인 이자벨은 어깨를 움츠렸다. 어쩌면 저렇게 환상적일까, 마리는! 그런데다 프랑스아즈는 또 좀처럼 실험실에서 올라올 기색도 보이지 않는다…….

"시간 맞춰서는 못 오는 사람이구나……" 하고 마리는 탄식하였다. "여봐요, 이렇게 세계가 떠들썩한 때에 어떻게 일을 생각할 수 있을까요?"

상대편은 가볍게 휘파람을 불고 있다. "뭐? 일! 시험관도 그렇지만 필립 보르망 쪽에서도 붙들고 놓지 않아요……"

"이자벨! 그런 말을 하는 게 아니야. 그것에는 그것대로…… 전쟁이 되면 어떻게 될까, 필립은 어떻게 되지?"

"아아, 그것 말이야! 그것이라면 걱정 안 해. 전쟁이 되면…… 그건 그렇고, 아버지가 늦으시네!"

기묘한 것은 이자벨의 눈이 아버지 눈 그대로라는 것이었다. 그러나 교수의 파란 눈빛이 사람을 이끄는 것과는 딴판으로 이 딸의 그것은 차게 느껴진다.

아라공[10]의 〈레 코뮤니스트〉

여기 인용한 부분은 〈레 코뮤니스트〉의 첫 부분에 나오는 한 장면이다. 이 회화는 주로 바랑제 일가의 딸들이 교환한 것이다. 1939년 8월도 끝 무렵이었다. 8월 20일에 독소협정이 발표되어 프랑스 국민에게 충격을 주었다. 독일의 총부리를 러시아에 향하게 하려던 사람은 물론이지만, 공산주의국가가 히틀러와 손을 잡지 않을 것이라고 생각하고 있던 진보적 지식인도 큰 타격을 받았다. 영국과 프랑스는 1938년 9월의 뮌헨 회의에서는 독일이 체코슬로바키아의 수데텐 지방을 점령할 것을 승인하였으나, 그 후 히틀러의 침략주의가 더욱더 세력을 잡는 것을 보고 러시아의 힘을 빌어 독일을 억제하려고 1939년 2월 군사사절단을 모스크바에 파견하고 회담을 계속하였다. 그러나 영국과 프랑스는 이 회담에는 열의가 없고 도리어 히틀러와 접촉하여 러시아에 쳐들어갈 의논을 비밀히 계속하였다. 이에 스탈린이 취한 반간고육(反間苦肉)의 책략(적을 이간질시키기 위해 자기편의 고통을 돌보지 아니함)이 독소협정이었다.

독일은 배후에 대한 근심을 잊고 프랑스와 영국으로 주력을 돌리게 되었다. 또 9월 1일에는 폴란드에 쳐들어갔다. 이 정세를 보고 영국과 프랑스는 9월 3일에 선전을 포고했다. 이 전쟁은 처음에는 '기묘한 전쟁'이라고 불렸으며 독일군과 영국·프랑스군 사이에서는 전투가 일어나지 않았다. 독일이 러시아와 충돌하기를 아직도 기대하고 있었기 때문이

---

10) 아라공(Louis Aragon, 1897-1982), 프랑스의 시인, 작가, 비평가. 파리에서 탄생함. 제1차 대전 때 종군함. 전후 다다이즘을 제창했으며 얼마 후 곧 엘뤼아르 등과 쉬르레알리즘 운동을 전개하였다. 얼마 안 있어 공산주의를 신봉하게 되어 1929년에 공산당에 입당함. 1934년에 전러시아 작가동맹 창립대회에 출석한 후 〈발의 종〉, 〈양반촌〉을 발표했다. 이것들은 현대 프랑스의 전망을 그리려는 장편 소설 〈현대 세계〉의 첫 작품으로서 쓴 것이다. 제2차 대전 후의 〈오렐리앙〉, 〈레 코뮈니스트〉 등도 이것과 연관성이 있다. 한편 공산당지 〈스 소와르〉, 주간문화신문 〈레트르 프랑세즈〉 주필 노릇을 했다. 대전 중에는 종군했고 또 독일 점령 하에 있어서는 조국애를 노래한 시집 《비상》, 《엘리자의 눈동자》를 비밀 출판하고 레지스탕스 운동을 지도하였다. 전후에는 복간한 전기 2지를 주재하는 외에 전국 지식인동맹 서기장, 세계평화의회 위원으로서 활약했다. 그 외에 저항시집 《프랑스의 기상 나팔》, 저항운동의 기록 《공산주의적 인간》 및 미술평론 등이 있다.

다. 한편 주르 바랑제는 세계적인 유명한 화학자로 세계 평화를 위해 진력하였다. '인권동맹'을 위해서도 일하였다. 그런데 독소협정의 본질을 이해하지 못하고 반대 성명에 서명하고 나중에야 이 일을 후회하였다. 그는 세 명의 딸들과 살고 있었다. 이자벨은 큰 딸로서 32세이며 동생들과 같이 아버지의 일을 거들고 있었다. 학문에 대한 정열과 더불어 정치의식도 강하여 공산당에 입당하였다. 차녀인 마리는 30세이며 언니와는 다소 성격이 다른 점이 있었다. 언니는 철저한 공산주의자였으나 동생은 환상가라고 놀림을 받을 만한 점도 가지고 있었다. 프랑스와즈는 막내딸로서 25세이며 성격은 마리와 공통되는 점이 많다. 여기에 나오는 필립 보르망은 바랑제 교수의 실험실에서 일하는 사람이다.

세 사람의 여자가 모인 생활은 부친을 중심으로 회전하고 있었다. 자매는 걸핏하면 말다툼을 했는데, 그것은 다들 성질이 급한 것을 의미하는 것이었지만 사실은 세 사람 다 근본적으로는 아버지를 닮은 넓은 마음을 가지고 있었다. 그리고 하나의 사상을 철저히 규명하는 성격이었다. 전쟁이 일어난다고 하면 그것이 제일 먼저 아버지를 공격하리라고 생각하며 근심하였다. 바랑제 교수는 세계에 널리 알려진 평화의 친구였기 때문이다.

아라공은, 독소협정이 발표된 후 국제정세가 심하게 변화하여 기어이 영국·프랑스가 독일에게 선전을 포고하고 제2차 세계대전의 막이 열리기까지의 숨막힐 것 같은 역사적 순간을, 바랑제 교수의 딸들의 일상회화 중에서 잡아 본 것이다. 〈레 코뮤니스트〉는 톨스토이의 《전쟁과 평화》에 비교될 만큼 규모가 큰 작품이다. 어느 부분을 들어 보아도 강한 예술적인 가치를 보여주고 있다. 프롤레타리아 문학이나 사회주의적 리얼리즘에 입각한 문학에서 흔히 보게 되는 저속한 사실주의라는 결점도 없다. 아라공이 처음에 속하여 있던 쉬르레알리즘이나 프랑스 문학의 좋은 전통이 자연스럽게 살려져 있다.

평화 운동의 첫 시작은 어디까지나 감정적, 자연발생적이었으며 현재에도 그렇다. 이 일은 서부 독일의 '우리들은 관계없다' 운동에서 가장 확실히 제시되어 있다. 그 위에 원폭 전쟁에 반대하는 스톡홀름의 호소에 5억의 사람들이 서명한 것은 본질적으로 봐서 이 계획적인 범죄 행위에 대한 대중의 초보적 항의를 제시하고 있다. 그렇지만 대중의 초보적인 항의는 그 이전의 모든 자연적 폭발과는 질적으로 다르다. 전쟁에 대한 대중의 노여움이 이와 같이 증대된 것은 벌써 무엇인가 질적으로 새로운 것을 의미하고 있다. 그럼에도 불구하고 그 수량을 단순히 양적인 것으로 평가하는 것은 잘못된 것이다. 본질적으로 새롭다는 특징은 우리들이 폭발의 시점을 생각해 볼 적에 특히 정확하게 나타난다. 이전에는 전쟁에 대한 대중적인 노여움이 대개 전쟁이 일어나고 나서 2, 3년째에 시작되고 또 가끔 크게 패배를 맛본 뒤에 일어나는 현상이었다. 직접적으로는 전부라고 해도 좋을 만큼 전쟁 경제의 중압에 의하여 일어났다. 그랬는데 금일에는 이 대중운동이, 냉전이긴 하지만 전쟁 전에 일어났다. 이에 따라 그것은 예방적인 성격을 가지고 있으며 이미 실현된 역사적 사실에의 단순한 반응보다 훨씬 큰 의미가 있다. 이 운동의 단순한 자연발생적 또는 감상적인 일체의 예방을 위한 시험 중에는 이미 다가을 미래의 사건을 이성적 또는 의식적으로 지배하려는 의욕이 포함되어 있고 이것이 강한 동기가 되어 있다. 이 자연발생적인 것에는 2회에 걸친 세계대전의 경험이 축적되어 있다. 그것은 이성(理性)이 자연적으로 발생한 대로의 모습이며 기본적으로 새로운 모습을 제시한 것이다.

루카치[11]의 《이성의 파괴》

1956년 가을의 헝가리 내란에 대한 보도 중에서 루카치의 이름이 전하여졌다. 반란군 측의 편을 들고 한때는 문교장관의 직위에 올랐다든가 또 러시아군에 끌려갔다고도 전해졌었다. 그 후 또다시 헝가리에 돌아와 죽었다. 루카치는 한국에서는 국내 사정 때문에 번역된 것도 별로 없고 깊이 알려져 있지도 않다. 마르크스주의의 공식에 의하지 않고 그 정신을 풍부한 실증 속에 자유스럽게 발전시킨 마르크스주의 문예 이론가라는 인상이 깊다. 이후 마르크스주의 이론에 관한 루카치의 논문이 소개된다면 이 인상은 한층 정확한 것이 될 것이다. 그런데 일부에서는 그가 마르크스주의를 왜곡했

---

11) 루카치(György Lukács, 1885-1971), 헝가리의 철학자, 문학사가, 현대 유럽의 대표적인 마르크스주의 문예학자. 부다페스트에서 탄생. 독일의 여러 대학에서 철학, 미학을 전공함. 귀국 후 근대극을 자기 나라의 극단에 소개.《근대 희곡 발달사》,《소설의 이론》,《역사문학론》등으로 인정받음. 1919년에 헝가리 혁명에 가담하여 벨라 쿤 군정권의 교육인민위원이 되었다. 혁명 실패 후 비인에 망명. 나중에 모스크바로 가서 마르크스 엥겔스 연구소, 과학아카데미, 철학연구소에서 연구. 그동안 문학론, 작가론을 발표하였다. 제2차 대전 후 귀국하여 부다페스트 대학 교수가 됨. 1956년의 헝가리 폭동 때는 일시 반란군 편을 들었으나 원래 입장으로 돌아왔다. 그 밖에《역사와 계급의식》,《젊은 헤겔》등의 저서가 있다.

다는 비난도 강력하다. 루카치는 "철학의 본래 임무는 이성을 파괴하는 일체의 것에 대하여 이성을 강하게 수호하는 것이다"라고 말하고 있다. 이것은 부르조아 세계관이나 파시즘 이데올로기에 대하여 가해진 말이다. 동시에 또 마르크스주의를 왜곡하는 내부의 적에 대한 비판도 포함하고 있다. 루카치는 러시아에 망명하여 마르크스주의 이론가로서 활동하였으나, 스탈린의 그릇된 정치를 보고 마음속으로 고민을 하였다. 그의 서구적인 교양도, 또 마르크스주의자로서의 이성도 스탈린의 하는 짓을 인정할 수가 없었던 것이다.

루카치는 《사상적 자서전》 중에서 이성을 가진 마르크스주의 학자로서 얼마나 고민을 하였는가를 솔직하게 말하고 있다. 1930년대의 대숙청에 대하여 자기의 태도를 다음과 같이 말하고 있다.

"그 합법성에 대해서 나는 처음부터 회의적인 평가를 내려왔다. — 이를테면 프랑스 대혁명에 있어서의 지롱드파나 당통파 등에 대한 재판과 별로 틀린 것은 아니라고 생각해 왔다. 즉 역사적인 필요성을 긍정하는 그 합법성의 문제에 대해서는 그렇게 중요성을 인정하지 않았다. 나의 입장은 '트로츠키주의를 근절하라' 라는 암호가 만들어졌을 때 처음으로 근본적으로 변화되기도 했다. 나는 이것이 아무 죄도 없는 많은 사람들에 대한 대중적인 단죄라는 것 이외에 아무것도 아니라는 것을 처음부터 알고 있었다. 왜 내가 공공연하게 이것에 반대하는 태도를 취하지 않았는가라고 이제 질문을 받는다면 이번에는 물리적으로 불가능했다고 주장할 것이다. 왜 그러냐 하면 러시아는 당시 파시즘과의 결정적인 투쟁 직전에 있었기 때문에 확신 있는 공산주의자로서는 '좋아도 나빠도 내 당은 내 당'이라고 말할 수밖에 없었기 때문이다. '스탈린이 지도하는 당이 이 상황 중에서 무엇을 했다기로서니'라고 그 상황 중의 많은 사람들이 나와 같은 생각을 하고 있었다. — 이 투쟁에서 우리들은 이 당과 무조건 연대적이 아니면 안 되고 이 연대성은 모든 것의 위에 서지 않으면 안 되는 것이다."

이것이 이성을 가진 마르크스주의자가 취한 스탈린의 악정에 대한 태도였다. 그런데 그 악정도 독일의 파시즘을 타도하는 목적을 위해서는 용서하지 않으면 안 된다고 단념하고 있다. 여기서 중대하게 생각되는 상황이라는 개념은 주목할 만하다. 우리는 이것을 '상황악(狀況惡)'이라 이름 지었다. 훌륭한 조직도 나쁜 상황 중에서는 악으로서 일한다고 생각하는 방식이다. 루카치의 이 말은 마르크스주의자에 의한 마르크스주의의 반성을 의미한다.

최후로는 기어코 자유의 문제로 옮겨 왔다. 선진국의 자본주의 제국은 러시아에 대하여 경제면에서 뒤지지 않는 퍽 뛰어난 출발점에 섰었다. 그 위에 또 전체로서의 자본주의 제국은 경제면보다도 자유면에서 우위를 보존하는 쪽에서 더 성공을 거두었다. 확실히 러시아의 경찰국가는 임의의 체포, 재판, 추방, 총살, 노동 감옥 등과 같은 부끄러운 기록을 가지고 있다. 이 점에 대해서는 독자 여러분도 러시아의 생산이나 교육에 관한 기록보다 더 많이 알고 있을 것이다. 금후의 문제는 이상과 같은 것이 사회의 필연적인 특징인가, 그렇지 않으면 러시아의 어두운 과거나 집념 깊은 외국의 적의에 둘러싸인 후진국에서 공업을 건설한다는 곤란이나 전쟁의 위협을 끊임없이 안고 있는 세계의 긴장과 공포 등에서 주어진 것인가 하는 것이다.

이 질문에 응할 확실한 방법은 없다. 사회주의를 신봉하는 자로서 말할 수 있는 것은 단지 절망할 이유는 어디에도 없고 모두 희망에 차 있다라는 것이다. 나 자신은 자유의 면에 관한 지금까지의 러시아의 역사의 대부분을 스탈린을 포함한 개인 누구누구의 악정 때문이라고 말하고 싶은 생각은 없다. 역사를 개인의 통칭으로서 해석하려는 것은 안이에 젖은 것으로 실제로는 어떠한 설명도 되지 않는다. 그 위에 스탈린이 죽고 나서 최근까지의 수년간 러시아는 확실히 상당한 변화를 보여 왔다. 그 중에도 이 수개월 동안은 그 속도가 빨라졌다. 과거의 허다한 폐해는 2월의 제20회 대회에서 날카롭게 탄핵되었다. 그 대회 이후 얼마 가지 않아 새로운 법전이 공포되어 러시아도 개인이 아닌 법률에 의해 운영되는 정부라는 우리들의 생각과 가까워질 것이라고 말하여지고 있다.

스위지[12]의 《마르크스사회주의의 장래》

마르크스주의자라고 한마디로 말하지만 러시아의 입장과 서유럽이나 미국에서 태어나 민주주의 속에서 자라난 입장

---

12) 스위지(Paul Marlor Sweezy, 1910-), 미국의 이론 경제학자. 하버드 대학 졸업 후 런던에 유학함. 동교의 경제학부 조교수가 되고 제2차 대전 후 사임. 라스키의 페이비언적 사회주의, 진보적 이데올로기의 영향을 받았다. 케인즈 경제학의 비판을 통하여 근대 경제 이론을 극복한 마르크스주의자로서 주목받음. 유고의 사회주의에도 깊은 이해를 표시하고 있다. 1949년부터 《먼슬리 리뷰》를 편집. 주저로 《자본주의 발전의 이론》, 《사회주의》 등이 있다.

과는 어느 정도 차이가 있다. 루카치의 입장은 헝가리라는 봉건성이 강한 소국에서 태어나 러시아 기타에 망명했기 때문에 태어나면서부터 필연적으로 서구 민주주의를 몸에 붙였다고는 할 수 없다. 그러나 스위지는 미국에서 자라나 민주주의의 감각이 강력히 몸에 배어 있었고, 그 위에 미국 자본주의의 모순이나 부패를 비판하고 마르크스주의의 모순이나 부패를 비판하며 마르크스주의 학자의 길을 걸었다. 미국에서는 과학 교사에게 최저의 보수가 지급되고 있는데, 이것은 직접적으로 이윤을 끌어낼 도리가 없기 때문이다. 이것에 반비례하여 러시아에서는 다른 직업에 비교하여 최고의 보수를 받는 사회층을 이루고 있다. 사회주의 사회에서는 이와 같이 교육이나 과학이 존경을 받고 있다. 이와 같이 말하는 스위지의 태도에는 도리어 인도주의적인 점도 수반되고 있다. 미국의 자본주의에 대해 비판적인 동시에 그는 러시아의 어두운 면에 대해서도 결코 눈을 감지 않았다.

부인의 지위의 발전은 손으로 더듬을 수 있을 정도로 확실하고 눈뜬 사람이면 누구나 보지 않을 수 없다. 그런데도 아직 부인의 활동 영역을 가사와 가정에 국한하려는 여성 천직론의 설교를 우리들은 매일 듣지 않으면 안 된다. 이 천직이 선전될 때는 부인이 고급한 범위의 직업, 이를테면 고등교육, 고급 관리, 의사, 법학 또는 자연과학계의 직업을 가지려고 할 때이다. 실로 우스운 항의가 조작되어 학식이라는 이름 밑에 그럴 듯한 이유로 변호를 한다. 유식한 자라고 불리는 남성들은 최대의 불합리와 궤변을 합리화하기 위하여 과학을 내세운다. 다시 말하면 부인은 지력에서도 남자보다 못하고 지식적인 면에서도 조금도 공헌하지 않는다고 말한다. 이런 종류의 항의는 부인의 직업과 능력에 관하여 대다수의 남성이 가지고 있는 편견에 공명하는 것이기에 많은 남성의 지지를 얻을 수 있다.

베벨[13]의 《부인론》

베벨의 《부인론》은 부인 문제에 관한 문헌의 고전이며, 사회주의 사회가 되어야 처음으로 부인이 해방된다는 입장을 취하고 있다. 사회주의의 문헌으로서도 유명하다.

역사적으로 보면 부인의 지위는 고대 사회나 동양에서는 극히 낮았다. 기독교는 일부일처제를 중요시하고 부인도 남자와 마찬가지로 인간이라는 것을 이념으로 말하였다. 그런데 중세 유럽을 통하여 부인의 지위는 여전히 낮았다. 부인의 권리가 주장되기 시작한 것은 계몽사상이 성행한 무렵부터이다. 자본주의가 발달함에 따라서 부인을 하나의 노동력으로 여겨 남자와 구별하지 않게 되었다. 부인을 부엌에 얽매어 놓은 것은 봉건 사회가 많은 노동력을 필요로 하지 않았기 때문이다. 프랑스 혁명은 인간의 평등을 주장했는데 부

---

13) 베벨(August Bebel, 1840-1913) 독일의 사회주의자. 부인해방운동가. 도제, 행상인을 거쳐 선반공이 되고 노동자 교육협회에 가입함. 리프크네히트의 영향을 받아 마르크스주의자가 되고 보오전쟁에 반대. 전후에 작센민중당을 조직하여 자국의 통일을 꾀하였다. 또한 북독일동맹의회 의원, 국회의원으로 선출되었고, 1869년에는 사회민주노동당을 창립하고 노동운동과 사회주의운동을 지도하였다. 보불전쟁에 반대한 죄로 2년간 투옥, 그 후에 바로 라살레파와 합동하여 1875년에 독일사회주의노동당(독일사회민주당의 전신)을 결성함. 사회주의 금지법을 부인했기 때문에 재차 투옥. 또한 제2인터내셔널의 조직에도 공헌했다. 만년에는 수정마르크스주의까지도 포함하려고 하였다. 주저 《부인론》은 부인 문제의 고전으로 여겨지고 있다.

인의 지위의 향상에 관하여는 무관심하였다. 부인 문제가 많이 논하여진 것은 프랑스보다도 영국이었다. 이것은 영국의 시민사회가 프랑스보다도 빨리 발달하고 있었기 때문이다. 메리 월스톤크라프트(1759-97)는 부인해방론자의 선구자였다. 그녀의《부인 권리의 옹호》(1792)는 이 분야에 관한 가장 이른 문헌이다. 존 스튜어트 밀은《부인의 예속》(1869)을 썼는데, 시민 사회에 있어서의 부인의 해방을 윤리적으로 또 이론적으로 논했다.

이에 대하여 베벨은 진실한 부인 해방은 밀 등이 생각하고 있는 형태로 시행되지 않는다는 것을 역사적으로, 또 사회주의의 전망 밑에서 상세히 논하였다.《부인론》은 서두에서 '과거의 부인'을 논하고 있는데, 여기서는 원시 사회에 있어서의 부인의 지위를 논하여 처음에는 모권제도가 존재하였으나 오래지 않아 부권제도로 변하였다는 것을 밝히고 있다. 그리고 다음으로 고대, 중세, 종교개혁, 18세기의 순서로 시대에 따라서 자세한 증거를 들어서 논하고 있다.《부인론》은 부인의 해방을 역사적인 전망 속으로 이끌어내 설명한 것으로서 불후의 문헌이다. 인용한 부분 같은 것은 오늘의 한국으로 보면 너무나도 당연하다고 생각될지도 모른다. 그러나 지금으로부터 80년 전 옛날에는 혁명적인 생각이었던 것이다.

어떠한 결혼도 연애가 수반되어 있으면 그것은 도덕적인 것이다. 그러나 비록 완전한 법률상의 수속을 거쳤더라도 그것에 연애가 동반되어 있지 않으면 그 결혼은 부도덕적인 것이다. ― 엘렌 케이[14]

케이의 입장은 베벨과는 달리 시민사회에 사는 한 사람의 시민으로서 여성의 자각을 촉구한 것이다. 개인의 존엄을 설명하고 연애를 사회 제도나 전통적인 도덕을 초월한 것으로 생각하였다. 일종의 연애신성론이다. 연애 감정을 극단적으로 중시했다.

예를 들자면 결혼 생활에 있어서 이 감정이 감퇴한 경우에는 이혼하지 않으면 안 된다고 생각한다. "연애가 없는 결혼을 계속하는 것은 부도덕이다." 부부 사이에 어린애가 있을 경우에는 부부인 것을 중지한 남녀가 이들을 양육할 의무가 있다. 그러나 어린애를 양육하기 위하여 서로 사랑하지 않는 남녀가 부부일 필요는 없다. 이런 경우에는 자유롭게 이혼을 해야 할 것이다. 자유연애에는 물론 폐해가 있다. 그러나 사랑이 없는 결혼 생활이 초래하는 폐해에 비하면 이것은 그 수에 있어서 비교도 안 된다. 연애에 대한 이러한 사고방식은 시민 사회의 결혼 생활이 안고 있는 기만성을 강력히 폭로한 것이다. 법률적으로 완전한 결혼이라도 연애가 없으면 그것은 도덕에 어긋나는 것이라고 주장한다.

이 사고방식은 연애지상주의라고 비난을 받은 일도 있다. 그러나 비난하는 사람들은 사랑이나 성의 문제를 극히 차원

---

14) 케이(Ellen Karolina Sofia Key, 1849-1926), 스웨덴의 여성해방론자. 스몰란드에서 탄생함. 젊었을 때부터 부인해방운동의 기관지에 기고했으나 가정 불화 때문에 한때 교사가 되기도 했다. 후에 부인아동운동을 하며 저술에 전념하여 생물학적 진화론을 근거로 교육 문제, 부인 문제를 논함. 《생활선》(영역 《연애와 결혼》)에서 기독교적인 결혼관을 부정하고 자유연애와 자유결혼을 주장했다. 그 밖에 《부인운동》,《아동의 세기》 등이 있다.

낮은 것으로 생각하였다.

프랑스 혁명 때에도 부인들은 일을 하였으나 그들의 임무는 보조적인 것이었다. 그러나 이에 반하여 러시아 혁명 때는 부인들이 처음부터 적극적인 역할을 수행했다.

— 콜론타이[15)

프랑스 혁명의 당사자들은 부인의 해방에 대하여 그렇게 진실한 생각을 갖지 않았다. 이에 반하여 러시아 혁명 때에는 남녀의 평등이라는 것이 강력히 주장되었다. 콜론타이는 혁명의 시대를 통하여 부인이 사회적으로나 정치적으로나 남성과 동등한 능력을 나타내 보였음을 강조한다. 부인은 적군(赤軍)에도 참가했다. 부인노동자는 제정 시대에 비하면 급격히 증가하였다. 부인이 노동하고 생활이 윤택하여짐에 따라서 매음은 대폭적으로 감소되었다. 혁명 후의 러시아에서는 남편이나 연인으로부터 노예와 같이 양육되는 여성은 없어졌다. 남편은 이미 가장이 아니었다. 가정은 남편과 아내에 의하여 경제적으로 유지되는 단위로 되었다. 러시아 혁명이야말로 부인을 완전히 해방시킨 것이다. 이렇게 콜론타

---

15) 콜론타이(Aleksandra Mikhailovna Kollontai, 1872-1952), 러시아의 부인혁명가, 외교관, 작가. 육군 장성의 딸로 태어나 취리히 대학에서 수학. 1898년 사회민주당에 입당. 후에 볼셰비키에 가입. 한때 구미로 망명함. 혁명 후에는 공산당 중앙위원, 동(同) 부인부장, 코민테른의 집행위원이 됨. 또한 세계 최초의 여성 외교관으로서 1923년 이후 노르웨이, 멕시코, 스웨덴 공사 및 동 대사를 역임함.《경제의 진화에 있어서의 부인의 노동》,《새로운 부인》등 부인 문제에 대한 평론 외에《붉은 사랑》기타의 소설이 독서계를 떠들썩하게 했다.

이는 주장한다.

콜론타이의 연애관은 '붉은 사랑'으로서 그릇되게 전하여졌다. 그것은 성적 방종을 의미하였다. 혁명의 시대에는 남녀의 성행위는 한 그릇의 물을 마시는 것과 같은 의미밖에 없다. 일부일처제는 부르주아 연애관에 지나지 않는다. 그것에 영원히 얽매일 필요는 없다. 프롤레타리아의 연애와 결혼은 대담하고 자유스럽지 않으면 안 된다. 그러나 러시아의 콜론타이도 차츰 생각을 고치지 않을 수 없었다. 현재에는 결혼도 이혼도 그같이 자유롭지는 않다. 이것은 여성이나 어린애를 보호하기 위한 당연한 정책인 것이다.

자유는 이미 전세기 초 제세대에 의하여 쟁취되었던 때처럼 순결하고 견고한 처녀는 아니다. 현재 역사의 새로운 새벽에 등장하는, 고정되어 있지 않고 적극적이며 사물에 구애됨이 없는 청년은 자기네들을 마음속으로부터 한층 더 힘차게 움직이게 해주는 것으로서 질서, 계급, 규율이라고 하는 말을 사용한다.

— 무솔리니[16]

파시즘은 제1차 세계대전 후에 각국에서 유행한 정치 이념이다. 전쟁으로 인하여 상처를 받았든가 또는 사회적인 혼란에 빠져 있던 나라에서 유행하였다. 우선 이탈리아에서 정치 권력을 확고히 하고 잇따라 독일, 스페인, 발칸 제국에 파급되었다. 파시즘의 정치 이념은 전체주의라고도 일컬어진다. 이 주의를 토대로 하는 국가는 전체 국가이며 지도자 원리에 의하여 통치된다. 전체주의에 공산주의를 포함시키는 사람도 있으나 보통은 파시즘만을 의미한다. 파시즘은 민주주의를 적으로 생각하고 있으나 민주주의측에서도 파시즘을 적으로 간주하고 있다. 제2차 세계대전은 영국, 미국, 프랑스 등의 민주주의가 독일, 이탈리아, 일본 등의 전체주의와 싸운 전쟁이라고 말하여지고 있다.

파시즘은 이탈리아에서 탄생했다. 그 이유는 제1차 세계대전 후의 이탈리아는 전승국임에도 불구하고 사회적인 혼란 속에 휩쓸려 사회주의자나 무정부주의자가 혁명을 기도하는 등 혼란이 더욱 심해져 있었기 때문이다. 혁명을 목표로 하는 축에서도 이 혼란에 통일을 부여할 수는 없었다. 당시 소시민이나 지주들은 어떠한 권위에 의지하여서든 사회적 안정이 이루어지기를 바라고 있었다. 이 기분은 노동자나 농민들 사이에서도 마찬가지였다. 무솔리니는 이러한 세력을 배경으로 파시즘을 일으켜 세운 것이다. '자유가 아니라 질서, 계급, 규율'이라는 것이 그의 구호였다.

---

16) 무솔리니(Bonito Mussolini, 1883-1945). 이탈리아의 정치가, 파시스트 당의 영수. 폴리 주의 대장장이의 아들로 태어남. 사범학교를 졸업. 소학교 교원이 되고 사회주의 운동에 참가함. 한때 스위스에 감. 나중에 체포되어 오스트리아로 망명. 1912년에 밀라노 사회당 기관지 〈전진〉의 주필이 되었으나 제1차 대전이 돌발하자 참전을 주장하여 제명당함. 〈이탈리아 인민〉지를 발간. 지원병으로서 참전하고 전후에는 반공적 국가주의 단체를 규합하여 파시스트당을 결성하였음. 1922년의 쿠데타에 의하여 정권을 획득, 독재적 권력을 장악함. 제국주의적 외교 정책을 취하여 이디오피아, 알바니아를 병합. 그간에 국제연맹에서 탈퇴하고 스페인 내란에서는 프랑코 정권을 돕고 일본·독일과 동맹을 맺었다. 이와 같이 해서 신로마제국의 꿈을 실현하려고 했던 것이다. 1940년 연합국에 선전 포고. 전황이 악화되어 43년 7월에 사직. 후에 체포되었으나 독일군에 의하여 구조되었다. 이탈리아 항복 후에 고모 호반에서 빨치산에 의하여 학살됨.

무솔리니가 1937년에 히틀러를 만나다.

파시즘은 인간은 탄생할 때부터 평등한 것은 아니라는 사고방식에서 출발하고 있다. 서구 민주주의의 평등의 원리를 근본적으로 부정한다. 평등의 원리에 입각한 자유라는 사고방식에 대해서도 강력히 부정한다. 지도자와 지도를 받는 사람으로 구성되는 정치 지배체제를 세웠다. 이것은 민주주의의 근본적인 부정이며, 봉건시대의 군주와 영민(領民)의 관계와 유사하다. 국민을 중히 여기는 생각을 물리치고 국가가 국민을 만드는 것이라고 주장한다. 요컨대 국가전체주의인 것이다.

민족적인 세계관은 인류의 의의를 종족적 요소 속에서 인정한다. 이 세계관은 원칙적으로 국가를 단지 목적을 위한 수단으로밖에 생각하지 않는다. 그리고 국가는 인류의 종족적 존재의 보존을 목적으로 한다고 생각한다. 문화의 가치를 형성하는 힘은 본질적으로 종족적 요소에 기초하는 것으로서, 이러한 뜻에서 국가는 종족의 보존과 향상을 최고의 임무로 하지 않으면 안 된다.

히틀러[17]의 《나의 투쟁》

히틀러의 나치즘은 무솔리니의 파시즘과는 달리 국가전체주의가 아니고 민족전체주의이다. 민족은 '피와 흙'으로 이루어진 공동체이며, 개인은 그 공동체에 봉사하지 않으면 안 된다. 인종과 민족의 개념이 나치즘의 근본 사상을 이루고 있다. 이것이 최고의 가치인 것이다. 개인주의, 자유주의, 민주주의, 마르크스주의는 부정당하였다. 마르크스주의의 계급투쟁사관을 부정하고 세계사는 민족과 민족간의 싸움의 역사라고 생각하였다. 열등한 민족은 우월한 민족에게 지배당한다. 가장 우월한 민족은 아리안 인종과 북방 게르만인이

---

17) 히틀러(Adolf Hitler, 1888-1945), 독일의 정치가. 나치스의 당수. 북오스트리아의 소세관리의 집에 태어났다. 뮌헨에서 입대, 제1차 대전에 출정하여 부상당함. 전후에 반혁명운동에 참가하여 1919년에 독일 노동당에 입당함. 당세를 확장하고 국가 사회주의 독일노동당 나치스로 개명했을 때에 그 당수가 되어 반동적 국수주의 운동에 전심했다. 뮌헨에서 사건을 일으켰으나 실패하여 투옥되고 옥중에서 《나의 투쟁》을 썼다. 세계공황 후에 나치스는 제1당으로 됨. 1933년에 수상이 된 뒤 바로 국회방화사건을 조작하여 공산당 탄압의 구실로 삼았다. 힌덴부르크 대통령의 사후에는 총통으로서 독재 정치를 행하여 침략 정책을 추진. 제2차 대전(39년에 선전)에서 연합군에 패하여 항복에 앞서 전사, 혹은 자살했다고 전해진다.

며 그 중에서도 독일 민족이다. 지상의 인류 문화나 문명은 아리안 인종에 의하여 유지되고 있는 것으로, 황색 인종은 달빛과 같이 아리안 인종의 문화나 문명을 반영하여 빛나고 있음에 불과하다. 나치즘의 민족관은 이상과 같이 극히 편협한 것이었기 때문에 유태인에 대한 배척이나 박해가 정책으로 이행되게끔 되었으며, 그 결과로 4백만의 유태인이 몰살당하는 것과 같은 금세기 최대의 비극이 발생하였다. 유태인에 대한 유럽인의 반감은 중세 이래로 강하였다. 히틀러는 이점을 이용, 모든 악을 유태인이라는 희생양에 뒤집어 씌워서 전체주의 국가의 위기를 극복하려고 하였던 것이다. 독일은 제1차 세계대전의 책임자로서 영국이나 프랑스로부터 압박을 당하고 있었는데, 그것을 떨쳐 버리기 위하여 히틀러를 지도자로 택했던 것이다.

오늘날 우리들에게 있어서 국가는 이미 만인이 무릎을 꿇고 숭배하는 것과 같은 하나의 우상은 아니다. 국가는 목적이 아니며 민족의 보존을 위한 한 수단에 불과하다. 여러 가지 수단 중의 한 수단에 지나지 않는 것이다.

로젠베르크[18]의 《20세기의 신화》

---

18) 로젠베르크(Alfred Rosenberg, 1893-1946). 독일의 정치가, 나치스 독일의 이론적 지도자. 에스토니아서 출생. 모스크바 대학 졸업. 나치스에 입당하여 1921년에 당기관지의 편집장이 됨. 그 후에 외교를 담당함과 동시에 게르만 민족의 우수성을 역설하여 나치스의 선전가로서도 활동했다. 독소 개전에 임하여 동부 점령지의 행정장관이 됨. 전후에 뉘른베르크 국제 재판에 의하여 교수형을 당함. 주저로는 《20세기의 신화》가 있다.

로젠베르크는 나치즘에 인종론 이론을 제공하였다. 19세기경부터 아리안 인종이나 게르만인이 타민족에 비하여 우수하다는 것이 설명되어 왔다. 로젠베르크는 이 설을 이용하여 독일 민족의 우수성을 증명하였다. 인도, 페르시아, 그리스, 로마 등이 몰락한 것은 아리안 인종의 피가 흐려졌기 때문이라고 생각하였다. 또한 러시아의 공산주의는 몽고인이 행한 일로서 게르만인에 대한 내습이라고 진술하였다. 이러한 세계관에 섰을 때에 고대, 중세, 근대라고 하는 이제까지의 역사구분은 그 뜻을 상실하고 민족 · 인종간의 싸움이 역사를 이루는 것으로 된다. 이 일을 수행하는 것이 지도자라고 로젠베르크는 주장했다. 이 점에서는 무솔리니의 사고방식과 동일하다. 단지 전체국가의 사상만은 배척했다. 민족의 정치적인 생활 형식이 국가이고 민족은 국가의 상위에 서는 것이다. 요컨대 무솔리니의 전체 국가 사상을 부정하고 국가의 전체성이 아니라 인종과 민족의 전체성을 강조한 것이다.

진실한 개인의 자유는 경제적 안정과 독립이 없이는 존재하기 불가능하다는 사실을 우리들은 확실히 자각하기에 이르렀다. '빈민은 자유민이 아니다' 라고 한다. 기아에 시달리며 직업이 없는 사람들이 바로 독재제를 만들어 내는 재료인 것이다.

루스벨트[19]의 《자유》

루스벨트는 태평양 전쟁 중에 돌연 사망하였다. 1933년에 대통령에 취임하고 '뉴딜 정책' 을 행하여 미국의 자본주의를 수정하였다. 혁명이라는 입장에서 본다면 어느 정도 미지

근한 것이나, 미국 민주주의의 대수술을 행하여 그 생명을
연장함에 있어서는 훌륭히 성공한 정책이었다. 그 민주주의
도 관념적인 것이 아니라 경제의 이면에 착안했던 것이다.
그는 자기가 중간보다는 약간 좌경했다고 말하고 있었으나
자유롭고 활달한 민주주의자로서 활동하였다. 미국 민주주
의 전통 중에서 가장 좋은 부분을 살린 훌륭한 정치가이다.

(원자핵 에너지에 관하여) 실로 장기간 하느님의 깊으신 은혜로
말미암아 인간에게 부여되지 않고 있던 자연의 비밀한 이 계시는,
이행하는 힘이 있는 모든 인간의 정신과 양심에 가장 엄숙한 반성을
불러일으키지 않으면 안 된다. 이 무서운 작용이 세계 여러 나라 사
이에 평화에의 인도가 될 수 있도록, 또한 지구 전체에 예측할 수 없
는 황폐를 가하는 대신에 세계 번영의 영원한 근원이 되도록 마음으
로부터 빌지 않으면 안 된다.

---

19) 루스벨트(Franklin Delano Roosevelt, 1882-1945), 미합중국 32대 대통
령. 뉴욕 주 하이드파크에서 탄생. 하버드 · 콜럼비아 대학을 졸업한 후
변호사가 됨. 주상원의원으로서 민주당 진보파를 지도. 윌슨 대통령 정
부에서 해군 차관이 되고 베르사유 회의에도 수행함. 민주당에서 부통령
으로 입후보했으나 낙선, 이때에 소아마비에 걸려 일시 정계에서 은퇴
함. 1928년 뉴욕 주지사로서 제반 개혁을 행하고 1932년 공황이 최악인
상태에서 대통령으로 당선됨. 바로 공황의 평화적 해결에 착수. 뉴딜 정
책을 채택했다. 전국산업부흥법 및 농업조정법으로 강력한 산업 통제를
실행함. 또한 실업 구제 사업, 테네시 계곡 치수개발공사를 설치. 사회
보장제도에도 힘을 기울였다. 그 후에 종래의 기록을 깨뜨리고 4기 연속
대통령을 연임하며 뉴딜 정책을 촉진시킴. 유럽의 전체주의에 반대함. 2
차 대전에 이르러 처칠과 대서양헌장을 만들고 전쟁 수행을 꾀함. 나아
가 카사블랑카, 카이로, 테헤란, 얄타의 제회담을 주최하고 국제연합에
의한 인류의 자유, 영구 평화의 확립에 진력했다. 전쟁 종결 직전에 급
사함.

처칠은 뛰어난 현실주의자였다. 루스벨트와 같은 이상가와는 조금 경향을 달리하고 있다. 그러나 여기에 인용된 말은 원자폭탄이 히로시마에 투하된 날에 한 발언이다. 미래를 내다보는 직감력의 예리함에 놀라지 않을 수 없다. 그 다음 해에는 원자폭탄에 대하여 그것이 인류의 완전한 파멸을 초래할지도 모른다라고도 말하였다. 이렇게 처칠은 세계 평화에 대하여 깊이 우려하고 있었다. 그는 언젠가 이러한 말도 했다. 정부라면 잘할 것이라서가 아니라 다른 아무도 하지 않기 때문에 할 수 없이 정부가 손을 대지 않으면 안 될 일이 몇 가지 있다라고. 세계 평화에 대해서도 같은 식으로 생각하고 있었다고 믿어진다.

---

20) 처칠(Sir Winston Leonard Spencer Churchill, 1874-1965), 현대 영국의 정치가. 같은 정치가였던 랜돌프 처칠의 장남으로 탄생함. 육군사관학교를 졸업하고, 쿠바 · 인도의 변경과 아프리카에 출정. 종군기자로서 문명을 얻음. 남아전쟁 중에도 〈모닝 포스트〉지의 보도원으로 활약, 체험기를 발표함. 1900년 보수당의원으로서 하원에 들어갔으나, 챔버린의 관세개혁에 반대하여 1904년 자유당으로 전신했다. 각 내각의 식민차관, 상무원 총재, 내상, 해상을 역임. 제1차 대전 중에 작전상의 실패로 한때 사직했으나 바로 군수상으로 재입각하여 전후에는 육상 및 항공상 그리고 식민상을 역임했다. 1922년 총선거에 패배하여 인퇴하고 《대전 회고록》을 저술했다. 후에 재차 보수당에 입당하여 재상으로서 금본위제도를 부활시킴 . 1929년부터 10년간은 제1선에서 물러나 비판자의 위치에 있으면서 나치스의 대두를 경고했다. 제2차 대전이 발발하자 해상이 되고 계속하여 수상, 국방상을 겸하여 난국을 극복하고 전쟁을 연합국의 승리로 이끌었다. 전후 수년간은 노동당에 정권을 이양했으나 51년부터 55년 인퇴할 때까지 수상으로 있으면서 대미협력, 반공정책을 촉진시켰다. 뛰어난 문필로 《제2차 대전 회고록》, 《세계의 위기》 등의 저서를 내 53년 노벨 문학상을 수상. 풍경화가이기도 했다.

나라고 해서 오이디푸스 콤플렉스가 어린애의 양친에 대한 관계의 전부를 말하고 있다고 주장하는 것은 아니다. 이 관계가 이 이상 복잡한 경우도 얼마든지 있다. 거기에 또한 오이디푸스 콤플렉스가 다소나마 강하게 도야되어 있으며 또한 그 자신이 전도되어져 있을 때도 있다. 그러나 그것은 어린애의 정신 생활에서 일반적으로 볼 수 있는 대단히 중요한 인자(因子)이다. 많은 사람들은 이 콤플렉스 그 자체를 과대평가하기보다는 오히려 콤플렉스의 영향과 거기에서 생겨나는 발전의 영향을 과소평가하는 위험을 저지르기 쉽다.

프로이트[21]의 《정신분석 입문》

프로이트의 '정신분석'은 다윈의 '신화론' 등과 비교될 만한 획기적인 학설이다. 그때까지의 심리학은 심층심리에 파고들어갈 수가 없었다. 또한 성욕을 심리학적으로 취급하는 법이 거의 없었다. 성욕은 천시되어야 할 하등(下等) 욕망으로 인식되어 될 수 있는 한 손을 대지 않았다. 여기서 프로이트가 인간의 충동이나 행위의 대부분이 유년 시대부터의 성욕에 의하여 지배되는 것이라고 설명한 것이다. 반발은 강하였다. 그것은 '진화론'의 경우와 마찬가지였다.

---

21) 프로이트(Sigmund Freud, 1856-1939), 오스트리아(유태계)의 신경병학자, 정신분석학자. 빈 대학을 졸업. 1902년 동대학의 교수가 됨. 파리에서 샤르코에게 사사하고 최면술에 의한 히스테리 치료를 시도하였으나 후에 자유연상법을 쓸 무렵쯤 되어 정신분석학을 이룩했다. 꿈의 해석에서 심리 현상의 무의식 기제(機劑)를 명확하게 한 것으로부터 이른바 심층심리학을 창시함. 그의 범(汎)성욕설은 최초에는 공격의 대상이었으나 차츰 정신병학, 변태심리학 및 사회학계에까지 커다란 충격을 주었다. 나치스에 쫓겨 만년에는 영국에서 지냈다. 《일상 생활의 정신병 원리》, 《정신분석입문》 등의 저서가 있다.

오이디푸스 콤플렉스란 어린애가 이성의 어버이를 따르고 동성의 어버이는 싫어하는 심리적 경향을 말하는 것이다. 프로이트는 어린애에게 있어서의 성욕의 존재를 인정하고 이 현상을 일종의 연애 관계로 간주했다. 세 살부터 여섯 살까지의 어린애에게서 볼 수 있는 현상이다. 남자 아이는 어머니를 따르나 그것은 모친을 연인으로 생각하기 때문이고 그 연인을 뺏는 자로서의 부친은 일종의 연적이 된다. 프로이트는 이 경향을 그리스의 비극 〈오이디푸스 왕〉 속에서 찾아내고 오이디푸스 콤플렉스라고 이름 붙인 것이다.

오이디푸스는 테베 왕 라이오스와 이오카스테 사이에서 태어나서 장래 부친을 살해한다는 신탁이 있었기 때문에 산중에 버려졌다. 코린트 왕이 주위다가 양육했다. 오이디푸스는 후에 부친인 줄 모르고 라이오스를 살해하고 만다. 스핑크스의 수수께끼를 풀고 테베 왕이 되어 모르는 사이에 이오카스테와 결혼한다. 그러나 머지않아 오이디푸스 왕은 자기가 모친과 결혼했다는 것을 알게 되어 양눈을 파내고 방랑의 길을 떠난다. 모친은 목을 매달고 죽어 버린다. 이 이야기는 기묘한 이야기를 조작해 놓은 것이 아니라 인간의 마음 바닥에 숨은 원망이 전설화되고 이에 근거해서 비극으로 씌어진 것이다.

프로이트는 히스테리 및 그 외의 신경증의 원인이 억압된 성욕에 있다고 생각하고 자유연상법 기타의 정신분석요법을 행하여 성공하였다. 정신분석요법은 현재 미국 같은 곳에서 왕성하게 행하여지고 있다. 또한 문예 방면에도 영향을 주어 제임스 조이스, D.H.로렌스, 울프, 오닐, 프루스트 등의 '신심리주의 문학'에 이론적 근거를 주었다. 이 유파의 작가들이 즐겨 사용한 '의식의 흐름' 이란 수법은 심층심리 속에 흐르고 있는 의식을 표현하는 것이었다. 프로이트의 정신분석은 인류 문화의 본질도 예리하게 조명하였다. 정신분석이란 관점에 서서 인간과 세계의 모든 것을 일원적으로 설명하려고 하였다. 프로이트가 말하는 성욕은 '리비도' 라고 불리며 보통 말하는 성욕보다는 넓은 범위의 것이다.

현재 동양이 2차적인 지위에 있다는 것은 역사의 단계에 있어 극히 짧은 시간에 불과하며 상대적 빈곤과 박탈의 일기간에 한정되어 있다. 그러나 우리들은 심중히 생각하여 경시해서는 안 된다. 혹시 모든 계급을 위한 세계 평화가 존재한다면 그것은 전인류의 복지와 번영과 연결되어 있지 않으면 안 된다. 그리고 이 번영을 달성하기 위해서는 자동식 공장과 같은 새로운 기술의 발전이 중요한 역할을 하리라고 믿어진다. 확실히 새로 기술계에 들어가는 사람들에게는 선대가 전력을 기울여 싸운 그 싸움을 통해서 얻은 최량 최신의 기술을 직접 이용할 수 있다는 이익이 있다. 일본과 같은 나라에는 제2차 산업혁명이 너무나도 늦게 올 것이다. 그러나 자동식 공장에 의한 제2차 산업혁명은 전 인류의 미래에 공헌을 하게 되리라. 그리고 제2차 산업혁명이 비참한 결과로 되지 않기 위해 이 문명의 위대한 연쇄를 말살하지 말고 보존하는 방향으로 나아가기를 바라 마지않는다.

위너[22]의 《인간 기계론》

'사이버네틱스(Cybernetics)' 란 그리스어로 '키잡이' 라는 뜻으로, 통신과 제어(制御)의 이론이다. 기계의 자동제어 장치와 인간의 자율신경 기능과의 사이에서 공통의 요소를 찾아낸 것으로, 처음에는 계산기의 원리로부터 착상됐다. 위너가 말하는 '정보(인포메이션)'라든가 '자동제어' 등은 프로이트의 '리비도' 등과 같은 지금까지의 개념을 확대한 것이다. 이 이론에 근거하여 오토메이션이 실현되었다. 현재로서는 오토메이션에서 전자공학의 발달이 큰 역할을 하고 있다. 전자계산기 등이 그 일례이다. 또한 전자공학을 극도로 이용한 번역기계 등도 실험 제작 중에 있다. 이런 종류의 기계는 인간의 두뇌 노동을 대신하고 있다. 오토메이션의 대표적인 예다.

이 밖에도 기계의 조작에 의하여 인간의 육체 노동을 대신할 뿐 아니라 자동적으로 정보를 처리하고 판단을 내리는 기계가 연구 중에 있다. 이것은 인간의 두뇌 노동의 일부분을 대행하는 것이다.

오토메이션은 단순한 기계화만은 아니다. 기계는 인간의 육체 노동을 대신하나, 오토메이션은 인간의 두뇌 노동을 대

---

22) 위너(Norbert Wiener, 1894-1964), 미국(유태계)의 수학자. 수학자로서 뛰어난 천분을 가졌던 아버지의 교육을 받은 후에 하버드 대학에 입학, 18세에 박사 학위를 획득함. 영국에 유학, 케임브리지에서 러셀 등의 밑에서 수리철학, 수학을 배우고 다음에 독일의 괴팅겐 대학에 입학했다. 제1차 대전 때에 미군에 자원하고 전후에는 〈보스턴 헤럴드〉지의 기자가 됨. 유태인이기 때문에 교직에 취임하기가 어려웠으나, 1934년 이래 MIT의 교수로 근무했다. 실함수론(實函數論), 조화해석 (調和解析), 급수론(級數論) 등을 연구, 확률론의 해석학적 연구에 공헌했다. 제2차 대전경부터 계산기계, 통신 자동제어 등의 이론 개척에 노력. 사이버네틱스의 주도자가 되었다. 《푸리에 적분과 그 응용》, 《사이버네틱스》 등의 저서가 있다.

폭적으로 대행하는 것이라고 말해진다. 오토메이션의 토대가 되는 이론이 사이버네틱스이다. 사이버네틱스는 금후 발달할 새로운 이론으로 현재는 아직 첫걸음을 디뎠을 정도이다. 장래에 이 이론이 보다 더 정밀하게 발달하면 사회 조직에 큰 영향을 가져오리라. 위너는 프로이트와 함께 유태계이다. 양자의 이론에는 무엇인가 공통된 것이 있다. 그것은 종래의 전통적인 사고방식에 대한 근본적인 반역을 시도한 점과, 또 하나는 자기의 이론에 의지해서 일원적으로 세계와 인간을 해석하고 변혁하려고 노력한 점이다.

과학자는 자연의 사실에 엄숙히 복종하지 않으면 자기의 목적에 도달할 수 없다. 그러나 여기에서 말하는 복종이란 수동적 행복은 아니다. 모든 자연과학자들의 일, 즉 갈릴레이나 뉴턴, 맥스웰이나 헬름홀츠, 프랑크나 아인슈타인의 업적은 단순히 사실을 집합시킨 것은 아니었다. 그것은 이론적인, 요컨대 건설적이라는 뜻을 가진 그런 일이었다. 이 자발성과 생산성은 모든 인간 활동의 진실한 핵심을 이루는 것이다. 그것은 인간의 최고의 힘이며 또한 동시에 인간 세계의 자연 경계를 표시한다. 언어에 있어서, 종교에 있어서, 예술에 있어서, 과학에 있어서, 인간은 인간 그 자신의 우주를 쥘 수 있을 뿐이다. 그것은 인간이 인간으로서의 자기 경험을 이해하고 해석하는 것, 분석하고 조직하는 것, 종합 보편화하는 것을 가능하게 하는 상징적인 우주이다.

카시러[25]의 《인간론》

카시러는 신칸트파의 한 사람이다. 그는 자연과학을 관념론적으로 이해했다. 질량, 힘, 원자, 에테르, 에너지, 공간, 시간 등의 개념은 실체에 대한 표현이 아니라 현상의 가지가지 변화에 법칙과 질서를 부여하기 위한 수단에 지나지 않는다. 이것은 신칸트파의 관념론을 철저히 추구한 결과이다. 《상징적 형식의 철학》은 신화와 언어와 과학을 인간의 정신 발전의 상징적인 형식으로 보며 서로 연결되어 있는 것으로 생각하고 있다. 결국 인간을 '이성적 동물'이라고 간주하는 합리주의의 입장을 배척하고 '상징을 조종하는 동물'이라고 규정한 것이다. 인간은 인간이나 세계를 상징으로서 받아들이고 이 상징에 의거해서 행동한다. 과학은 인간 정신 발달의 최후 단계이며 또한 인간 문화의 최고의 것이라고 생각되어진다. 그러나 그것은 합리주의의 입장에서 과학을 본 것이 아니라 과학을 상징으로서 받아들인 것이다. 여기에 인용한 과학자에 대한 생각도 이러한 입장으로부터 나온 것이다. 여기서 상징이란 사물의 본질을 가리키는 표시로 생각해도 좋다. 문학에 있어서의 상징주의와 거의 같으나 그것을 극단까지 밀고 간다. 인간이 인간이나 세계를 이해할 때에 상징으로서 받아들인다고 생각한다. 프로이트나 위너와 같이 카시

---

23) 카시러(Ernst Cassirer, 1874-1945), 독일의 유태계 철학자. 마르부르크 학파의 한 사람. 1906년 베를린 대학의 강사가 됨. 1919년부터 1933년 나치스가 정권을 획득할 때까지 함부르크 대학에서 철학을 강의함. 후에 옥스포드 대학 교수, 스웨덴의 예테보리 대학 교수를 거쳐 1941년에 미국으로 망명하여 예일 대학, 콜롬비아 대학의 교수로 근무했다. 독자적 인식론을 가지고 철학에 자연과학적인 기초를 부여하고 정신과학의 영역에도 빛을 주었다. 칸트 전집 11권을 편찬. 저서로《인식의 문제》,《상징적 형식의 철학》,《인간론》이 있다.

러도 또한 유태계이
다. 3자에 공통되는
일원적인 해석, 이것
은 과연 우연의 일치
일까?

사회 문제는 이미 계
급 투쟁으로써는 해결
되지 않는다. 투쟁은 부
정적인 것이며 가까운
장래에 파괴로 이끌 것
이다. 그러나 호의와 협
력은 적극적이며 보다
나은 미래를 건설하기
위한 단 하나의 안전한
지반을 부여한다. 가령
모든 계급이 완전히 서
로 신뢰하며 국민 전체
가 사회 정세의 영속적
개선에 협력하고자 본
심으로부터 원하며 협

1897년 라이프치히에서 간행된 난센의
《밤과 얼음 사이에서》.

의한다고 하자. 그렇게 된다면 그때에 처음으로, 아니 그때에 한해
서만 사회의 모든 부분에 이익을 주는 하나의 협정을 만들 수 있을
것이다. 국민은 그 나라의 자연의 가능성과 어떠한 직업을 요구하는
가, 그 직업과 그 직업이 초래하는 이익이 어떻게 하면 가장 공평하

게 여러 계급이나 민중 사이에 분배될 것인가라는 것에 대해서 냉정히 검토하지 않으면 안 될 것이다.

난센[24]의 《나의 인생관》

난센의 사고방식은 꼭 이론적이지는 않다. 마르크스주의의 '계급투쟁설'을 반박한 것도 아니다. 이 말은 단지 난센이 현실의 비참성에 대하여 묵시할 수가 없어 대규모의 구제운동에 나섰다는 사실을 뒷받침해 준 말로 듣지 않으면 안 된다. 그는 탐험가일 뿐만 아니라 학자이며 정치가였으나 동시에 그 모든 것을 넘어서 휴머니스트였음을 강조하고 싶다.

나는 러시아가 위기에 처해 있다는 것을, 또한 만약에 러시아가 망한다면 세계의 프롤레타리아뿐만 아니라 모든 사회적 또는 개인적 자유도 굴복하고 말 것이라는 것을 유럽의 모든 자유인을 향하여 충고하고 싶다. 세계는 그때에 여러 단계나 더 퇴보할 것이다. 그리고 유럽 제국의 민중은 내일이라도 제국주의적인 금권이 지배하는 전재에 휩쓸릴 것이다. 형제들이여, 서로가 상하는 전쟁을 그만두자. 러시아 혁명은 근대 유럽의 가장 위대하고 가장 강력하고 가장 풍부한 힘을 나타내고 있다. 러시아 혁명을 구원하자 ! 적은 문턱에 서 있다. 여러 제국 사이의 싸움. 유럽의 자유의 수호를 담당하자!

— 로망 롤랑[25]

롤랑은 러시아 혁명을 처음부터 지지하고 있었다. 제1차 대전에 종시 반대하고 있었으니 당연한 일이었다. 그는 러시아 혁명의 역사적 필연성을 믿고 이 혁명이 인류 사회의 강한 전위라고 믿었다. 이 혁녕은 프랑스 혁명을 이어받는다고 말하고 그렇게 생각하였다. 프랑스 혁명에도 어두운 면이 있었으나 원칙적으로는 정당하였다. 동일한 것을 10월혁명에 대해서도 말할 수 있다고 보았다. 인용한 부분은 1927년 3월 20일 프랑스 무정부주의자들의 기관지 〈리베르테르〉에서 그에게 러시아에서 정치적 반대자에게 탄압이 행하여지고 있는데 그것을 어떻게 생각하느냐고 해답을 구했을 때 나온 그

---

24) 난센(Fridtjof Nansen, 1861-1930). 노르웨이의 북극탐험가. 오슬로 근교에서 탄생. 크리스티아니아 대학을 졸업하고 베르겐의 자연박물관에 근무. 1588년 그린란드 횡단을 시도하고 또한 1893도 북극 탐험을 위해 출발, 요한센과 둘이서 북위 86도 14분의 지점에 도달했다. 3년 후에 귀국, 그 상황을 학술적으로 추림. 얼마 안 되어 모교의 교수가 되나 복대서양으로 학술 탐험을 떠난 후에, 국제해양연구소장에 취임. 그 외에 채수기의 고찰, 사수(死水)현상의 연구도 있다. 1922년에는 노벨평화상을 받았다. 정치면에서는, 조국의 독립에 전력하며 초대 주영공사가 되었고, 제1차 대전 후 혁명 직후의 러시아의 기근 구제를 시작하였으며 각 국민에게 구조의 손을 뻗치는 한편 그리스와 터키의 민족 분열의 해결도 담당했다.

의 대답이다. 당시 영국은 러시아와 국교를 단절하고 러시아를 분쇄할 준비를 진행시키고 있었다. 그러한 사정을 포함한 항의였던 것이다. 당시 러시아의 교육인민위원이 되어 있던 루나찰스키는 롤랑에게 편지를 보내 〈혁명과 문화〉라는 잡지에 실을 원고를 청탁했다. 일반적 원칙이 자기들의 이념과 일치하지 않는 경우에도 그 원고의 전부를 기재한다는 약속이었다. 롤랑은 감격하였다. 이것은 정신의 고귀한 관용이며 최고의 지성이라고 생각하였다. 이때 이후로 롤랑은 러시아의 길동무가 되고 러시아를 위하여 끊임없이 싸울 것을 결심하였다.

그러나 롤랑은 1930년대의 대숙청에 마음이 아파야만 했다. 만년에는 종교적 경지로 옮아 갔다고 전해진다. 일부의 롤랑 숭배자들은 이 일을 유감으로 생각하고 있다. 그러나 롤랑이 스탈린을 비판하지 않았더라면 그를 휴머니스트라고 말할 수 없을 것이다. 롤랑의 회의는 진정한 휴머니스트였다

---

25) 롤랑(Romain Rolland, 1866-1944), 프랑스의 소설가, 극작가, 평론가. 프랑스 중부 클라므시에서 출생. 부친은 공증인. 에콜 노르말을 나와, 로마의 프랑스 학원에 유학함. 1895년에 에콜 노르말의 예술사 교수. 다음에 파리 대학의 음악사 교수가 됨. 이때부터 극작을 시작하였으나 드레퓌스 사건에 항의, 반군국주의의 입장에서 《이리들》, 《당통》 등을 발표. 한편 《베토벤의 생애》 이외에 일련의 위인전을 저술하고 음악평론에도 손을 댔다. 장편 교양소설 《장 크리스토프》에 의하여 1915년 노벨문학상을 받음. 제1차 대전 때는 절대평화주의를 제창하여 스위스로 망명. 국제적십자운동에 종사하면서 휴머니스트로 바뀌어 반전사상을 표현하였다. 러시아혁명과 간디의 불복종운동에 공명, 파시즘의 대두와 더불어 반대 투쟁에 참가하여 《혁명에 의하여 평화를》에 수록된 논문을 발표. 제2의 대작 《매혹된 영혼》도 저술. 1936년 러시아에 초청됨. 제2차 대전 중 독일 점령하의 베즐레에서 반나치운동을 돕고 파리 해방 후 그곳에서 죽음.

는 증명이며 오히려 롤랑의 자랑이다. 러시아의 길동무라는
것과 러시아의 비인간적인 정치를 슬퍼하는 것과는 근본적
으로 동일한 것이 아닐까?

　세상은 일, 지위, 의견, 애정이 변하는 사람들을 비난한다. 그러나
오히려 그들이 이 비난을 한탄해야 할 것이다. 완성된 행복은 항상
사람을 속이는 것이다. 그럼에도 불구하고 사람들은 이와 같은 행복
의 매력에 사로잡혀 용기와 끈기로써 만들어 가는 행복을 놓쳐 버린
다. 왜냐하면 일을 하는 즐거움은 이것에 숙달된 사람이 아니면 모
르기 때문이다. 이에 반하여 직접 일하는 사람들에게 있어서는 어떠
한 일이라도 처음에는 힘이 드는 것이다. 유망했던 것도 손가락 사
이로 새어 나간다. 곤란이 차례로 밀려와 보편적인 법칙에 따라 받
기 전에 줄 것을 요구한다. 노동은 처음에 그것을 선택하던 순간의
부드러움을 순식간에 잊게 한다. 여기에서 느끼게 되는 절망을 화
가, 음악가, 시인 그리고 모든 도제(徒弟)들은 알고 있다. 이렇게 해
서 사람은 자진해서 사랑하는 것을 배우는 것이다.

알랭[26]의 《사상과 연령》

알랭은 현대에 있어서의 모럴리스트이다. 인성비평가(人

---

26) 알랭(Alain, 1868-1951). 프랑스의 철학자, 비평가. 본명은 Emile
Auguste Chartier. 노르망디에서 탄생. 에콜 노르말을 나왔다. 철학자 라
뇨에게 사숙. 잡지, 신문에 기고함. 후에 르앙의 레세의 교수를 하면서
많은 평론을 집필했다. 제1차 대전에 종군한 후에 파리의 앙리 4세 학교
의 교수가 됨. 주요한 저작은 《정신과 정열에 관한 81장》, 《예술론》, 《스
탕달론》, 《행복론》 기타. 주지적 현실주의적 모럴리스트로서 정치적으로
는 점진적 진보주의적 입장을 취했다. 1951년 제정의 프랑스 문학국가
대상 수상.

性批評家)이며, 그 토대는 합리주의에 근거한 주의주의(主意主義)라고 말한다. 주의주의라 함은 지성이 아니라 의지가 존재의 근본 원리라고 믿는 사고방식이다. 이 의지를 비이성적이라고 보는 입장과 이성적이라고 간주하는 입장이 있다. 알랭은 후자이다. 알랭은 《사상과 연령》의 첫머리에서 진실이란 무엇이냐라는 문제를 내걸고 두 가지의 대답을 주고 있다. 제1의 답은 다음과 같은 것이다.

"진실은 존재하는 모든 것이다. 존재하는 모든 것은 진실이며 존재하지 않는 것은 아무것도 아니다. 당신은 이 생각으로부터 빠져 나가지 못할 것이다. 당신이 찾고 있는 모든 것을 당신은 이미 가지고 있는 것이다. 당신이 가지고 있지 않은 것은 아무것도 아니다. 당신이 보고 있는 잔물결, 온갖 해류, 모든 여울, 이 하나하나가 영원한 것이라면 이것들은 얼마나 진실이겠는가. 진실한 것은 진실인 것을 결코 끝내지 않기 때문에. 진실한 것은 항상 진실하기 때문에."

제 2의 답은 다음과 같다.

"진실은 존재하지 않는다. 왜냐하면 모든 것은 쉴 새 없이 변하기 때문이다. 이 개울가까지 변한다. 이 모래는 이들 암석으로부터 이루어진 것이고 이 바위는 물과 마찬가지로 무너져 간다. 물보다는 훨씬 느리지만 사물에 매이지 않은 상념은 모두가 허위이다. 어차피 과거에 존재하였던 것은 이미 존재하지 않기 때문에. 당신은 당신의 진실한 연령을 생각할 수는 없다. 그 생각은 그것이 진실이기 때문에 이미 과오인 것이다. 이와 같이 모든 상념은 스스로를 부정하고 스스로를 거절한다. 나라고 하는 이 움직이는 물, 부단히 자기의 형태를 부정하는 이 물과 같이." 진실에 대한 알랭의 사고방식을 가장 잘 표현한 것이다. 진실은 기만하면서도 기만하지 않는다는 미묘한 결론이다. 알랭은 인생을 행복하게 살기 위해서 이러한 인식에 도달한 것이다. 아름다운 지혜이다.

일국의 정치에서 반대파를 제거해 버린다는 것은 대단히 중대한 일이다. 혹은 단지 그것의 발생이나 발언을 방해하는 것까지도. 왜냐하면 그것은 테러리즘을 유발하기 때문이다. 만약에 일국의 시민이 한 사람도 남김없이 같은 사상을 갖게 되었다고 한다면 위정자에 있어서 이것과 같이 좋은 경우는 없을 것이다. 그러나 이러한 정신의 빈곤성을 앞에다 놓고 얼마나 많은 사람이 '문화'를 이야기할 신념을 가질 수 있을까? 그것뿐만이 아니다. 평형추(平衡錘)를 갖지 않고서 어떻게 에스프리라는 것을 어느 한 방향으로 결합시킬 수 있을까?

나는 반대파의 주장에 귀를 기울이는 것은 크고 깊은 지성의 표시라고 생각하고 있다. 필요에 따라서 그것이 해를 끼치는 것을 방지하면서 그것을 무마하고 또한 그것을 멸망시킴이 없이 그것과 싸운다.

스탈린은 반대파를 없애려고 열중했었다. 그러나 그 정도까지 하더라도 어지간해서는 목적에 도달하지 못한다는 것이 아마도 다행스런 일이라 생각한다.

지드[27]의《소비에트 기행》

이 말은 사회주의의 현실에 대한 지드의 입장을 가장 잘 표현한 것이다. 지드는 서구 민주주의의 입장에 서서 반대파의 뜻을 설명한 것이다. 서구 민주주의에 의하면 다수파는 소수파의 의견도 충분히 받아들여 현실의 정책을 행하지 않으면 안 된다. 다수결이라고 해도 소수파의 주장을 모두 말살하는 것은 허용되지 않는다. 따라서 지드는 프롤레타리아트의 독재에 대해서 감각적으로라도 납득할 수가 없었다. 한 사람의 반대자도 없이 만장일치로써 일을 진행시킴은 허위라고 생각하였다. 이것은 프롤레타리아트의 독재가 아니라 한사람의 인간, 즉 스탈린의 독재다라고 비난하였다. 지드는 1925년 프랑스의 식민지 콩고를 여행했을 때 식민지주의를 예리하게 비판했다. 그 후 사회주의의 입장에 접근하여 러시아의 옹호자로 변했다. 1936년의 이 여행에서는 사회주의의 현실을 자기의 눈으로 확인하려고 하는 성실한 희망에 불타고 있었다. 그러나 지드가 본 것은 스탈린의 악정과 그 획일주의였다. 사회주의는 여기서 죽어가고 있다고밖에 생각되지 않았다. 자기에게는 러시아보다 더 중대한 것이 있다. 그것은 인류이고 그 운명이며 그 문화이다라고 결의를 새로이 하였다. 지드는 영원한 비판자이며 또한 영원한 이상주의자였다. 처음에는 그리스도의 '4복음서'의 가르침이 사회주의

---

27) 지드(André Gide, 1869-1951), 프랑스의 작가, 비평가. 파리 태생. 엄격한 종교적 분위기 속에서 교육을 받았다. 청년기에는 상징주의적 작품을 썼으나 그 후에 청교도적 도덕에 반항했다. 만년에는 질서와 평화의 세계를 구하여 모럴리스트, 지적 휴머니스트의 풍모를 가졌다. 사회 문제에도 관심을 표시하고, 1925년 아프리카로, 36년에는 러시아로 여행했다. 《소비에트 기행》에서 사회주의 체제를 비판했다. 제2차 대전 중에는 알제리에서 소극적인 저항운동에 참가하였다. 1947년 노벨문학상을 획득. 《앙드레 왈테르의 수기》, 《좁은 문》, 《사전(私錢)꾼들》 등 작품 외에도 《콩고 기행》, 《도스토예프스키론》, 《일기》가 유명하다.

라는 형태를 취하여 지상에 실현되고 있다는 꿈을 품고 있었다. 그 꿈은 너무나도 무참히 깨어져 버렸다. 그것은 휴머니스트의 비극이었다.

《소비에트 기행》이 발표되자 〈프라우다〉지는 '지드는 소비에트에서 어디로 돌아갔는가?〉라는 일문을 발표하여 통렬하게 비판하였다. 또한 각국의 진보적 지식인에게도 큰 영향을 주었다. 그것은 성실한 인간으로 신용되어 온 지드의 사회주의에 대한 증언이었기 때문이다. 로망 롤랑은 지드가 《소비에트 기행》을 소수자에게만 배포하지 않고 일반적인 형식으로 간행한 것이 정치적 배려에 있어서의 결함이었다고 비난했다. 가령 지드가 말하는 것과 같은 결함이 있다손 치더라도 이러한 형식으로 발표하는 것은 러시아의 적, 결국 지드의 적을 즐겁게 해주기 때문이라는 견지였다. 그러나 이때 러시아가 지드의 비판을 조용히 받아들이고 그 잘못을 수정하고 있었더라면 스탈린의 사후 '스탈린 비판'은 일어나지 않고 끝났을 것이라고 말할 수 없는 것도 아니다. 물론 실제로는 스탈린이 다소나마 이 비판에 귀를 기울인다는 것은 처음부터 있을 수 없는 일이다. 스탈린은 할 수 없었다고 해도 각국의 진보적 지식인은 좀더 냉정하게 지드가 말하는 바에 귀를 기울여도 좋지 않았을까. 흐루시초프는 제20회 당대회에서 지드가 여기서 말하고 있는 것과 매우 비슷한 내용을 말하고 있다. 반대자에 대해서는 숙청을 할 필요가 없이 행정적 처분만으로 충분하다고 진술하고 있다.

지드의 비판은 현재에 와서 본다면 그 대부분이 옳았다는 것이 인정된다. 그러나 역사의 어느 시기에 이와 같은 비판이 매장되어 버리는 수도 있다. 지드는 물론 그 일을 각오하고 말했을 것이다. 그는 가장 성실한 휴머니스트였다.

눈이 그쳤다. 하늘이 여기저기 트이기 시작하며 회청색 구름 사이로부터 햇빛이 새어들며 주위를 담청색으로 물들였다. 그리고 완전히 쾌청한 일기가 되었다. 엄동의 활짝 갠, 11월 중순의 청초하고 차분한 겨울의 맑은 날씨가 되었다. 발코니의 아치 저편으로 보이는 풍경, 즉 눈에 덮인 숲이나 보드라운 눈에 파묻힌 계곡이나 푸르게 빛나는 하늘 아래서 푸근하게 흰 빛으로 반사되고 있는 골짜기는 훌륭한 전망이었다. 더욱이 밤이 되어 만월에 가까운 달이 비치면 세계는 마법에 걸린 것같이 아름다웠다. 내다보이는 한, 주위는 수정과 같이 반짝이고 다이아몬드와 같이 찬연한 색에 충만해 있고, 숲은 흰 빛과 검은 빛으로 선명히 나누어져 있었다. 달과 먼 쪽의 하늘은 어두컴컴하며 별을 담뿍 안고 있었다. 그리고 아득한 눈의 표면에는 집이나 나무들이나 전주로부터 실물보다도 더 확실하게 실물처럼 보이는 그림자가 우뚝하고 선명하며 진하게 떨어져 있었다. 해가 지고 두세 시간이 지나자 온도는 7,8도의 추위로 내려갔다. 그리고 세계는 물과 같이 청초한 세계가 되어 본래의 더러움은 없어지고 죽음의 괴이하고 간사한 꿈에 얼어 붙어 버렸다.

토마스 만[28]의 《마의 산》

《마의 산》은 한스 카스토르프라는 청년이 스위스의 다보스 결핵요양소에 방문을 가, 처음에는 바로 되돌아가려고 생각하고 있었으나 어느덧 거기서 7년의 세월을 보내며, 그간에 요양자들의 생활이나 그들이 병이나 죽음이나 사랑에 대해서 어떻게 생각하고 있는가를 구명한 일종의 교양 소설이다. 인용한 부문은 이 청년이 눈 속을 방황하며 불가사의한 환상에 빠지는 장면이다. 언뜻 보면 사실적인 정경이나, 그 속에 인간의 삶과 죽음이라는 중요한 문제가 들어 있다. 이 청년은 다시 눈 쌓인 산 중에서 남국의 따뜻한 광경을 본다.

만은 처음에는 예술지상주의의 입장을 취하고 있었으나 《마의 산》에서부터는 인간을 사회적으로 포착하려는 방향으로 옮겨 가고 있다. 이 이야기의 끝에서 한스 카스토르프는 산위에서 제1차 대전의 포연이 자욱한 산 아래 세계로 터벅터벅 걸어 내려간다. 만은 가장 시민적인 작가였으며 나치즘을 반대하여 미국으로 망명했다. 그러나 미국의 방식에도 만족하지 못했다. 또한 러시아의 공산주의에 대해서도 비판적인 입장을 취하였다. 유태인의 특색이라고 일컬어지는 일종의 세계주의를 품고 있었다. 만년에는 정신분석에도 흥미를 가지고 《요제프 이야기》 등을 썼다.

---

28) 만(Thomas Mann, 1875-1953), 독일의 소설가, 평론가. 뤼벡의 부유한 상인의 차남. 형 하인리히도 작가였다. 부친의 사후, 뮌헨으로 이사하여 근무하면서 대학에서 문학과 미술사를 배웠다. 형과 함께 이탈리아로 여행. 1901년 몰락해 가는 부유한 상인의 이야기 《부덴부로크 가의 사람들》을 발표하여 문단에 터전을 닦음. 그 후에 시민 정신과 예술가의 입장, 혹은 삶과 죽음의 상극 사이에서 고민하며 《토니오 크뢰거》 등을 썼다. 제1차 대전에 임하여 보수주의의 전통을 지키기 위해 《비정치적 인간의 성찰》을 저술함. 또한 교양 소설 《마의 산》에서는 신휴머니즘에 기인하는 세계 시민성을 바랐다. 유태계이기 때문에 나치스에게 국적을 뺏기고 1933년 미국으로 망명, 1952년에 스위스로 옮길 때까지 오랫동안 미국에서 지냈다. 1929년 노벨문학상, 1949년 괴테상 수상. 《베니스에서의 죽음》, 《파우스트 박사》 등의 작품도 남겨 놓고 있다.

예수는 그가 누구인가를 인간이 말로써 이해할 수 있다고 생각하지는 않았다. 예수는 갈릴리 호수의 근처에서 그가 누구인가를 알지 못하는 사람들 앞에 나타났던 것과 같이, 지금도 아직 미지의 사람, 무명의 사람으로서 우리에게 가까이 온다. 예수는 이전과 똑같이 "나를 따라오십시오"라고 말하면서 그가 현대에 있어서 해결하지 않으면 안 될 문제를 우리들에게 제시해 보인다. 그리고 그는 명령한다. 그 위에 그를 따르는 사람이 있으면 그 사람이 현명하든 우둔하든 평화, 노역·투쟁, 병고, 고난을 같이하는 중에 그 자신을 가르쳐 준다. 이와 같이 해서 예수가 어떠한 사람인가를 사람들은 말로써는 표현하기 어려운 비밀스러운 방법으로 경험할 것이다.

슈바이처[29]의 《예수전 연구사》

슈바이처는 그리스도에 사로잡힌 사람이었다고 알려지고 있다. 그는 예수를 어떠한 모양으로 생각하고 있었는가? 여기에 인용한 말은 그것을 가장 잘 표현하고 있다. 예수는 그 전부를 이해하고자 해도 도저히 이해해 낼 수 없는 비밀인 것이다. 그러나 그 비밀로 말미암아 슈바이처는 자기 정신의 모든 것을 바쳤던 것이다.

---

29) 슈바이처 (Albert Schweitzer, 1875-1965), 프랑스(독일계)의 신학자, 철학자, 의사, 음악가. 알사스에서 탄생. 스트라스부르크 대학에서 신학, 철학, 음악을 배우고 《예수전 연구사》나 《바울 연구사》, 신비주의의 연구 등을 통해 신약학자로서 알려졌다. 또한 의학을 배워 아프리카의 프랑스 식민지 콩고로 가, 람바레네에서 병원을 열고 흑인을 위한 의료 사업과 전도를 했다. 제1차 대전 중에 한때 프랑스로 송환됐으나 전후에 재차 아프리카에 가서 살았다. 1928년에 괴테상을, 1952년에는 노벨평화상을 받음. 우수한 오르간 연주자, 바흐 연구가이기도 했다. 저서로 《문화철학》 외에 《나의 생활과 사상으로부터 》 등이 있다.

슈바이처가 아프리카에서 토인을 위하여 일했던 것은 유럽인들이 아프리카에서 저지른 죄를 갚기 위함이었다. 물론 이러한 행위로써 유럽인들의 식민지 정책이 범한 무수한 죄악을 메꿀 수는 없다. 그러나 한 사람의 유럽인이 아프리카 흑인을 한 사람의 인간으로서 취급하고 있었다는 사실은 큰 의의를 갖는다. 카톨릭이든 프로테스탄트든 미개지에 찾아가서 선교를 하고 토인의 벗이 되어 지내는 것을 전도 사업의 하나로 행하고 있다. 슈바이처의 일도 외관은 그것에 가깝다. 그러나 그 정신은 아주 달랐다. 그것은 그가 한 사람의 인간으로서 단독으로 구제 사업을 했다는 것이다. 이 점에서 슈바이처는 크리스찬이라기보다는 휴머니스트에 가깝다. 유럽인들이나 미국인들은 슈바이처에게 경제적 원조를 베푸는 것으로써 식민지 착취라는 죄악을 속죄하고 있었다고 볼 수도 있다. 그러나 슈바이처의 정신은 현세의 선악을 훨씬 넘어서서 청명하게 빛나고 있다.

세계는 전쟁과 불안으로 숨이 막힐지라도
여기저기에서는
누구의 눈에도 띄지 않는
사랑의 불꽃이 남몰래 타고 있다.

헤세[30]의 《전쟁 4년째에》

사랑과 고독,
사랑과 충만되지 않는 동경,
이것이 예술의 어머니다.

헤세의 《이탈리아를 바라봄》

미래를 생각하는 자는
살기 위한 뜻과 목표를 가지고 있다.
그에게는 행위와 노력이 주어진다. 그러나
안일함은 주어져 있지 않다.

헤세의 《회고》

사람이 늙어서 자기의 역할을 끝마치면 고요함 속에서 죽음과 친
해지는 것이 좋다.
그는 인간을 필요로 하지 않는다. 그는 인간을 알고 있다.
인간은 충분히 만났다. 필요로 하는 것은 고요뿐이다.
그러한 사람을 방문해서 말을 걸고 지껄임으로써 괴롭히는 것은
예의에 벗어난다.
그의 거처가 아무도 살고 있지 않은 집인 것처럼 그 앞을 지날 때
는 무관심하게 지나는 것이 좋다.

— 헤세

---

30) 헤세(Hermann Hesse, 1877-1962), 독일의 시인, 소설가. 남독 칼브에서
목사의 아들로 탄생. 신학교를 중퇴. 시계공, 서점원 등을 하면서 바젤
대학에서 청강함. 1904년 서정적인 교양소설 《페터 카멘친트》로 명성을
얻음과 더불어 스위스의 보덴 호반으로 옮김. 후에 인도 여행도 함. 스
위스 국적을 얻음. 신낭만주의 작가로서 출발했으나 제1차 대전 이후에
는 내면성이 두터워지고 서구 문명에 대해 회의적이 되어 동양의 신비를
동경함. 혼의 자유, 휴머니즘을 존중하고 양차대전에 걸쳐 평화주의를
지켰다. 작품은 《수레바퀴 아래에서》, 《데미안》, 《싯다르타》, 《유리알 유
희》 등. 1946년 노벨문학상, 괴테상 받음.

혜세는 한국에서도 널리 읽혀지고 있다. 그는 오로지 자기에게 충실하여 신을 희구하면서 살았다. 자기 완성을 구하여 혼자서 고독한 가운데 살아간 것이다. 혜세는 내면적으로 사는 것을 가장 사랑했다. 그러나 두 차례의 세계대전에 임해서는 전쟁에 반대하는 의지를 명확하게 표시하고 평화를 사랑하는 사람으로서의 자기를 감추는 일이 없었다. 혜세는 또한 동양 특히 인도의 사상에 깊이 접하여 많은 것을 배웠다. 유럽의 정신을 넘어서려고 한 것이다. 토마스 만은 혜세의 생활 방식이 모범적이라고 존경하였다. 모범적이라 함은 인간으로서 또 문학가로서 모범적이라는 뜻이다. 물질에 위협받고 신을 잊어버리고 혼이 들뜨고, 그 결과 자주성을 상실한 현대의 인간에게 인간의 존귀함을 가르쳤다. 자기의 생활과 문학으로 그것을 가르쳤다. 혜세는 빛을 가져온다는 뜻에서 진실한 시인이었다.

내가 참아 온 고통과 실망은 대단히 큰 것이었습니다. 그러나 지금의 나는 외계와 자기와를 생명의 실로 이어 붙이는 기쁨을 알았습니다. 이 기쁨을 얻기 위한 대가로서는 이전의 고통과 실망도 대단히 값싼 것이었습니다. 나는 말을 하나하나 발음해서 그 발음 속에 감정을 집어넣는 것을 배웠습니다. 배워 가는 중에 고금에 통하는 영원의 기적, 즉 사상의 본체를 이제 깊이 느낄 수 있게 된 것입니다. 만 권의 서적, 철학, 과학 및 문화, 또한 인류의 기쁨과 슬픔을 쌓아 올린 사상이여! 몇 년이고 몇 년이고 심야의 어둠 속을 방황하던 맹인이 돌연 태양과 태양이 빛나고 있는 화려한 세계와 해후하는 것과 같이 나의 마음은 오성의 빛으로 충만합니다. 그리고 언어는 지식이나 사상이나 행복을 나타내는 귀중한 표상이라는 것을 알았습니다. 보통 사람들은 말을 사용하는 것이 습관이 되어 있기 때문에 어느 말을 언제 쓰기 시작했는지를 알지 못합니다. 그러나 나는 전혀 다른 경험을 가지고 있습니다. 일곱 살경부터 말을 외기 시작한 나는 그때 체험한 감동을 지금도 명확하게 기억하고 있습니다. 처음에는 손의 피부 감각을 통해서 하나하나 말을 배우고 있었으나 그 말의 발음을 배운 것은 그로부터 수년 후의 일입니다.

헬렌 켈러[31]의 《나의 생애》

켈러는 장님과 벙어리와 귀머거리라는 삼중고(三重苦)의 세계를 극복하고 훌륭히 대학을 끝마친 후, 사회인으로서 같은 고통 때문에 고민하고 있는 사람을 위하여 활동했다. 켈러를 이와 같이 기른 것은 설리반이라는 여성이었다. 켈러와 함께 침식을 하면서 교육을 담당했다. 설리반은 자기의 손가락 끝으로 켈러의 손바닥에 물건의 이름을 쓰고 그로부터 손을 잡고 글씨 쓰는 법을 가르쳤다. 켈러는 도대체 무엇을 하고 있는지 몰랐다. 도대체 무엇을 생각해야 좋을지 그것조차 몰랐다. 자기의 손가락 끝이 어떤 장소에서 어떤 장소로 계속해서 옮겨지고 있다는 감각밖에 없었다. 설리반은 컵을 주고 컵(cup)이라는 문자를 쓰게 하고 다음에 무엇인가를 거

---

31) 켈러(Helen Adams Keller, 1880-1969), 미국의 저술가, 강연가 앨라배마 주에서 탄생. 두 살 때에 열병으로 맹아가 됨. 맹인연구가 설리반 부인의 언어 교육을 받아 래드클리프 대학을 졸업. 후에 매사추세츠의 맹인 단체 등에서 일하였고 강연, 저술을 통하여 자기의 체험이나 맹인 교육의 가능성을 설명함. 전미국, 유럽 각지, 일본까지도 순회하며 맹아자를 위한 기금을 모았다. 주저는 《나의 생애》, 《낙천주의》 등이 있다.

설리빈 선생님과 헬렌 켈러의 모습.

기에 부어서 물(water)이라는 문자를 손바닥에 썼다. 켈러는 물을 컵이라고도 쓰고 컵을 물이라고도 썼다. 설리반이 같은 일을 계속하면 켈러는 화를 냈다. 그래서 설리반은 켈러를 데리고 담쟁이덩굴로 뒤덮인 펌프장까지 갔다. 켈러에게 컵을 갖게 하고 펌프로부터 물을 길었다. 그리고 한 손으로 힘을 주어 물이라고 계속 썼다. 켈러는 차가운 물이 손등을 흐르는 것을 느끼면서 설리반의 손가락 운동에 전신의 주의를 집중시켰다. 이렇게 해서 두 사람의 공부가 시작된 것이다. 불행한 사람들, 더욱이 육체적 장애에 고민하고 있는 사람들을 어떻게 취급하는가를 통해 그 사회에 어느만큼 휴머니즘의 요소가 존재하는가를 알 수 있다고 한다. 켈러를 길러낸 시대의 미국에는 소박한 뜻에서의 휴머니즘이 존재하였다. 켈러의 교육은 물론 돈이 없으면 불가능하였다. 그러나 켈러를 한 사람의 사회인으로 받아들이는 데 있어서는 휴머니즘이 없었다면 처음부터 불가능했을 것이다. 켈러도 그러한 사회의 지지에 답하는 휴머니스트로서 자라났다. 켈러의 존재는 미국에 있어서도, 또한 인류에 있어서도 아름다운 긍지인 것이다.

전쟁을 전폐하기 위해서는 자본주의를 전폐하지 않으면 안 된다고 당신은 말합니다. 나는 확실히 그것을 바랍니다. 그러나 자본주의를 폐하기 위해서는 그것과 전쟁하는 것이 당신에게 필요한 것입니다. 이것은 모순이 됩니다. 그리고 나는 역시 악과 싸우는 데 있어서는 최대의 악으로써가 아니라 보다 더 나은 것으로써 해야 한다고 생각합니다. 그러면 당신은 아마 나에게 여기서 문제가 되는 것은 최후의 전쟁, 요컨대 모든 것을 잘 하기 위한 전쟁이라고 말하겠지요. 실제로 나는 그것이 최종적인 것임을 대단히 겁냅니다. 그리고 여하간에 이미 어린애들이 이러한 것을 보지 않으려 할 때 이렇게 하는 것이 필요한 것이라고 말하고 많은 사람들을 새로운 모험 속으로 내던지는 것을 보는 것을 무서워합니다. 실제로 자본주의 세계도, 스탈린 자신도 전쟁 앞에서 주저하고 있습니다. 그러나 스스로 사회주의자라고 칭하는 당신은 주저하지 않을 것으로 생각됩니다.

카뮈[32]의 《엠마뉴엘 다스티에 드 라 비주리
(유명한 마르크스주의 논객)에의 두 가지 대답》

카뮈는 전쟁에 대해서 반대했다. 그것은 일체의 살인 행위, 즉 자살, 타살, 사형, 집단적 살인을 계속해서 거부해 왔기 때문이다. 사회주의가 전쟁을 거절하는 것을 알면서도 사회주의가 자본주의와 싸우는 경우에 계급 투쟁이라는 '전쟁'을 하는 것을 부정한다. 혁명의 수단으로서의 살인을 부정하기 때문이다. 카뮈는 이 점에서 상대주의자이다. 목적을 절대적이라고 생각하는 것을 배척한다. 그러나 세계의 허위, 폭력, 부정, 살인에 대하여 눈을 감는 것은 아니었다. 《이방인》이나 《시지프의 신화》(둘 다 1942년)를 썼을 때, 카뮈는 인간은 영원한 고독 아래 의미 없는 세계에서 이방인과 같이 산다고 하며, 일체를 우연으로 보고 행복도 신뢰할 수 없다는 '부조리의 철학'을 진술했다. 이것은 카프카 등의 사고방식에 가깝다. 그 후에 많은 사상적 변화가 있었다. 《반항적 인간》(1951년)은 간행된 해 훨씬 이전부터 계속해서 써 왔던 것인데 '부조리의 철학'을 넘어서는 '반항의 사상'을 진술하고 있다. 사회의 부정과 폭력에 반항하면서 자유와 행복을 획득한다는 주장이다. 반항에 충실하기 위해서는 자기에게 충실하여야 하며 양심을 귀히 여겨야 한다. 내일의 정의를 위하여 금일의 부정을 용서한다는 것과 같은 일은 양심이 허락하지 않는다고 말하고 있다. 이 결과 '중용'이라든가 '정

---

32) 카뮈(Albert Camus, 1913-1960), 현대 프랑스의 소설가, 극작가, 평론가. 알제리에서 탄생. 여러 가지 직업에 종사하면서 알제리 대학에 다님. 신문기자가 되어 이탈리아, 오스트리아 등을 여행. 또 연극 문학에 뜻을 두고 소인극단을 조직. 1940년에 파리로 와서 〈파리 소와르〉지의 기자를 했으나 독일군의 침입으로 알제리로 돌아가 사립학교의 교사로 근무함. 그 동안에 소설 《이방인》, 평론 《시지프의 신화》를 씀. 42년 레지스탕스 운동을 위해 파리로 잠입. 앞의 저작을 발표하여 사르트르에게 칭찬을 받음. 반나치스 운동을 전개하는 유력지의 주필. 전후 《페스트》를 써서 비평가상을 받음. 카뮈는 자기의 사상을 '부조리의 철학'이라고 불렀다. 현대 인간 생활의 불합리와 불안을 지적하여 실존주의적 경향에 있어서 사르트르와 동등한 지위를 차지하고 있다. 1957년 노벨문학상 수상.

의의 사상'이라든가 '인간에 의한 인간의 구조'라든가 '신의 부정'이라든가 하는 관념이 도출된다. 그는 난숙한 사상적 전개가 기대되던 중 아깝게도 교통 사고로 요절했다.

　자유에 관한 설명을 구하는 모든 요구는 스스로 뚜렷하게 알아차리지는 못하나 결국 다음의 질문으로 귀결된다. "시간은 공간에 의하여 완전히 나타내지는 것일까?" 이것에 대해서 우리들은 다음과 같이 대답한다. "흘러간 시간을 문제로 한다면 확실히 그렇다. 그러나 흘러가는 시간에 대해서 말한다면 그렇지 않다"라고. 그런데 자유행위라는 것은 흘러가는 시간 속에서 생기는 것이지 흘러간 시간 속에서 생기는 것은 아니다. 그러므로 자유는 하나의 사실이다. 확인될 수 있는 사실 속에서는 이 이상 명료한 것은 없다. 이 문제의 곤란한 점은 또는 이 문제 그 자체는, 지속하는 속에서 연장(延長)에서나 찾아볼 수 있는 속성과 같은 속성을 찾아보려고 하든가, 계기를 동시성으로 해석하고자 하든가, 또는 자유의 관념을 명백히 그것을 번역할 수 없는 언어 속에서 표현하고자 하는 데서부터 일어난다.

　　　　　　　　　베르그송[33]의 《의지의 직접 여건에 관하여》

33) 베르그송(Henri Bergson, 1859-1941), 프랑스(유태계)의 철학가. 파리에서 탄생. 런던에서 유소년 시대를 지낸 후에 고등사범학교에서 수학. 리세 단제에르 철학 교수를 거쳐 콜레주 드 프랑스의 교수가 됨. 프랑스아카데미 종신 회원이 됨. 국내 및 국제적 정치 무대에서 활약. 예루살렘에 유태국의 건설을 위하여 노력함. 저서는 《의지의 직접 여건에 관하여》, 《물질과 기억》, 《웃음》, 《창조적 진화》, 《도덕과 종교의 두 원천》 등 베르그송은 주지주의, 기계적 유물론을 비판하고 진실한 실재는 순수지속. 생명의 내적 자발성이라고 생각했다. 직관에 기인하는 정신주의적 형이상학인 이른바 생의 철학을 주장했다. 1927년 노벨문학상 수상.

베르그송은 '생명의 도약'을 설명했다. 인간의 의식이 직접 체험하는 것은 시간이라고 생각하고 이것을 지속이라고 규정한 다음 인간의 자유의 문제를 풀려고 했다. 그리하여 이 지속이라는 견지로부터 생물학의 진화론을 기피하고 우주의 창조적 진화의 계도를 명확히 하려고 시도했다. 감각이나 과학은 창조적 우주의 일부분을 절단하여 고립시킨 것으로서, 그것은 존재의 인식은 아니다. 실재는 오성이 아니라 직감에 의하여 파악되지 않으면 안 된다. 우주의 본질을 기계론적 입장에서 생각하고 하등의 의미도 없다고 말하는 것은 잘못이며, 또한 목적론의 각도에서 쳐다보고 무엇인가 목적이 있어서 발전하고 있다고 설명하는 것도 잘못이다. 일체의 생명은 추진력이 구비되어 있고 그 충동에 근거하여 지속으로서 존재하고 있다. 생물의 진화는 우연 변이(偶然變異)나 환경에 반응한 결과가 아니고 삶이 물질을 초월하였기 때문이다. 그는 삶과 물질을 이 점에서는 이원적으로 보았다. 그러나 우주 전체를 지속으로서 보고 그 긴장면에서 삶과 정신을, 그 이완된 면에서 물질과 공간을 보려고 한 점에서 일원론이다.

베르그송의 사상은 현재에도 미국의 일부 생물학자 등에 영향을 주고 있다. 일종의 천재형의 사상가이다. 베르그송은 역사의 숙명을 믿지 않았으며 시기만 놓치지 않으면 긴장된 의지에 의하여 모든 장해를 타파할 수가 있다고 주장했다. 강한 자신을 가진 관념론자였다.

관념이라는 것은 그것을 믿는 것이 우리들의 생활에 있어서 유익한 한도 내에서의 '참[眞]'이라고 나는 말했다. 여러분들 중에는 이 것을 듣고 기묘하게 생각하는 분들이 틀림없이 있을 것임을 나는 잘 알고 있다. 관념은 그것이 유익한 한도 내에 있어서 선(善)이다라고 말한다면 여러분은 기쁘게 이것을 인정할 것이다. 만약에 우리가 관 념의 도움을 받아서 행하는 것이 선이라면, 그 한도에서 그 관념 자 신도 선임을 여러분은 인정할 것이다. 왜냐하면 우리들은 그 관념을 가지고 있는 것만으로도 충분하기 때문이다. 그러나 그렇다 해도 그 것만으로의 이유로서 관념 역시 '참'이기도 하다는 것은 모른다. '진리'라는 말의 오용이 아닌가 하고 여러분은 말할지 모른다.

제임스[34]의 《프래그머티즘》

프래그머티즘의 창시자로서 제임스는 너무나도 유명하다. 미국의 사회적인 상황 아래 일종의 개량주의로 발달한 민주 주의 이론이다. 실재는 하나인가 여럿인가, 또는 결정되어 있는가 자유인가라는 논쟁은 유럽 사회에서는 쉴새없이 되 풀이되어 왔다. 그러나 한편 이 다른 편과 다른 것을 실제적

---

34) 제임스(William James, 1842-1910), 미국의 심리학자, 철학자 뉴욕 태생. 하버드 대학에서 화학과 비교 해부학을 수학. 후에 아마존 강 학술탐험 대에 참가하기도 하고 베를린에서 의학 연구를 하기도 했다. 1872년 이 후 하버드 대학 생리학 교수. 계속하여 철학, 심리학 교수가 되고, 재차 철학교수로 되돌아감. 그동안에 대저 《심리학 원리》를 저술했다. 그것은 종래의 정적(靜的)인 심리학에 대하여 '의식의 흐름'을 중요시한 것으 로서 미국 심리학의 초석이 되었다. 또한 기능주의적 입장에서 《제임 스 · 랑게설》을 발표함. 철학에서는 독일적 관념론에 반대하여 실용적 가치, 실천적 귀결을 중요시하는 프래그머티즘을 창시했다. 또한 《종교 경험의 제상(諸相)》으로 종교심리학에 공헌했으며, 후에는 심령현상연 구회장도 지냈다. 《프래그머티즘》, 《진리의 뜻》, 《근본적 경험론》 등의 저서도 있다.

인 귀결로서 인도해 내어 생활과의 연결로서 조사해 보는 것이 아니라면 무의미하다. 프래그머티즘은 논쟁의 조정자 역할을 수행한다. 문제를 해결하지는 않으나 지적인 작용을 촉구하고 불완전한 지식을 현실에 응해서 개량해 나간다. 최초부터 절대적인 진리가 있다고 생각하지 않는다. 진리는 항상 상대적인 것이며 불완전한 것이라고 생각하고, 그것을 현실 속에서 실험하고 일층 완전한 것으로 만들어 생활에 이용하고자 하는 사고방식이다. 마르크스주의가 절대적인 진리를 휘둘러 현실을 경시하고 그 때문에 모순에 부딪친 것에 대하여, 프래그머티즘은 예를 들면 '대중사회론'과 같이 현실에서 배우고 새로운 이론을 만들어 간다. 그리고 그 이론도 절대적인 진리는 아니며 또다시 개량될 것을 처음부터 예상하고 있다.

인류는 경험의 가능성이 진실하게 탐사되어 이용되면 어떻게 될까라는 질문을 던진 적이 현재까지는 거의 없었다. 과학에서는 이미 많은 조직적 탐사가 행하여졌고 또한 정치, 실업, 오락에서도 많은 솔직한 이용이 행하여지고는 있다. 그러나 이것은 말하자면 우연적이며 공공연하게 지배적 지위에 선 신념의 조작에는 반하는 것이었다. 그것은 경험이라는 것은 조직적 원리와 지도적 목적을 제공할 수가 있다는 경험의 힘에 대한 신념에서 나온 것은 아니었기 때문이다. 모든 종류의 종교는 초자연물에 침투당하고 있었다. 초자연물이란 엄밀하게 말하자면 경험의 범위 밖에 있는 것이라는 뜻이다. 도덕상의 강령은 이 종교적인 초자연성과 결부되어 그 기초와 승인을 똑같이 거기에서 구했던 것이다. 모든 서양 문화에 깊이 숨어 있는 이상과 같은 사상과 비교해 보면, 경험에 대한 신앙의 철학에서 하나의 확고한 깊은 뜻이 나타나는 것이다.

듀이[35]의《나의 인생관》

　듀이는 제임스의 프래그머티즘을 대성시켰다. 철학자이며 동시에 교육자였던 점이 이 사상을 발전시키는 데 유리하였다. 교육은 프래그머티즘의 발전을 위하여 가장 많은 재료를 제공했다. 페스탈로치가 주관적인 휴머니스트로서 방법이나 이론보다도 인간과 인간을 연결시키는 사랑의 힘을 중요하게 생각하고 그대로 실행한 것에 대해서, 듀이는 방법과 이론을 중시하고 그 토대가 되는 세계관을 이룩하였다. 더구나 단순한 이론가가 아니라 행동적인 휴머니스트의 정신으로 일관했다. 미국이라는 큰 사회를 상대로 한 일이었기 때문이다. 또한 당시의 미국에는 휴머니즘 정신이 살 수 있는 여지가 충분히 남아 있었다. 존 듀이의 이론은 민주주의를 한 차

---

35) 듀이 (John Dewey, 1859-1952). 프래그머티즘을 대표하는 미국의 철학자, 교육학자. 버몬트 주 출신. 버몬트 대학 졸업. 고등학교 교사로 재직하다가 존스 홉킨스 대학의 연구과에 들어 감. 미네소타, 미시건, 시카고, 컬럼비아 대학의 교수가 되고 1930년 이후 컬럼비아 대학 명예교수가 되었다. 최초에는 헤겔 철학의 영향을 받았으나 후에 제임스의 프래그머티즘에 공감함. 시카고 대학 재임 중에는 시카고학파에 참가하여 실험주의, 도구주의라는 이론으로 나아가고 관념은 실천의 성과에 의하여 검증된다고 했다. 또한 아동의 생산 활동에 근거하는 노작(勞作)학교까지도 주장함. 20년대에는 중국, 터키 일본, 멕시코, 러시아을 시찰함. 《윤리학》,《민주주의와 교육》,《창조적 지성》,《인간성과 행동》,《경험과 자연》,《확실성의 탐구》등 정치론, 사회심리학, 미학의 영역에 미치는 광범한 저술이 있다. 제2차 대전 중에는 전체주의적 정치에 저항할 것을 역설하고 사코－반제티 사건에서는 피고를 옹호하는 등 시민적 자유를 위하여 싸웠다.

원 더 높은 교육 이론이었다. 그것은 단순한 학교 교육이 아니고 미국이라는 시민 사회 속에 있는 시민 하나하나에 대한 사회교육에 대한 이론이었다. 무엇보다도 경험을 중히 여기고 이론은 경험에 의하여 끊임없이 수정당한다는 상대주의의 사고방식은 일체의 절대주의에 대한 실질적인 비판의 역할을 수행하고 있다.

대심문관의 전설은 도대체 무엇을 의미하는 것인가. 사람들이 그 손으로부터 자기의 빵을 받아들이는 이 대승정은 도대체 누구이겠는가. 이 전설은 도스토예프스키 자신의 예언적 활동의 상징은 아닐까. 기적, 신비, 권위…… 이것이야말로 그 스스로의 교훈적 요소는 아니었는가. 그렇다 하더라도 도스토예프스키가 의식적으로 이 이야기의 요점을 뚜렷이 하지 않은 것은 사실이다. 대담하게도 그리스도의 사적을 정정하고자 하는 대심문관은 그 자신이 경멸감을 가지고 취급하는 보통 사람처럼 불쌍하고 약한 존재이다. 그는 가장 부드러운 진리를 입에 담는 것에 지나지 않는다. 사람들이 그가 내미는 이상을 논증하든가 논의하지 않고 그대로 받아들였다는 것은, 사람들에게 있어서 그 이상이 위안이며 표피임에 지나지 않는다는 것이다. 사람들의 유치하고 소박한 신앙에는 또한 의혹이 없으며 표현을 위한 약간의 형식만 있으면 충분하다. 이 때문에 사람들은 자기를 인도하는 것과 같은 처신을 보여주는 사람을 기꺼이 따르고 간단히 우상을 바꾸어 "왕은 죽었다 ! 왕 만세 !"라고 외치는 것이다. 그러나 노 대승정은 자기의 무력한 사상이 혼란되어 있는 군중에게 하나의 형식과 방향을 줄 수가 있어 수백만인에게 제각기의 행복을 줄 수가 있다고 생각하고 있다. 얼마나 다행한, 아름다운 오류일까.

19세기에는 키에르케고르 등의 실존주의 철학이 일부에서 제창되었으나 그것은 많은 세력을 찾지 못하였다. 실존주의가 세력을 얻은 것은 19세기 말엽부터 20세기에 걸쳐서이다. 이 사상은 혁명이나 전쟁과 같은 세계적 불안을 배경으로 하여 많은 지지자들을 얻게 된 것이다.

셰스토프는 우리나라에도 소개되어 '불안의 철학'으로서 문제시되었다. 6·25라는 처참한 전쟁을 겪은 우리에게 '불안의 철학'은 많은 시사를 주었으니, 이것이 그에 대한 공명의 큰 이유였다. 이제까지의 합리주의나 마르크스주의에 대한 신념이 동요되고, 세계와 인간의 진상은 보다 다른 것이 아니겠는가라는 기대가 일부 지식인 사이에 퍼져 갔다.

셰스토프는 처음에는 마르크스주의를 신봉하였으나 혁명의 현실에 참을 수가 없어 파리로 망명하고 전향했다.《비극의 철학》에서는 도스토예프스키나 니체가 논하여지고 있으나, 그것은 작가론이나 문학론이 아니라 이 두 사람의 거장을 재료로 해서 자기의 철학을 말하고자 한 것이었다. 그들의 작품은 추악한 인간과 그 문제를 취급하고 있다. 평범한

---

36) 셰스토프(Lev Shestov, 1866-1938) 러시아의 철학자. 키에프 출신. 본명은 Lev Isaakovich Shvartsman. 모스크바에서 공부하고 철학자로서의 지위를 얻음. 혁명 후에는 스위스로부터 파리로 옮기고 1920년 이후 소르본느 대학의 러시아 연구소 교수로 근무했다. 신비주의로부터 허무주의로 전환하고 이성주의 철학에 반대해서 생의 모순에서 일어나는 비극을 설명함. 20세기의 불안의 철학, 문학에 큰 영향을 주고 실존주의의 선구를 이루었다. 만년에는 카톨리시즘에 가까워졌다. 주요 저작으로는《미국의 철학》,《열쇠의 힘》,《키에르케고르와 실존주의》등이 있다.

일상 생활이 아니라 지하 생활을 하는 병적인 인간이다. 그러나 그들은 건강한 사람보다도 한층 더 고귀하며 예외자로서의 특권을 가지고 있다. 자기의 작은 욕망을 채우기 위해서 전세계가 멸망해도 좋다는 생각을 가지고 있다. 여기에 인용한 부분은 도스토예프스키의 《카라마조프의 형제》 속에 나오는 대심판관의 이야기 중의 일절이다. 이 작은 이야기 속에는 인간이 이상의 세계를 갖기 위하여 어떠한 길을 밟지 않으면 안 되는가가 비유로 씌어져 있다. 셰스토프는 이상이나 지도자를 부정하고 그것을 조소하고 있다. 현실의 견고함을 충분히 알아 온 사람의 슬픈 신음이다.

실존철학이 할 수 있는 것은 해결을 찾아내는 것은 아니다. 한편으로부터 다른 편으로 전달하는 경우 현실적으로 되는 것뿐이다. 그것은 그때그때의 근원으로부터 가지각색의 사유가 나타나는 속에서 이루어진다. 실존철학은 시간적인 편의성을 얻고 있으나 금일에는 일찌감치 불성공의 징조가 나타나고 있다. 이렇게 말하는 것은 이미 퇴폐되어 소요를 일으키고 우리들의 세계에 등장하는 모든 것으로부터 때아닌 소음을 내기 때문이다.

야스퍼스[37]의 《현대의 정신적 상황》

셰스토프가 어느 정도 문학적이었던 것에 대하여 야스퍼스는 실존주의에 철학적 체계를 부여하고자 노력하였다. 처음에는 정신병리학을 연구하고 있었기 때문에 다른 철학자와는 극히 그 취지를 달리 했다. 《일반정신병리학》 속에서 소위 정신병을 병리학적 입장에서만 취급하는 것을 배척하고 또한 철학적으로 취급하는 것도 부정하고 독자적 입장을 제시했다. 인간 실존에 대한 심리학적 · 형이상학적 통찰이 도처에서 빛나고 있다.

《이성과 실존》(1935년) 속에서는 키에르케고르와 니체를 발판으로 실존이야말로 인간의 자기 존재의 조건이며 근원이라고 진술하고 있다. 그러나 실존은 이성이 없으면 안 되고 이성은 실존에 의하여 내용이 충만된다고 보았다. 그리고 세계는 실존을 토대로 해서 성립되어 있다고 생각했다. 이 사상은 후에 대저 《진리에 대하여》 속에서 발전되고 실존철학이 자칫하면 주관적인 것에 빠지기 쉬운 것을 피하여 이성의 역할을 강조했다. 전후에 인간 정신의 회복을 설득하고 있는 것도 이성에 대한 신뢰가 동요하지 않은 증거이다.

여하간 아리스토텔레스의 다음 말을 제시해 두자. 예나 지금이나 또한 언제나 정해 놓고 제기되는 의문의 대상인 문제, 즉 존재란 무엇이냐…….

하이데거[38]의 《칸트와 형이상학》

37) 야스퍼스(Karl Jaspers, 1883-1969, 현대 독일의 철학자. 하이데거와 함께 실존철학을 대표함. 오르덴부르크에서 탄생하여 하이델베르크, 뮌헨 양대학에서 정신병학을 전공함. 1921년 하이델베르크 대학의 교수로 취임. 1937년 나치스에 의해 추방되었으나 전후에 동대학의 총장이 됨. 1940년 바젤 대학 교수가 됨. 정신병의학으로부터 인간 존재의 심리학적 연구를 행하여 철학으로 옮겨 갔다. 전기에는 생의 철학적 경향을 나타냈으나 《철학》에 이르러 '존재의 철학'에 도달하였다. 인간의 한계 상황에서 시작하여 실존적 자아를 깨우치고 더 나아가서 그것을 초월한 곳에 형이상학을 성립시켰다. 《일반 정신병리학》, 《현대의 정신적 상황》, 《이성과 실존》, 《니체》, 《진리에 대하여》 등의 저서가 있다.

하이데거는 칸트의 《순수이성비판》을 인식론으로서가 아니라 형이상학의 토대로서 보고자 하는 입장에 서 있다. 칸트를 계승한 신칸트파는 《순수이성비판》을 인식론으로 생각하여, 칸트의 비판자로서의 측면을 부정했다. 하이데거는 딜타이(1833-1911)의 '생의 철학'에서 많은 영향을 받았으나 그것은 유물론과 관념론의 대립을 넘어서 '완전한 인간'을 설명하는 점에 공감한 것이다. 그 외에 베르그송, 키에르케고르, 니체 등으로부터도 많은 것을 배웠다.

《존재와 시간》(1927년)은 그의 사상을 가장 잘 나타내고 있다. 인간이 존재한다고 할 때 인간은 언제나 세계 속에 존재하고 세계를 이해하고 세계에 관심을 가지며 세계와 교섭을 한다. 이와 동시에 사람은 또한 자기의 존재에 관심을 가지고 자기의 존재 그 자체를 이해한다. 이 이해를 실존이라고 부른다. 그러나 사실은 인간은 '실존'으로부터 추방되어 '불안' 속에서 살고 있다. 이 기분으로부터 탈출하기 위해서는 인간의 존재는 '죽음에의 존재'이며 삶의 의미는 결국은 죽음이라는 것을 깨닫지 않으면 안 된다. 죽음이야말로 삶의

---

38) 하이데거(Martin Heidegger, 1889-1976), 현대 독일의 철학자. 남독일의 산촌에서 탄생. 프라이부르크 대학에서 수학하고 동대학 강사, 마르부르크 대학 조교수를 거쳐 프라이부르크 대학 교수가 됨. 1933년부터 나치스 정권하에서 동 대학 총장으로 근무함. 독일 항복 후 추방되어 대학을 떠났으나 서독의 성립으로 말미암아 교직으로 되돌아감. 후설의 현상학으로부터 출발하여 독자적인 기초적 존재론, 즉 실존적 존재론과 해석학적 현상론을 수립. 철학의 기초 문제를 존재의 의미의 해명에 둠. 시간을 현 존재의 중심이라고 생각하나, 이것과 인간 존재의 유한성의 문제로부터 무의 근원, 인간의 불안이 생긴다고 설명했음. 《존재와 시간》, 《칸트와 형이상학》, 《기초적 본질에 대하여》등이 있다.

하이데거(1889-1976)의 모습.

완성인 것이다. 이 철학의 사회적 배경은 1920년대의 독일의 혼란이다. 당시 풍속은 문란하고 혁명 운동도 한창이었으나 나치스가 점차로 세력을 얻기 시작하고 있었다. 그동안지식층의 어느 일부분은 내일을 믿을 수 없다는 불안한 상태에 빠져 있었다. 그 기분에 던져진 것이 하이데거의 철학이었다. 그는 1933년 나치스가 정권을 장악한 후에 프라이부르크 대학의 총장으로 선출되어 〈독일 대학생의 자기 주장〉이라는 강연을 했는데, 그 속에서 노동 봉사, 국방 봉사, 지식 봉사 셋이 합쳐져서 하나의 원동력이 됐을 때에 처음으로 독일의 대학은 완성되어 강해진다고 말했다. 불안으로부터의 탈출의 내용이 구체적으로 표시된 셈이다. 이 실존주의는 한국의 지식인에게도 영향을 미쳤다.

내가 말하고 싶은 것은 단지 다음과 같은 것을 작가가 이해하지 않으면 안 된다는 것이다. 작가는 폭력을 선험적으로 비난해서는 안 된다는 것, 그는 그것을 수단으로 간주하면서 그 범위 내에서 폭력을 비난하여야 한다는 것. 그리고 특히 폭력을 일반적으로 더욱이 추상적으로 비난하기 위하여서가 아니라 개개의 경우에 폭력을 필요한 최소한도로 막기 위하여 노력하여야 한다는 것. 이것은 모든 것이 폭력인 이상 우리들은 현재 폭력 없이는 무엇 하나도 할 수가 없기 때문이다. 따라서 문제는 일체의 폭력을 비난하는 것이 아니고 단지 무용한 폭력을 비난하는 것뿐이다. 요컨대 작가가 자기를 위하여 해결하고 사람들에게 이해시키려고 노력하여야 할 문제는 목적과 수단의 문제이다. 이것은 본질적인 문제의 하나로서, 우리들 작가의 책임은 이 문제를 명확히 하기 위하여 노력하는 데 있다.

사르트르[39]의 《작가의 책임》

사르트르는 전후 실존주의 문학가로서 소개되고 지지되었다. 한때 헝가리 문제로 러시아이나 프랑스 공산당의 처사를 예리하게 비난하여 대단한 반향을 불러일으키기도 했다. 철학서로서는 《존재와 무》, 《유물론과 혁명》이 있다. 전자에서는 하이데거의 체계를 재구성하여 사회적 실천을 설명하고 행동의 제일 조건은 자유라고 주장했다. '자유의 존재론'이라고 불린다. 후자에서는 혁명의 철학은 인간 그 자체의 철학이며 주체적 자유를 명확히 의식하는 것으로서 처음으로 혁명적으로 될 수 있다고 설명하고 있다. 마르크스주의의 유물론을 비판하고, 혁명운동에 참가하는 인간의 주체의 문제를 강조했다. 지금까지의 마르크스주의가 개인 정신의 내부문제를 피하고 역사적 필연이라는 것과 같은 객관주의로서만 끝났던 것에 대하여, 사르트르의 주체성의 강조는 강한 공감을 가지고 받아들여졌다. 프랑스는 물론 그 밖의 나라에서도 널리 지지를 받았다. 앞 책은 '실감'을 주장하고 뒷책은 '주체'를 강조했다. 전후라는 새로운 환경 속에서 이제까지의 객관주의적인 사고방식에 수정을 가한 것이다. 어쨌든 어떤 사상이 정당하더라도 그것을 받아들여 행동하는 인간의 실감이나 주체성을 잊어서는 안 된다는 사고방식이다. 사르트르는 개개의 인간이 자기의 자유를 자각하고 행동함으로써 진실한 혁명운동이 행하여지지 않으면 안 된다고 말하

---

39) 사르트르(Jean Paul Sartre. 1905-80), 현대 프랑스의 철학자, 소설가, 극작가, 비평가. 파리에서 탄생. 에콜 노르말 철학과를 우수한 성적으로 졸업한 후에 베를린의 프랑스 회관에서 기숙하면서 독일 철학에 친밀해졌음. 소설 《구토》에 의하여 실존주의 문학을 창시함. 제2차 대전 중에는 소집되어 포로가 되었으나 탈출하여 반나치스운동에 종사함. 그동안 희곡 《파리떼》, 철학 논문 〈존재와 무〉, 소설 《자유에의 길》을 계속해서 써냄. 전후에는 미국의 초청도 받음. 잡지 〈현대〉를 창간하기도 함. 실존주의의 창도자로서 하이데거의 사조를 따른 무신론적 실존주의를 제창했다. 또한 인간 혁명과 사회 혁명을 통일하고자 하여 절대적 자유를 주장했다. 평론 《실존주의는 휴머니즘이다》, 《유물론과 혁명》, 소설 《벽》, 희곡 《더러워진 손》, 《내기는 끝났다》 등으로 알려져 있다.

고 있다. 카뮈와 논쟁했을 때, 카뮈가 러시아의 강제 수용소를 비난하자 이에 대하여 사르트르는 알제리나 인도차이나나 마다가스카르의 식민지 지배를 비난하며 대항했다. 실존주의이기는 하나 현저하게 사회성을 띠고 현상의 변혁을 구하는 혁명 운동을 지지했다. 카뮈는 폭력을 부정한다. 사르트르는 부득이한 폭력은 피할 수 없으므로 그것을 최소한도로 저지시켜야 한다고 설명한다. '스탈린 비판'에 대한 태도도 러시아의 구실을 그대로 인정하는 것이 아니고 자기의 입장에서 깊이 이해하려 하고 보다 나은 내일을 위하여 싸우고자 하는 의지를 뚜렷하게 표시하고 있다.

당시(1935년 전후)에 이 나라(러시아)를 비판하지 않는 것과 이 나라에 반대하는 외국의 선전을 돕지 않는 것이 나의 혁명적 의무였다는 것은, 당시에는 러시아가 혁명이 이룩된 유일한 나라이며 또한 사회주의 건설 도상에 있는 유일한 나라였기 때문이다. 나는 선전을 러시아에 반대하는 것과 같은 식으로서가 아니라 그것을 통해 우리 유고슬라비아에서 사회에 공헌하게끔 하는 것이 나의 의무라고 생각하고 있었다. 용기가 결여되었었다고 비난받을지도 모른다. 그러나 그것은 오해이다. 누구나 용기가 결여되었었다라고는 할 수 없다. 우리들은 당시에 대개 하나의 사상밖에 가지고 있지 않았다. 그것은 국제사회주의 운동의 발전을 방해하는 것과 같은 일은 아무것도 안 하겠다는 생각이었다. 나는 다른 사람들과 같이 이것은 일시적인 일, 러시아 국내만의 일로서 머지않아 잘되리라고 생각했다. 나는 제정시대의 러시아에도 있었던 일이 있기 때문에 당시의 사정이 얼마나 무서웠고 지독한 것이었나를 보고 알고 있었다. 내가 모스크바에서 본 것은 소름이 끼칠 정도의 것이었다는 것은 확실하다. 그러나 나는 나 자신에게 타일렀다. 이미 18년 이상의 세월이 흘러 갔으나 러시아의 동지들이라도 무엇이든지 모두 제대로 행한다는 것은 불가능하다라고.

티토[40], W.데티에 저《티토는 말한다》

티토는 공산주의 진영 속의 변형적 개종자였다. 1949년 '코민포름'은 티토가 파시즘으로 옮겨 인민의 적이 된 스파이라고 말하며 비난했다. 이것은 스탈린이 자기와 의견을 달리하는 사람을 제거하는 상투적인 방법이었다. 단지 다른 것은 티토는 어디까지나 굴복하지 않았다는 것이다. 그리고 5년 후에는 흐루시초프와 불가닌이 티토 대통령을 공식적으로 방문하여 이제까지의 비행을 인정했다. 그 책임은 처음엔 베리아, 후에는 스탈린 개인의 것으로 되었다. 티토는 스탈린을 비판하고 생존한 유일한 예외적 인물이다. 겨우 티토에 비교할 수 있는 예는 폴란드의 고물카 정도이다.

---

40) 티토(Tito, 1892-1980), 본명은 Josip Broz. 현대 유고슬라비아의 정치가, 군인. 금속공 출신. 제1차 대전 중에 러시아의 포로가 되어 혁명을 경험함. 귀국한 후에 혁명운동에 종사하여 1929년부터 34년까지 감옥 생활. 러시아로 망명하여 코민테른에서 활약. 제2차 대전으로 독일군이 침입함에 임하여 유고 공산당 서기장으로서 빨치산을 조직함. 1943년 해방위원회 의장으로 취임. 또한 다음해에 적군(赤軍)이 유고를 해방함에 있어 임시정부 수석으로 임명됨. 1945년 인민공화국의 성립과 동시에 수상이 됨. 1952년의 헌법 제정 이후에 초대 대통령으로 취임. 그간 1948년에 부르조아 민족주의적 편향을 범한 자로서 코민포름으로부터 제명되어 서구 진영에 근접하나, 스탈린의 사후 러시아나 동유럽 제국과의 우의를 회복했음. 아시아 아프리카의 제지역을 방문한 후 동서대립의 사이에 중립적 존재를 확보하고자 노력했다.

여기에 인용된 말은 1930년대 러시아의 대숙청에 대한 공산주의자 티토의 비통한 심경을 말한 것이다. 이때의 기억이 스탈린에 대한 불신의 마음으로 결정되고 만 것이리라. 또한 스탈린의 비판에 대하여 자기측이 정당하다고 하는 강한 자신을 지속시킨 것이리라.

이 수년간에 물리학자가 발표한 가장 놀랄 만한 발견의 하나는 물질이 존재하지 않는다는 사실이다. 그러나 잊어버리기 전에 이 발견은 아직 결정적인 것은 아니라는 것을 덧붙여 둔다. 물질의 본질적인 속성은 그 질량이며 그 관성(慣性)이다. 질량은 어느 곳에나 있고 또 언제나 정상적인 상태 그대로이다. 또한, 질량은 화학 변화를 부여한 결과 그 물질의 지각할 수 있는 모든 성질이 변해지고 별개의 물체가 되었다고 생각될 때에도 존속하는 것이다. 그런고로 만약에 질량, 즉 물질의 관성이라는 것이 실재 속에서 물질에 속하는 것이 아니고 실은 물질이 자신을 꾸미는 차용물(借用物)의 장식이며, 특히 그 항상성(恒常性)까지도 변화시킬 수가 있다고 증명할 수 있게끔 되었다고 하면 물질은 존재하지 않는다라고 말해도 지장이 없을 것이다. 그런데 그 일이 바야흐로 알려진 것이다.

푸앵카레[41]의 《과학과 가설》

푸앵카레의 입장은 기하학에 대한 사고방식 속에서 가장 잘 나타나고 있다.

기하학의 공리는 칸트가 생각한 것과 같이 선험적(先驗的)종합 판단도 아니고 또한 경험적 사실도 아니다. 편의상의 규약에 지나지 않는다. 그는 이 생각을 과학 전체에까지 미치게 했으니, 곧 상대주의이다. 그러나 직관의 필요를 설명하고 객관적 사실도 어느 정도 인정했다. 당시 수학에서는 비유클리드 기하학이 완성되어 공간의 문제가 논하여지고 있었다. 물리학에서는 라듐이나 그 외의 방사성 원소가 발견되어, 그에 동반해서 전자론이 문제가 되고 또한 양자론이나 상대성이론도 나오기 시작했다. 자연과학은 커다란 전환점에 처해 있었다. 이 시기에 푸앵카레는 천재적인 직감에 의하여 이제까지 애매하게 되어 있던 많은 문제에 해결의 실마리를 주었다. 여기에 인용된 부분은 《과학과 가설》의 끝부분에 나오는 말인데, 당시 세인을 놀라게 하였다. 전자(電子)라는 물질의 단위가 보통 말하여지는 질량을 갖고 있지 않으며 단지 전기적인 성질, 즉 에너지밖에 없다고 말하고 있는 것이다. 이것은 오래지 않아 이론에서나 실험에서나 인정되었다. 더욱이 푸앵카레는 빛의 속도보다 빠른 속도는 있을 수 없다는 명제에까지 도달하였다. 이것은 아인슈타인의 상대성원리의 일보전까지 근접한 것을 의미한다.

우리들이 경험할 수 있는 것 중에서 가장 아름다운 것은 신비한

---

41) 푸앵카레 (Henri Poincaré, 1854-1912), 프랑스의 수학자, 물리학자. 낭시 태생. 광산기사를 한 후에 파리 대학 교수로 취임. 1887년 과학학사 회원 또한 에콜 폴리데그니크의 천문학 교수가 됨. 수론, 함수론, 비유클리드 기하학. 미분방법정식론 등의 수학의 업적이나 물리학에 있어서 전기역학. 광학, 천체역학상의 연구 등 큰 공헌을 했다. 1907년 프랑스 아카데미 회원이 된 외에 각국의 아카데미 회원으로 선발되었다. 많은 상도 받았으나 특히 삼체(三體) 문제에 대하여 스웨덴 왕의 상을 받은 것이 유명하다. 《과학과 가설》, 《과학의 가치》, 《과학과 방법》, 《과학자와 시인》 등 저서도 많다.

것이다. 그것은 모든 진실한 예술과 과학의 원천이다. 이 감정과 인연이 없는 사람, 즉 벌써 발을 멈추고 놀라서 눈을 크게 뜰 수도, 무서움 때문에 자신을 잊고 가만히 걸음을 멈출 수도 없는 사람은 거의 죽은 것과 같다. 그의 눈은 닫혀 있다. 인생의 신비에 대한 통찰은 공포를 동반하고 있으나 한편으로 종교까지도 깨우쳐 일으킨다. 우리들의 이지로써 관찰할 수 없는 것이 진실로 존재하며, 그것은 우리들의 둔한 능력 중에서도 가장 원시적인 방법으로써만 이해될 수 있는 것 같은 최고의 지혜와 가장 화려한 미(美)로 되어 나타난다는 것을 아는 것 — 이 지식, 이 감정은 진실한 종교심의 중심을 이루고 있다. 이 의미로서 아니, 이 의미만으로서만 나는 마음속으로부터 종교에 귀의하고 있는 사람들 중의 한 사람이다.

아인슈타인[42]의 《나의 인생관》

아인슈타인은 1933년 나치스 정권이 수립되었을 때 유태

---

42) 아인슈타인(Albert Einstein, 1879-1955). 미국(독일 태생)의 이론물리학자. 남독일 출신으로 취리히 공업대학에서 수학. 1905년 특수상대성이론을 발표, 또한 열의 분자론에 새로운 설명을 가했다. 또한 광양자(光量子)의 가설을 세워서 학계의 주목을 끎. 취리히 대학 강사, 프라하의 독일 대학 교수. 취리히 공업대학 교수를 거쳐서, 1914년부터 베를린 대학의 물리학 교수, 카이저 빌헬름 연구소 물리학 부장으로 근무함. 1913년부터 16년에 걸쳐 일반상대성원리를 완성하고 우주론의 연구에 정진함. 이 이론은 에딩턴의 일식 관측에 의하여 실증되어 세계적인 주목을 받게 됐다. 그 사이에 '보스 — 아인슈타인의 통계'를 확립. 오래지 않아 상대성이론을 발전시켜 만유인력 및 전자기학을 포함하는 '장의 통일이론'을 형성했다. 1921년 노벨물리학상을 받았다. 1933년 나치스에 의해 추방되어 도미. 프린스턴 대학 고등연구소 명예교수가 되고 후에 미국의 시민권을 얻었다. 평화운동, 세계연방운동을 열심히 지지하고 원자폭탄의 제조를 루스벨트 대통령에게 진언한 것으로 알려져 있다. 주저로는 《상대성원리강화》가 있고 전문 외의 저서도 많다.

계이기 때문에 추방되어 미국으로 건너가 프린스턴 학술연구소의 과학부장으로 초빙되었다. 제2차 세계대전이 한창일 때 독일에서 원자폭탄의 연구가 행하여지고 있음을 알고, 이것에 대항하려면 미국에서 먼저 기선을 제압하여 이 새로운 폭탄을 제조하지 않으면 안 된다고 루스벨트 대통령에게 진언했다. 그것이 1939년의 일이었다. 그 극비의 편지 속에서 "우라늄 원소는 극히 가까운 장래에 새로운 에너지의 원천이 될 것이다", "그리고 이런 형의 폭탄을 한 개 작은 배에 실어서 항구에다 폭발시키면 항구의 전부와 그 인근 지역까지 파괴될 것이다"라고 진술했다. 이 편지를 받고 루스벨트 대통령은 '맨해튼 계획'을 세워, 5년 후인 1945년 7월 16일, 뉴맥시코 주 앨라머고도에서 최초의 원자폭탄 실험에 성공하였다.

원자폭탄 성공의 토대가 된 것은 유명한 공식 $E=mc^2$이다. 에너지는 질량에 빛의 초속(30만km)의 제곱을 곱한 것과 같다. 라듐이나 우라늄과 같은 방사성 물질이 몇백 년 동안 계속해서 입자를 발산할 수 있는 것은 물질의 질량이 이와 같이 방대한 에너지의 응집이기 때문이다. 태양이나 그 외의 항성이 몇 10억 년 동안 빛과 열의 복사를 계속할 수가 있는 것도 같은 이유이다. 이 공식이 발표됐을 때 인류는 머지않아 한 주먹의 흙, 한 그릇의 물로부터 자동차가 10년 동안 계속해서 달릴 수 있는 에너지를 끄집어낼 수 있다는 희망에 부풀었다. 그러나 인류의 도덕이 보다 더 진보한 연후가 아니고 이것이 악용될 때에는 지구 자체가 파괴될지도 모른다는 경고도 발표되었다. 현재 지구를 파괴하는 데까지는 가 있지 않으나 인류의 파멸이라는 위험은 충분히 생각될 만하다. 이 공식이 없었다면 원자핵 에너지의 해방은 성공 못했을 것이다.

아인슈타인의 최초의 공적은 1905년에 발표한 '특수상대성이론'이다. 하나의 물체의 공간에 있어서의 절대운동이라는 사고방식을 부정한 이론이다. 공간에는 절대로 정지하고 있는 것은 없다. 지구의 운동은 태양에 대해서이다. 태양의 운동은 다른 항성에 대해서이다. 1천억의 항성을 갖는다는 은하계의 운동은 다른 성운 우주에 대해서이다. 이 사고방식으로 보면 속도, 길이, 크기, 질량, 그리고 시간 등 모든 것이 상대적인 것이 된다. 예를 들면 시간은 관측자의 위치와 속도에 상대적인 것이며 절대적인 것은 아니다. 멀리 있는 별에서 일어난 폭발 비슷한 현상을 지구인이 관측한다. 그 현상이 지구인에게 보일 때는 바로 그때 그 별 위에서 발생하고 있는 것은 아니다. 빛은 매초 30만km의 속도로 달리기 때문에 원거리에 있는 별에서 일어난 현상이 지구에 전해져 오기까지는 시간이 걸린다. 그 결론으로서 시간도 공간도 일방적으로는 존재가 불가능하며 서로 의존해 있음을 알았다. 우리들은 시간을 제4의 차원으로 하는 4차원의 세계에 살고 있는 것이 된다.

'특수상대성이론'은 이상과 같이 모든 운동이 상대적인 것임을 주장한다. 또 한 가지 1887년에 마이컬슨과 몰리라는 두 미국인 과학자는 빛의 속도를 실험하고, 그 결과 관측자가 빛에 가까워지는 운동 속에 있어서도 또한 빛으로부터 멀어지는 운동 속에 있어서도 속도가 동일함을 알았다. 빛의 속도는 장소, 시간, 방향에 무관하게 일정하다. 아인슈타인은 그 실험 결과를 승인하고 무엇이든 빛의 속도를 능가할 수는 없다는 가정을 세웠다.

아인슈타인의 '특수상대성이론'은 직선상의 등속운동만을 대상으로 하는 것이어서 기타의 운동에는 적용할 수가 없었다. 그런데 유성, 항성, 기타의 천체 운동은 결코 등속운동이 아니다. 아인슈타인은 그러한 운동의 모든 것을 포함하는 이론을 추구하여 '일반상대성이론'을 발표하고, 이제까지의 물리학에 의한 우주관을 근본적으로 정정했다. 이제까지는 중력이 뉴턴이 제창한 '힘'이라고 생각되어 왔었다. 그것에 대하여 아인슈타인은 천체 주위의 공간이 자석 주위의 자장과 같이 하나의 중력의 장(場)임을 증명했다. 태양 주위에는 강한 자력장이 있기 때문에 그곳을 통하는 광선은 직선이 아니고 곡선으로 구부러져서 달린다고 생각했다. 이것은 1919년 개기일식(皆旣日蝕)을 관측했을 때 증명되었다.

아인슈타인은 또한 공간은 굽어져 있다고 주장했다. 그 결과 우주는 곡률(曲率)을 가지고 있으며 유한하다고 보았다. 한 점으로부터 나온 별의 빛은 몇억 년 후에는 같은 곳으로 되돌아온다. 그것은 지구상의 한 점으로부터 출발하여 똑바로 전진하면 같은 곳으로 되돌아오는 것과 비슷하다. 지구의 경우는 3차원의 공간이나 우주의 경우에는 시간이라는 요소를 넘어서 4차원이 되어 있는 점이 다르다. 지구상의 일점은 어느 곳을 취하나 지구 표면의 중심이지만 우주는 어느 점에서나 우주의 중심이다. 우주에서는 어느 곳이 여기서 끝이라는 경계를 정할 수 없으나 유한하다.

이상과 같이 아인슈타인의 이론은 물질의 최소 단위부터 우주의 극대에까지 미치고 있다. 단순한 자연과학자가 아니라 우주의 본질에 대하여 체제에 알맞은 감동을 가지고 있었다. 정치적으로는 전체주의를 배척하고 민주주의를 깊이 사랑했다. 또한 세계 평화를 진심으로 기원했다.

생명 진화의 여러 가지 단계에 대한 연구는 이미 독자도 이해한 바와 같이 지극히 중대한 문제이다. 우리들은 이 문제의 해결을 위하여 아직도 단백질의 여러 가지 속성을 연구하지 않으면 안 된다. 또한 아교질 유기체, 효소, 원형질 구조 등을 더욱 연구하지 않으면 안 된다. 연구의 전도는 멀고 험난하다. 그러나 생명의 본질에 관한 궁극적 지식이 머지않아 우리들의 것이 되리라는 것은 의심할 여지가 없다. 생체의 인공적인 건축 또는 합성은 현재로는 아직 요원한 문제이다. 허나 그렇다고 해서 도달할 수 없는 목표는 아니다.

오파린[43]의 《생명의 기원》

여기에 인용한 말은 《생명의 기원》의 마지막 부분에 나온

---

43) 오파린 (Aleksandr Ivanovich Oparin, 1894-1980), 현대 러시아의 생화학자. 모스크바 대학을 졸업. 1929년에 동 대학 교수가 됨. 1935년 소동맹과학아카데미 부속 바하생화학연구소의 창립에 참가하여 후에 소장으로 임명됨. 1946년 과학아카데미 정회원으로 되었다. 세포 내의 효소의 상태와 작용의 변화에 한한 연구를 하여 설탕 · 빵 · 술 등의 제조공법에서 새로운 면을 개척했다. 또한 유물론의 입장에서 생명의 기원을 고찰하고 물질의 발전 과정을 무기물부터 유기물에 달하는 역사적 법칙으로 다루어 진화의 생화학적인 연구의 길을 열었다. 주요한 저술은 《생명의 기원》, 《외부 작용의 영향에 의하여 식물 세포 내에 생기는 효소 작용의 변화》 등이 있다.

다. 생명의 인공 합성에 대한 예언으로서 주목할 가치가 있다. 지금까지 생물학자는 생명의 기원에 대하여 논하는 것을 피하여 왔다. 그것은 과학적 탐구가 미치지 못하는 곳이라고 단념했던 것이다. 하물며 생명이 인공적으로 합성된다는 것과 같은 말을 하는 생물학자는 없었다. 오파린은 감히 이 곤란한 문제에 손을 댔던 것이다. 1923년 다음과 같은 견해를 발표했다. "생명은 원초적인 유기물질이 천천히 진화한 결과로 출현한 것이다" 그 후에 천문학, 지구물리학, 지구화학, 생화학 등의 성과를 끌어들여 생물의 물질적 기초를 이루는 여러 가지 원소의 역사에 주목했다. 그 결과 생명의 유기체의 토대를 이루는 탄소와 그 결합의 역사를 중요시하였다. 이 문제를 해명하기 위하여 태양계에서 탄소가 어떠한 존재 형태를 취하고 있는가를 조사했다. 이제까지는 탄산가스가 지구 최초의 탄소화합물이라고 생각되고 있었으나 그것을 부정하고 탄화수소야말로 최초의 유기물이라고 주장했다. 지구의 핵에 포함되어 있던 탄화물이 지상으로 튀어나와 수증기와 접촉해서 탄화수소가 창조되었다. 또한 탄소, 수소, 산소가 결합하여 간단한 유기물이 생겨나게 되었다. 그리고 원시해양에서 복잡한 고분자 화합물이 생겨났다. 거기에서 최초의 단백질이 생겨난 것이다.

단백질은 생명의 토대이다. 최초의 간단한 단백질은 '코아세르베이트'로서 주위로부터 물질을 취하여 이것과 반응하여 물질적 변화를 일으킨다. 그리고 '코아세르베이트'란 아교질 용액 속에서 콜로이드 입자가 모여 생기는 액적(液滴)용액을 말한다. 이것은 오파린이 생명의 기원을 생각함에 있어서 가장 중요시한 가정이다. '코아세르베이트'의 내부에서 효소가 생기고 또한 효소를 생기게 하는 기관도 이루어졌다. 즉 외계의 물질을 동화하여 새로운 구조 물질로 자기를 변화시켜갈 수가 있도록 된 것이다. 이 복잡한 과정을 거쳐서 성장과 분열을 이루는 가장 하등한 생명이 발생한 것이다.

　　사랑하는 것도 또한 좋은 일입니다. 왜냐하면 사랑은 고난이기 때문입니다. 사람으로부터 사람에게로의 사랑이야말로 우리들에게 부과된 가장 괴로운 것이며 궁극의 것이며 최후의 시련 — 그 밖의 일체의 일은 단지 이것을 위한 준비이다 — 인 것입니다. 그러므로 어떤 일에 있어서나 초심자인 젊은 사람들은 아직 사랑을 할 수가 없습니다. 그들은 그것을 배우지 않으면 안 됩니다.

릴케[44]의 《젊은 시인에게 보내는 편지》

　　여기에 인용한 부분에 이어서 릴케는 다음과 같이 말하고 있다.

　　"젊은 사람들은 사랑이 그들을 엄습할 때 서로 몸을 내던

---

44) 릴케(Rainer Maria Rilke, 1875-1926), 독일의 시인, 소설가. 프라하 태생. 오스트리아 육군유년학교를 중퇴하고 프라하, 뮌헨, 베를린 대학에서 청강. 러시아에 두 번 여행하고 톨스토이와 만남. 그곳에서의 체험을 토대로 《신의 이야기》, 《형상시집》 등 종교성이 강한 서정시가 생겨났다. 후에 파리에서 살고 로댕에게 마음이 쏠려 그의 비서가 됐다. 사물의 내면에 눈을 돌린 《시도집(詩禱集)》, 《신시집》을 발표. 후에 이탈리아, 스칸디나비아. 오스트리아, 스위스 등 각지를 방랑하고 소설 《말테의 수기》를 저술하여 하나의 혼의 편력을 취급했다. 만년에는 스위스의 벽촌에서 지내고 《두이노의 비가》, 《오르페우스에게 바치는 소네트》 들의 인간 송가를 남겼다.

지거나 혼란, 난잡의 한가운데에 있는 것처럼 자신들을 흩뜨려 버린다. 이것은 대단한 잘못이다. 그렇다면 사람은 자기 외의 한 사람을 위하여 자기를 상실하고 또한 그 상대를 잃고 또한 이제부터 오고자 하는 많은 사람들을 잃고 만다."

릴케는 사랑이라는 것이 어려운 것임을 젊은 사람에게 열심히, 친절하게 가르치고자 한 것이다. 또한 성 (性)에 대하여는 이렇게 말하고 있다.

"성을 생활의 구석으로 쫓아 버리는 것은 좋지 못하다. 또한 자손의 문제와 직접 연결시켜서 생각할 필요도 없다. 사람과 사람이 껴안을 때 육체의 내부 한 곳에서 눈뜨는 말할 수 없는 환희는 인간의 신체 속에 살짝 숨어서 살고 있는 미묘한 힘이다. 어린애는 몸 전체가 이 힘으로 싸여 있다. 그러나 어른은 육체의 일부밖에 '어린애'가 아니다."

릴케는 또한 예술에 대하여, 고독에 대하여, 신에 대하여, 죽음에 대하여 아름답게 말하고 있다. 릴케의 내적인 생활은 놀라울 정도로 깊고 또한 미묘하다. 릴케의 〈장미의 내부〉라는 시에서 인용하고 싶다.

어디에 이 내부에 견줄 만한
외부가 있는가. 어떤 고통을
사람들은 이러한 마포로 씌우는가.
그 어떤 하늘이 이 안에 비치는가.
이 활짝 핀 장미의
근심 없는 꽃
안에 펼쳐진 바다에, 보라.

그들이 유유한 속을 유유하게
가로누워 있는 모습을, 떨리는 손이
그들을 흔들어 떨쳐 버릴 수도 없게.
그들은 거의 자기 자신조차도 보존 못 한다.
그러나 꽃은 흘러 넘쳐
안에서 흘러 나와
차츰 더 충만해 간다.
온 여름이 하나의 방안이 되기까지.
꿈속의 한 방으로.

거기에는 대지도 공기도 법칙도 없다. 결여되어 있는 이것들을
창조하는 것이 나의 임무이다. 그것은 자기에게 부족되어 있는 것을
취득하기 위한 것이 아니다. 오히려 자기에게는 무엇 하나도 결여된
것이 없다는 것을 자기 자신을 향하여 말할 수 있기 위해서다. 왜냐
하면 이 노력에는 그대로 다른 노력의 자취가 있기 때문이다. 가장
독창적인 노력까지에는 미치지 않더라도 그것에 가까운 것의 반영
과 빛이 존재하기 때문이다. 그러나 이 임무의 전체적인 규모에 대
해서는 나는 모른다. 나는 내가 아는 범위 내에서 삶이 요청하는 어
떠한 것이라도 인간에 공통되는 빈약성의 밖에서 문제로 삼은 적은
없다. 인간에게 공통되는 빈약성 — 그것도 이 각도에서 생각하면
거대한 힘이나, 그 빈약성을 포함하여 나는 자신의 시대의 소극성을
힘차게 받아들이고 말았다. 이 시대는 여하간 나에게는 가장 가깝게
느껴지는 것이며 이 시대를 패배시킬 권리가 나에게는 없다. 그러나
미미하게 약한 적극성에도, 또는 결국은 적극성으로 전환하고 말 극

단적 부정성에도 나는 태어날 때부터 인연을 갖고 있지 않다. 키에르케고르와 같이 이미 허약한 기독교의 인도로 인생에 들어선 것도 아니며 또한 시오니스트들과 같이 바람으로 운반되는 유태교의 말단을 부여잡고 있는 것도 아니다. 나는 하나의 종점 내지는 하나의 시점이다.

카프카[45]의 《일기》

카프카는 고독의 작가이다. 생존시에는 물론 인정받지 못했다. 죽은 후에 유고가 발표되었을 때도 일부 사람들밖에 그 진가를 인정하지 않았다. 제2차 세계대전 후에 프랑스에서 사르트르 등의 실존주의 문학이 왕성해졌을 때에야 그 선구자로서 칭찬받게 되었다.

카프카의 세계는 '부조리'의 세계이다. 그 작품에는 말하기 어려운 우수의 분위기가 수반되어 있다. 현대의 모순을 오히려 정면으로부터 저지시키고 있기 때문이다. 그가 유태계였던 것도 그 독자적인 문학을 이룩하는 데 도움이 되었다. 또 체코슬로바키아(당시는 오스트리아 제국의 일부)의 프라하라는 곳이 그의 정신에 깊은 영향을 주었다. 프라하는 서유럽의 말단 지역으로 또한 슬라브계의 분위기로 덮여 있

---

45) 카프카(Franz Kafka, 1883-1924), 오스트리아 작가. 프라하의 유태인 상가에서 태어남. 상해보험국에 10년간 근무하였으나 폐환으로 일찍 죽음. 표현주의로부터 출발하여 제1차 대전 전후의 사회적 모순과 현대인의 고독에 대한 형이상학을 만들어 냄 . 생전에는 일부에서만 인정되는 것에 불과했으나 사후에 친구가 유고를 추림에 따라 전체의 모습이 명백하게 되었다. 실존주의 철학의 선구자로서 특히 제2차 세계대전 후의 프랑스에서 높이 평가됨. 대표작은 《변신》, 《심판》, 《성》, 《아메리카》 등이 있고 서한집, 일기 등도 남아 있다.

는 곳이다. 이상의 조건 속에서 싹튼 것이 카프카의 문학이다. 현대 사회의 무모함과 절망을 예리하게 포착하여 그곳으로부터의 탈출을 시도한 것이다. 카프카는 "나는 정치적인 것은 하나도 모른다"라고 말하고 있는데 그 점에서는 같은 실존주의자 사르트르와는 아주 다르다. 오히려 카뮈에 가깝다. 그러나 카뮈는 징치를 모르는 것이 아니라 정치에 등을 돌리려고 한 것이다. 카프카는 파시즘의 도래를 예언했다고도 하나 파시즘에 한하지 않고 전체주의 내지는 정치의 비인간적인 성격을 말한 것이다. 그러한 세계에의 저항이 여기에 인용한 문장 속에 미묘한 형태로서 표현되어 있음을 알 수 있다.

공간에 기하학(입체기하학)이 있는 것과 같이 시간에는 하나의 심리학이 있다. 그러나 평면심리학의 계산은 시간 속에서는 이미 정확한 것은 아니다. 왜냐하면 평면심리학의 계산은 시간이라는 것을 고려치 않고 시간이 취하는 하나의 형태, 즉 망각이라는 것을 생각하지 않기 때문이다. 내가 그 힘을 느끼기 시작하고 있는 망각, 이것이야말로 현실과 언제나 모순되어 있는 살아 남은 과거를 조금씩 파괴해 가는 것이며 현실에 적응하기 위한 실로 강력한 도구이다.

프루스트[46]의 〈사라진 알베르틴〉

이것은 '시간의 심리학'을 진술한 것이다. 《잃어버린 시간을 찾아서》의 주인공인 '내'가 알베르틴이라는 여성을 사랑하고 있을 때의 감상이다. 지금은 알베르틴을 사랑하고 있으나 머지않아 사랑하지 않게 되는 날이 올 것이라고 생각한다. 즉 사랑이란 심리도 시간의 경과와 함께 옮겨지는 것이라고 본다.

알베르틴과 '내'가 어떠한 관계에 있나, 그것을 알기 위하여 《잃어버린 시간을 찾아서》의 개요를 살펴보고자 한다. 이 작품은 7편으로 되어 있다. 제1편은 〈스왕가의 사람들〉, 제2편은 〈꽃핀 소녀의 그늘에서〉, 제3편은 〈게르망트 가의 사람들〉, 제4편은 〈소돔과 고모라〉, 제5편은 〈갇힌 여인〉, 제6편은 〈사라진 알베르틴〉이다. 제7편이 〈되찾은 시간〉이다.

〈스왕가의 사람들〉에서는 병약하며 문학을 지망하고 있는 주인공인 '내'가 유년 시대를 지낸 노르망디의 콩브레이 촌을 생각해 낸다. 이 마을에는 두 개의 산보로가 있었다. 하나는 풍족하고 교양이 깊은 유태인 스왕 가로 통해 있었다. 하나는 왕가의 혈통을 계승하는 게르망트 공의 집으로 통해 있었다. 이 두 개의 방향은 '나'의 성장에 있어 커다란 역할을 하여 최후에는 한 명의 소녀 속에서 하나가 된다. 게르망트 가의 사람들은 스왕 가의 당시의 주인 스왕이 오데트라는 매춘부를 부인으로 삼았다는 이유로 교제를 끊고 있었다. '나'

---

46) 프루스트(Marcel Proust, 1871-1922). 프랑스의 소설가. 부친은 의사로 위생학의 대가, 모친은 부유한 유태인이었다. 9세 때에 앓게 된 해소가 신병이 되었다. 리세, 콩도르세, 계속해서 파리 대학에서 수학. 문학에 열중하고 사교생활에 탐닉함. 개인 잡지 〈향연〉을 발행. 후에 시문집 《즐거움과 나날》을 발행했다. 1900년 베네치아에 체류하며 번역, 평론, 수필을 발표함. 부모의 죽음으로 인한 충격과 병세의 악화로 말미암아 사교계를 떠나 코르크로 벽이 된 방에 파묻혀 그때까지 써내려 온 20여 권의 수첩을 기초로 대작 《잃어버린 시간을 찾아서》를 15년 동안 계속해서 썼다. 이 장편은 20세기 최고의 심리소설이라고 말해진다. 《모작과 잡조(雜組)》, 《시평집》 등의 평론집 외에 서한집도 있다.

는 어느날 스왕 부인의 딸 질베르트를 보고 딸에게 첫사랑의 마음을 기울인다. 그러나 실연하여 따로 알베르틴이라는 소녀에 대하여 동경을 갖게 된다. 그 여자는 스왕 부인 살롱의 일상 손님인 한 정치가의 아내의 조카이다. 그 여자는 '나'의 키스를 거절하고 사라져 버린다.

〈꽃핀 소녀의 그늘에서〉는 파리에 있어서의 소년 시대의 추억이 이야기된다. 스왕 씨는 그의 처 오데트를 받아들이는 살롱을 구한다. '나'는 오데트를 숭배하고 질베르트를 다시 사랑하나 또 실망한다. '나'는 조모와 함께 발베크 해변에 가서 그곳에서 알베르틴과 친해진다. '나'는 살류스 남작이라는 이상한 인물과도 알게 된다. 그는 조모의 학창 시대의 친구 뷔르팔지 부인의 조카이다.

〈게르망트 가의 사람들〉에서는 '내'가 파리에서 본 사회 생활 — 뷔르팔지 부인의 다회(茶會)나 고(故) 게르망트 부인의 만찬회에 대해 많은 페이지가 할애되어 있다. '심정의 간헐성(間歇性)'이라는 이론이 되풀이되어 펼쳐진다. 그것은 같은 인물의 인상을 시차를 둔 간헐적인 묘사로 되풀이하여 묘사하며 정착시켜 나간다는 독자적인 수법이다. 이것은 프루스트의 발명인 것이다.

〈소돔과 고모라〉는 제명이 표시하는 바와 같이 동성애가 진술되어 있다. 또한 드레퓌스 사건도 배경으로 되어 있다. 스왕은 유태인으로서 드레퓌스 측에 섰다. 게르망트 공은 무죄를 믿고 있었으나 귀족의 입장이라서 괴로워하고 있었다. 또한 '나'는 살류스 남작이나 알베르틴에 진력이 나면서도 무엇인가 헤어지기 어려운 기분이다.

〈갇힌 여인〉에서는 '내'가 파리에서 알베르틴과 함께 살며 그 여자의 동성애에 고민하고 그 여자를 유폐시킨다.

〈사라진 알베르틴〉에서는 돌연 알베르틴이 집을 나간다. 그 여자는 발베크로 도망간 것이다. 거기서 낙마하여 죽어버린다. 그 여자가 죽은 후에 오히려 새로운 추억, 의혹, 질투에 고민한다. 그 여자를 추억하지 않기 위하여는 모든 것을 잃어버리는 것이 필요했다. '나'는 베니스로 여행한다. 거기서 첫사랑의 여인 질베르트를 만난다. 그 여자는 게르망트 가에 시집 가서 딸을 낳았다.

〈되찾은 시간〉은 제1차 세계대전 중의 파리가 무대이다. 질베르트의 남편은 전사하고 말았다. 그리고 '나'에게는 게르망트 가와 스왕 가 사이에 태어난 상 루양이 소개된다. 그 여자는 '시간'이 낳은 걸작이다. '나'의 유년 시대부터의 동경의 방향이었던 '게르망트 가의 사람들'과 '스왕 가의 사람들'이 많은 변천을 거쳐 상 루양의 속에 하나로 결합된 것이다.

이 소설은 19세기의 사실소설과는 전혀 다른 방법으로 씌어진 것이다. 그 방법의 하나는 '시간의 심리학'이다. 그것에 의하여 '나'라는 인물의 유년 시대부터 현재에 이르기까지의 정신의 과정이 입체적으로 더듬어져 있다. 그리고 무의식적 기억과 의식적인 기억이 서로 혼합되어 개인의 과거의 모든 것(잃어버린 시간)과 구성되어져 최후에는 개인의 '시간'이 높은 차원에서 다른 개인의 시간과 합쳐져 하나가 된다. 이 소설의 주인공이 '시간'이라고 말하여지는 것은 이 때문이다.

《잃어버린 시간을 찾아서》는 제임스 조이스의 《율리시즈

(1922년)》와 함께 '신심리주의 문학' 을 대표하는 것이다. 《율리시즈》에서는 '의식의 흐름' 이라는 방법이 취하여 졌다. 카프카와 같이 이 새로운 문학의 창조와 미묘한 관계를 갖는 것으로 생각된다.

　그런데 유럽은 거대한 시가와 같이 점차로 만들어지고 있다. 거기에는 박물관도, 정원도, 작업장도, 실험실도, 살롱도 있다. 베네치아가 있고 옥스포드가 있고 세빌리아가 있고 로마가 있고 파리가 있다. '예술' 을 위한 도시도 있으며 '학문' 을 위한 도시도 있고 오락과 기구를 모아 놓은 도시도 있다. 유럽은 오래지 않아 문제되지 않을 정도의 극히 짧은 시간에 모두 편력할 수 있을 정도로 작아질 것이다. 유럽은 모든 기후를 다 포함할 정도로 크고 여러 가지 문화나 지형을 갖고 있을 정도로 다양성을 가지고 있다. 외견으로 이것은 인간에게 편이한 여러 가지 조건이 적당하게 정리되어 든든하게 조화된 걸작이다. 그리고 사람들은 여기에서 유럽인이 되었다. 나는 이 유럽과 유럽인이라는 말에 지리적인 것 이상의, 역사적인 것 이상의, 말하자면 어느 정도의 생리 기능적인 의미를 덧붙이는 것을 허락받고 싶다. 내 생각대로 제멋대로 말을 하자면 대개 다음과 같이 된다. 유럽이라는 것은 어떤 인간적인 다양성과 특히 혜택을 받고 있는 한 지역으로부터 생겨난 일종의 조직이며 결국 대단한 혼란을 갖고 있는 활발한 역사에 의하여 만들어진 것이다라고. 이러한 상황이 결합된 것으로부터 생겨난 것이 유럽인인 것이다.

발레리[7]의 《평론집》

　이것은 발레리가 유럽인에 대하여 말한 문장이다. 발레리의 양친은 이탈리아계였다. 유럽인을 생각할 때 이 일이 다소 영향을 주었는지도 모른다. 그는 유럽인의 형성에 있어서 로마의 영향을 다소 중하게 생각했다. 기독교에 대해서도 그 영향의 범위가 로마 제국과 일치하고 있음도 지적하고 있다. 또한 그리스의 영향도 들어 이 점에서 유럽인은 다른 인류와 상이하다고 생각한다. 예술가는 모든 나라에 있었으나 과학자는 유럽밖에 없었다. 이것은 그리스의 덕분이라고 한다. 유럽인에 대한 이런 종류의 사고방식은 라틴계 민족의 역할을 극히 크게 본 것이다. 게르만인의 역할을 경시하고 있는 것이 과연 발레리답다.

시인 발레리에 대하여 프랑스의 비평가 지포데(1814-1936)는 이렇게 평하고 있다. "발레리의 시는 소위 고전파와 고답파 및 상징파의 세 개의 프랑스 시운동의 교차점에 있으며

---

47) 발레리(Paul Valéry, 1871-1945). 프랑스의 상징 시인, 사상가, 평론가. 세관리를 부친으로 하고 지중해의 항구 세트에서 탄생. 각지를 여행했다. 중학 시대에는 학과에 흥미를 갖지 않고 건축 회화를 거쳐 문학과 친해짐 몽펠리에 대학 법과에서 수학한 후 파리로 나와 말라르메에게 사사함. 데카르트, 다 빈치, 포를 연구함과 동시에 자연과학의 방법을 받아들인 평론을 저술함. 이 주지적 경향은 《레오나르도 다 빈치의 방법 서설》을 처음으로 그 후의 저작에 일관되고 있다. 《테스트 씨와의 저녁 시간》에서 자아의 메커니즘을 추구. 후에 10여 년 간이나 침묵을 지키다가 1913년부터 시작으로 돌아가 〈젊은 파르크〉, 〈매혹〉을 발표했다. 또한 《정신의 위기》, 《현대의 고찰》 등의 문명 비판, 《예술론집》, 《바리에테》, 《고정관념》, 《도가에 대하여》 등의 평론집, 대화체 작품 《에우팔리노스》 등을 계속해서 저술함. 그 사이에 1925년 아카데미 회원이 되고 1934년부터 콜레즈 드 프랑스에서 시학을 강의했다. 제2차 대전 중에는 파리에 머무르며 항독운동을 지휘했다. 전통적 시학 위에 시정신과 비판적 정신과 함께 인간 정신의 모든 면에 걸친 고찰을 하고 20세기 서유럽 지성의 최고봉 중 한 사람이 되었다.

그것들을 공통적인 하나의 성질 속에 모으고 있다." 발레리는 상징시의 극치에 순수시를 만들어 냈다. 그러나 발레리의 장점은 난해한 시보다는 투철한 산문 쪽에서 더 많이 발견된다. 그는 비평가이며 사상가였고 특히 문명 비평에 뛰어났었다.

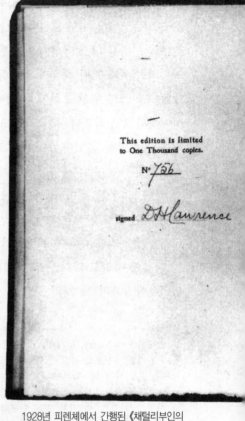

This edition is limited to One Thousand copies.

Nº 756

signed D H Lawrence

1928년 피렌체에서 간행된 《채털리부인의 사랑》

사랑은 이 세상의 행복이다. 그러나 꼭 그 비(非)를 찾을 곳이 없을 정도로 완성된 것만으로 국한되지는 않는다. 사랑이란 두 개의 것이 하나의 상태로 되는 것이다. 그러나 하나로 된다는 것은 그 이전에 같은 등급의 것이 떨어져 존재해 있음을 전제로 한다. 사랑에 있어서는 그것들이 결합하여 하나가 되고 환희와 찬미를 서로 나누어 갖는다. 그것도 그 이전에 분리되어 있었기 때문에 둘은 처음으로 결합할 수가 있는 것이다. 그러므로 이미 하나의 완성된 결합의 고리 속에 결합된 사람들은 사랑을 그 이상으로 진행시킬 수 없다. 사랑은 이 순간에 마치도 바닷물이 찼을 때와 같

이 완성되어 운행을 정지
한다. 그리고 만조가 있는
이상에는 간조도 있지 않
으면 안 된다.

로렌스[48]의 《사랑》

로렌스는 《채털리
부인의 사랑》의 저자
로서 알려져 있다. 로
렌스는 제임스 조이
스, 프루스트 등과 어
깨를 겨루는 1920년대
의 '신심리주의 문학
가' 중 한 사람이다.
그의 작품의 반은 자
전적인 소설이다. 《아
들과 연인들》에서는
아버지와 아들의 문제
를 정신분석에서 말하는 '오이디푸스 콤플렉스'의 관점에서
취급하고 있는 것같아 보인다. 그러나 로렌스는 단지 정신분
석을 문학에 응용했을 뿐인 작가는 아니었다.

로렌스의 본령은 '성의 형이상학'을 세운 점에 있다. 인간
과 인간이 하나로 결합하기 위하여는 성의 힘을 빌지 않으면
안 된다고 생각했다. 이제까지 성은 더러운 것으로서 숨겨져
있었다. 그것을 백일하에 노출시켰기 때문에 세인의 반발을

산 것도 무리는 아니었다. 위선화한 기독교 도덕에 대한 대담한 도전이라고 보았다. 이 때문에 로렌스는 본국을 떠나 각지를 유랑하지 않으면 안 되었다. 아일랜드를 떠난 제임스 조이스와 비슷하다. 로렌스의 문학과 사상은 영국의 전통적인 문학에 대한 하나의 이단이었다. 그는 프루스트 등과 같이 문학의 새로운 차원을 개척하고 그것을 다른 축(軸) 위에 정착시킨 것이다.

깊은 감사의 뜻을 품고 나는 인상파의 화가를 생각한다. 그들의 그림은 젊은 나로 하여금 자연의 훌륭함, 인생의 즐거움, 예술의 힘에 대하여 눈뜨게 해주었다. 나는 선생애를 통하여 이 화가들에 대한 애정은 계속해서 품어 왔다. 말할 필요도 없이 나는 라파엘로, 램브란트, 틴토레토의 작품을 앞에 놓고 누구나가 하듯 황홀한 몇 시간인가를 보내기도 했다. 그러나 나는 이들의 작품을 이미 손이 미치지 못하는 과거, 훨씬 이전에 사라져 버린 세계로서 보았던 것이다. 이에 반하여 인상파 화가들은 그 일이 내가 태어나기 훨씬 이전에 이루어졌음에도 불구하고 언제나 동시대인과 같이 생각되었다.

---

48) 로렌스(David Herbert Lawrence. 1885-1930), 영국의 소설가, 시인. 노팅검셔의 탄광부의 아들로 태어남. 중류계급 출신인 모친의 열렬한 사랑과 촉망을 받고 자라났는데 그것이 후년에 작품 속에서 성의 문제를 중시하는 계기가 되었다. 고학으로 동지의 대학에서 수학하고 교사 자격을 얻음. 재학 중에 《공작(孔雀)》을 출판. 은사의 부인을 사랑하여 둘이서 유럽 대륙으로 도망함. 귀국 후에는 제1차 대전 중의 간첩 혐의 때문에 《무지개》가 발매 금지됐다. 전후에는 구미 각지에 체류, 남불(南佛) 니스 근처에서 죽었다. 《아들과 연인들》, 《채털리 부인의 사랑》 등의 작품 외에 시, 평론, 여행기가 있다. 기계 문명과 기독교의 구도덕에 반대하여 인간의 완전한 결합을 구하고 있는데, 특히 《채털리 부인의 사랑》이 많은 논의의 대상이 되었다.

또한 현재에도 그렇게 생각된다. 그들은 나로 하여금 현실적으로 존재하는 세계의 아름다움을 상기하게 한다. 그것만으로는 불충분하다, 그림은 설교하고 투쟁을 불러일으키지 않으면 안 된다라고 사람들은 말하는지 모른다. 그러나 신선한 기분과 빛과 공기로 충만되어 있는 새로운 세계, 살아 있는 따사로운 세계를 눈앞에 두고 인간이 추악과 허위와 폭력에 대하여 노여움을 느끼지 않을 것인가, 개울이나 나무 또는 인간의 몸이나 천성의 재능이 갖는 모든 청조함과 깊이를 우리들에게 보여준 뛰어난 예술이 가장 심하고 가장 어려운 싸움이 있을 때에 우리들의 지주(支柱)가 되어 주지 않는다고 할 수 있겠는가.

에렌부르그[49]의 《인상파 화가》

에렌부르그가 여기서 진술하고 있는 것은 사회주의적 리얼리즘과 연결되는 문제이다. 러시아에서는 문학 예술의 방법으로서 사회주의에 기인하는 리얼리즘이 공인되어 있다. 그러나 그 내용이 구체적으로 어떠한 것인가에 대해서는 많은 논쟁이 있다. 사회주의적 리얼리즘은 창작 방법이라고 생

---

49) 에렌부르그(Ilya Grigorievich Erenburg, 1891-1967), 현대 러시아의 작가. 유태인 기사를 아버지로 하여 모스크바에서 출생. 1905년의 혁명 때에 볼셰비키의 지하운동에 참가함. 1909년 프랑스로 망명. 서유럽 문명을 몸으로 느끼며 신비주의, 탐미주의의 영향을 받음. 10월혁명에 따라서 귀국, 연극 문화 방면에 전심하다. 1921년 정부의 파견원으로서 재차 파리로 감. 《훌리오 후레니토》, 《트라스트 D.E.》 등 몰락해 가는 자본주의를 묘사한 작품을 발표, 명성을 떨쳤다. 이것들에는 근대주의의 색채가 농후하나 점차로 사회주의 건설을 취급한 《제2의 날》, 《숨도 쉬지 않고》와 같은 경향으로 옮겨 갔다. 독소 전쟁 중에는 군보도원이 되어 《파리 함락》, 《태풍》으로 스탈린상을 받음. 1954년 《눈이 녹을 때》를 발표, '눈을 녹이는 정책'의 전조가 되었다.

각하는 입장도 있고 세계관이라고 생각하는 입장도 있다. 에렌부르그는 후자의 입장이다. 인상파에 대하여 진술한 말은 그대로 사회주의적 리얼리즘의 내용을 의미하는 것이다. 설교하고 투쟁을 불러일으키는 것만이 뛰어날 예술은 아니다. 예술은 예술 자체의 가치로 인간의 혼을 불러일으킨다고 주장한다.

이 에렌부르그는 초기에는 《트라스트 D.E.》와 같은 환상적이고 풍자적인 작품을 쓰다가, 러시아가 5개년 계획의 시대로 들어가자 알기 쉬운 사실적인 수법으로 옮겨 갔다. 파리에 오래 살고 있었기 때문에 서유럽 사회에 대한 지식도 대단했다. 러시아 문학가나 예술가 사이에는 서유럽의 문화에 반발하는 경향이 있는데 에렌부르그는 예외적인 존재였다. 서유럽을 향하여 열려진 창문이었던 것이다. 《눈이 녹을 때》는 러시아에서도 여러 가지로 문제가 되었으나 문학작품으로서보다는 '스탈린 비판'에 문학적으로 응한 것으로서 주목된다. 러시아의 문학가 중에서 가장 유연(柔軟)한 사고방식을 갖고 있었다. 그 때문에 시모노프 등으로부터 비난을 받은 일도 있었다.

아파트로 올라가니까 거기에는 기자단이 기다리고 있었다. 우선 부인 기자 한 사람이 입을 열었다.

"채플린 씨, 당신은 왜 유럽에 오셨습니까?"

"휴가 때문에."

"어찌 되었습니까, 그 수염은?"

"버렸습니다."

"언젠가는 결혼하실 작정이시겠지요?"

"네."

"무엇이라고 합니까, 그분의 성함은?"

"모르겠습니다."

"당신은 과격주의자는 아니십니까?"

"나는 예술가입니다. 인생에 흥미를 갖고 있습니다. 과격주의는 인생의 새로운 생활의 일면입니다. 이런 뜻에서 내가 과격주의에 흥미를 가지고 있다는 것만은 사실입니다."

채플린[50]의 《나의 여행》

채플린은 1921년 여름 10년 만에 고향인 런던을 방문했다. 제1차 세계대전 후의 유럽을 관찰한다는 것도 하나의 목적이었다. 이 인용 속에 나오는 '과격주의'라는 말은 볼셰비키즘(레닌이 통솔한 '러시아민주사회당' 다수파[볼셰비키]의 사상)에서 나온 것으로 공산주의라는 뜻이다. 전후의 유럽은 공산주의 사상이 충만되어 있었기 때문에 채플린도 이러한 질문을 받았다.

---

50) 채플린(Charles Spencer Chaplin, 1889-1977), 현대 영국의 영화배우, 제작자, 감독. 런던 태생. 뮤직 홀 연예인의 아들로 태어나 어려서부터 어려운 생활 속에서 무대 훈련을 받았다. 1910년 카노 극단을 따라 도미, 영화계에 투신하여 많은 단편 희극에 출연해서 인기를 얻음. 1911년경부터 감독을 시작하여 미국 영화에 새로운 양식을 가져옴. 유머와 페이소스 속에서 가난한 사람에의 동정과 사회의 부정에 대한 풍자를 간직하여 〈키트〉, 〈파리의 여성〉, 〈황금광 시대〉 등을 제작, 독특한 스타일로 등장했다. 〈모던 타임즈〉에서는 자본주의의 기계 편중을, 〈위대한 독재자〉에서는 파시즘을 비판함. 제2차 대전 후에 〈살인광 시대〉에 의하여 제국주의 전쟁을 풍자한 때부터 미국 정부 당국의 박해를 받게 됨. 1954년 세계평화평의회에서 세계평화상을 받음.

채플린의 사상적 입장은 사실 공산주의가 아니다. 철저한 자유주의로, 어떤 경우에는 무정부주의에 가깝다. 코즈머폴리턴(세계주의자)의 특색도 강하다. 그러나 미국에서 살고 일을 하며 인기를 얻었음에도 불구하고 미국의 국적을 얻으려고 하지 않는 일종의 외고집 같은 태도가 있었다. 자본주의를 풍자하고 파시즘을 비판했다.

〈라임라이트〉는 1952년에 발표된 것으로 채플린의 인생관, 인간관이 높은 차원의 형식으로 결정(結晶)되어 있고 양식, 내용, 사상의 점에서도 총결산을 행한 작품이다. 1914년의 런던이 무대로 되어 있다. 칼베로(채플린)는 어릿광대로 큰 인기를 얻었었으나 지금은 몰락하였다. 그가 어느 날 가스 자살을 하려는 테레사라는 댄서를 구한다. 그 여자는 다리를 다쳐 앞날의 희망을 잃고 있었다. 테레사는 칼베로로부터 격려를 받아 다리를 완치하고 무대로 돌아간다. 그러나 칼베로는 더욱더 인기를 잃어, 무대에서 연기를 해도 중도에서 손님이 나가 버릴 정도였다.

칼베로는 속으로 테레사를 사랑하고 있다. 그러나 테레사에게는 애인이 있었다. 청년 작곡가이다. 칼베로는 단념한다. 한편 테레사는 은인 칼베로와의 결혼을 결심한다. 그것을 알고 칼베로는 테레사의 곁을 떠난다. 테레사는 머지않아 훌륭한 발레리나가 된다. 어느 날 가두 음악사로 전락한 칼베로를 다시 만난다. 그 여자는 칼베로가 무대에 설 수 있도록 계획한다. 칼베로는 무대에서 벼룩의 연기, 고등어의 연기 등 여러 가지 진지한 연기를 한다. 상대역은 피아노를 치고 팬터마임을 해보인다. 칼베로는 남은 정열을 모두 바쳐서 열연을 하던 끝에 무대로부터 오케스트라 박스에 떨어져 등뼈가 부러진다. 칼베로는 지쳐서 그대로 관객의 열광적 박수에 인사를 보낸다. 무대 뒤로 운반된 칼베로. 죽을 때가 임박했다. 테레사는 무대에서 발레를 한다. 칼베로는 그 여자의 자태를 보면서 최후의 숨을 거둔다. 이것이 〈라임라이트〉의 줄거리다.

〈라임라이트〉는 예술가 채플린의 즐거움과 슬픔을 반은 자전적인 형태로 표현한 것이다. 영화 예술가로서의 사상은 물론 영화 그 자체 속에 남김없이 표현되어 있다.

예술가의 작품이 문제가 아니고 예술가 자체의 인간이 문제인 것이다. 말하자면 세잔이 사과 그림을 잘 그렸다고 하더라도 만약 그가 자크 에밀 부랑슈와 같은 생활을 하고 있었다면 나에게는 하나도 흥미가 없을 것이다. 우리에게 있어서 중요한 것은 세잔의 회의와 교훈 그리고 고흐의 고민인 것이며, 이것이 예술가의 드라마인 것이다.

— 피카소[51]

이 말은 피카소의 작품을 알고 있는 사람에게는 약간 의외의 일일 것이다. 〈천재 피카소〉라고 하는 영화에서는 유리창이 있는 쪽에서 피카소가 그림을 그리는 모습을 촬영하고 있는데 그 그림이 문자 그대로 여러 가지로 변화하며 그 뒤에 모든 것이 사라지고 다시 새롭게 여러 가지로 변화하는 놀랄 만한 광경이 펼쳐지고 있다. 그러나 피카소는 기술과 더불어 예술가임을 문제로 하여 정신의 고민에 대해서 말하고 있다.

피카소의 〈게르니카〉.

이것도 또한 피카소의 일면인 것이다. 피카소는 자유자재로 행동하며 무엇이든지 할 수 있는 사람으로 알려져 있다. 피카소는 공산당에 속해 있었으나 그가 그리는 그림은 소위 사회주의적인 리얼리즘의 사실적인 그림이 아니다. 피카소에

---

51) 피카소(Pablo Picasso, 1881-1973), 스페인의 현대 화가. 본명은 P. Ruiz Picasso. 남부 스페인의 말라가에서 태어났다. 아버지는 그림 교사. 어려서부터 천재적인 소질을 보여 바르셀로나 미술학교, 마드리드 왕립 아카데미에서 배웠다. 1900년에 파리에 가서 거기서 정주했다. 처음에 로트렉과 엘그레코의 영향으로 '청색 시대'를 형성. 이어서 동부 네덜란드 여행을 시작하여 단기간의 '도색(桃色) 시대'를 거쳐 '니그로의 시대'로 옮겨 갔다. 1907년 브라크 등과 더불어 입체파를 창시, 큐비즘에의 길을 열었다. 제1차 대전 이후는 고전주의와의 융합 위에 인체의 분석적 추구를 행하고 독자적인 화풍을 전개했다. 1937년 스페인 내란 때에 파시즘에 대한 격렬한 증오를 품은 벽화 〈게르니카〉를 그렸다. 제2차 대전 중에는 한때 남부 프랑스로 도피하나 파리에서 반나치 저항운동에 가담했다. 전후 남프랑스에서 그리스 신화와 아들을 소재로 한 작품, 조각, 석판, 도기 등 모든 영역에서 활약했다. 중요한 작품으로는 〈아비뇽의 처녀들〉, 〈세 개의 얼굴〉, 〈조롱(鳥籠)〉, 〈어린애와 비둘기〉, 〈전쟁과 평화〉, 판화집 〈프랑코의 꿈과 거짓말〉 등이 있다. 놀랄 만한 제작 의욕을 가지고 20세기 미술의 표현 양식에 혁명을 가져온 사람이다.

있어서 사실이라고 하는 것은 문제가 되지 않았다. 20세기의 회화에서 피카소의 위치는 한없이 큰 것이다. "좋든 싫든 간에 인간은 자연의 도구다. 인간은 그 성질과 모양이 강요되어 있다." 그리고 또한 "자연 그대로의 것이 가장 좋은 것이다"라고 생각하였다. 피카소가 자연의 도구인 것처럼 자연도 또한 그의 도구였다. 만년의 피카소는 노년의 원숙한 경지에서 조용히 자연을 바라보았으며 자연도 또한 조용히 그의 기법 속에 끌려 들어갔다고 한다.

제10장 동양사상

개관

동양 사상의 배경을 다시 한 번 생각해 보고 싶다. 인류의 문화는 동방 제국(오리엔트)에서 일어났다. 나일 강변의 이집트, 티그리스 · 유프라테스 양강 유역의 메소포타미아, 인도의 갠지즈 강 유역, 중국의 황하 유역 등이다.

이집트에서 시리아를 거쳐 메소포타미아에 이르는 반월형(半月形)의 비옥한 지역에서는 기원전 3000년경부터 서력 기원에 걸쳐 고도의 문명이 계속적으로 발달했다. 신권정치(神權政治)가 그 공통된 특색이었다. 바빌론 제1왕조의 함무라비는 《함무라비 법전》을 만들고 정치를 종교로부터 해방시키려 했으나 그것은 잠깐 동안만 실현되었을 뿐이었다.

유태교의 성립

신석기시대에는 이 지역 전체에 토테미즘, 애니미즘이 퍼져 있었으나 차츰 일신교(一神敎)로 옮겨 갔다. 이것은 당시 이집트에 살고 있던 헤브라이 민족(유태인의 선조)에게 영향을 끼쳤다. 그들을 '출애굽' 이후 예언자 모세의 지도로 팔레스타인에 이주했다고 한다. 그러나 주위의 강대국의 압박을 받았기 때문에 유태인은 전투적이며 배타적인 신 야훼에 대한 신앙을 굳건히 하고 기원전 11세기에 예루살렘에서 왕국을 건설했다. 그들은 스스로 신의 선민(選民)이라고 생각했다. 기원전 6세기에 왕국이 멸망하자 유일신과 유일한 성지(聖地)의 관념을 가지고 메시아[구세주]의 도래를 믿게 되고 따라서 유태교가 성립되었다. 한편 이미 문학이 발생해 바빌로니아의 《길가메시 서사시》, 이집트의 《사자(死者)의 서》, 헤브라이 인의 《구약성서》등 종교적인 문헌을 남겼다.

메소포타미아보다 조금 늦게 기원전 2500년경 고대 인더스문명이 일어났고 기원전 2000년경에는 중앙아시아 방면의 유목민인 아리안족이 침입하여 갠지즈 강변에 도시국가를 세웠다. 그들은 엄중한 계급 제도를 택했으며 이것은 카스트라 하여 그 후 인도 사회 질서의 기초가 되었다. 그 최고 권위는 브라만교를 설교하는 브라만이다. 그리고 브라만교의 경전으로서 리그 베다를 비롯한 여러 종류의 베다 가 기원전1000년을 중심으로 수백 년에 걸쳐 저술되었다. 인도는 또 많은 언어, 종교를 가졌지만 베다 어의 직계로서의 산스크리트어가 기원전 5세기 무렵부터 형성되어 문학 용어의 중심이 되었다. 그 중에서도 〈라마야나〉와 종교철학시 〈바가바드 기타〉를 포함하는 《마하바라타》의 2대 서사시가 유명하다.

브라만교는 차츰 대중으로부터 멀어져 갔다. 기원전 6세기에 새로 불교와 자이나교가 생기자 인심(人心)은 이 신종교에 사로잡혔다. 특히 기원전 4세기 말 마가다 국의 마우리아 왕조 제3대 왕 아소카가 인도를 통일하고 불교를 그 지도 원리로 하였으므로 차츰 불교가 국외에까지 전파되게 되었다.

그 후 인도는 한때 분열됐으나 320년에 재차 굽타 왕조에 의하여 통일되고 찬드라 굽타 2세의 통치 아래 그 국력을 떨쳤다. 칼리다사(5세기)가 산스크리트 문학을 집대성한 것도 이때다. 이 무렵 브라만교가 부흥했다. 6세기에는 민간 신앙과 결탁되어 힌두교가 발전했으며, 이것은 뒤에 인도의 중심 종교가 되었다.

뛰어난 사상가의 배출

동아시아에서는 황하 유역에서 농경 사회가 이루어졌다. 기원전 1500년 전후에는 은(殷)이라는 최초의 통일 국가가 형성되었다. 이것은 부권적(父權的) 민족 사회였다. 기원전 13세기로부터 12세기에 걸쳐 주(周)가 지배권을 장악하고 봉건제를 시행했다. 《시경(詩經)》은 당시의 문화를 상징한다. 그리고 드디어 기원전 8세기 초에 주나라는 유목민의 공격으로 무너져 버렸다. 그 후는 근 4세기에 걸쳐 많은 권력자가 난립하는 춘추시대가 되었다. 이어서 전국시대를 맞이했다. 기원전 221년에는 진(泰)이 여러 나라를 정복하고 광대한 영토를 지배했다.

춘추전국시대에는 많은 뛰어난 사상가들이 나왔다. 우선 공자(기원전 552-479)가 나타나 인(仁)을 덕(德)의 근본으로 하는 사상을 제창했다. 여기서 중국의 철학을 대표하는 유교가 정립됐고, 맹자(기원전 372?-289?)를 거쳐 순자(기원전 298?-238?)에 계승되어 합리적이며 체계적으로 전개되었다. 그리고 노자(기원전 604?-521?), 장자(기원전 365?-290?)를 비롯하여 도가(道家)가 나왔고 그들은 무위자연(無爲自然)을 말했다. 이 밖에 겸애설(兼愛說)의 묵자(기원전 480-390)나 한비자(?-기원전 233), 상앙(?-기원전 338) 등의 법가(法家)도 눈부신 활약을 했다.

서아시아나 중앙아시아에서는 기원전 6세기에 다리우스 1세가 나와 페르시아 제국이 번영했다. 이후 알렉산더(기원전 356-323)에게 병합되기도 하고 많은 나라가 일어나기도 했으며 서남아시아에서는 226년에 사산조 페르시아가 탄생했다. 이 왕조는 조로아스터교를 국교로 하여 4세기 동안이나 번영했다.

이 무렵에는 이미 유태교를 모태로 하여 원시 기독교가 이루어지고 있었다. 그리스도는 베들레헴에서 탄생한 후 팔레스타인 일대에서 전도를 하며 유태국을 로마의 지배로부터 해방시킬 메시아로서 받들어졌다. 유태교는 복수와 증오의 신 야훼를 믿는 민족 종교였다. 그러나 기독교는 유태교를 초월하여 세계 종교가 될 수 있는 가능성이 많았다. 뒤에 로마로 파급되어 지배적인 종교가 되었다.

중국에서는 진의 시황제(기원전 259-210)가 강권 정치를 하여 분서갱유(焚書坑儒)의 행패를 부렸다. 이어서 한(漢)나라는 지배 원리로서 유교를 채용하여 사상의 통일을 꾀했고 후한(後漢)에는 불교가 전래했다. 이후 위·오·촉 삼국의 항쟁을 거쳐 진(晉)에 이르고 더 나아가 이민족에 의한 5호

16국시대 (五胡十六國時代)와 남북조시대가 계속되었다. 이러한 변화 속에서 불교와 노장사상이 숭배되고 후자는 도교가 되었다.

서력 589년 수(隋)는 통일 국가의 재현에 성공하고, 다음에 당(唐)이 그 뒤를 이었다. 당은 중앙집권제를 정리하고 동서 교류를 성행시켰다. 이 결과 외국 문화가 흘러들어 조로아스터교, 기독교의 일파, 네스토리우스교, 이슬람교 등이 들어왔다. 한편 중국 전래의 문화도 발전하여 현종(685-762)의 치세를 중심으로 이백 (701-62), 두보(712-70)의 2대 시인을 비롯하여 문학자, 화가, 서가 등 후세에 유명한 인물들이 나왔다.

이슬람교의 특질

아라비아에서는 6세기에서 7세기에 걸쳐 마호메트(571?-632)가 나타나 이슬람교를 창시했다. 그 교의는 《코란》으로 정리되어 있다. 이슬람교는 정치와의 관련이 깊어 주위의 여러 나라를 정복하여 이슬람 제국(사라센 제국)을 건설했으며 제국이 분열된 뒤에도 이슬람 문화는 발전했다. 11세기에 터키 인은 이슬람 세계의 동방을 셀주크 제국의 지배 아래 두고 기독교의 성지 예루살렘을 점령했고 따라서 서유럽의 십자군과의 사이에서 자주 전쟁이 되풀이되었다. 이 무렵의 페르시아는 《루바이야트》를 낳고 있다. 이 밖에 이슬람교화된 페르시아 문화는 인도에도 많이 유입되었다.

중국의 중세는 당의 귀족 지배가 무너지고 군벌관료가 번성했을 때부터 시작되었다. 960년 송조(宋朝)의 확립에 의하여 관료제 중앙집권국가가 성립되었다. 이것을 반영하여 유교는 정치 체제나 사회 윤리를 유지하는 주자학으로 변모했다. 13세기 초 북방의 몽고 민족의 세력이 강대해져 중국을 정복했으며 인도에도 침입하여 무갈 제국을 건설했다. 1368년에는 명(明)이 몽고군을 추방하고 지배권을 획득했으나, 이것도 외적에게 시달려 약화됐다. 그리고 17세기엔 만주족에 의해 청조(淸朝)가 건국되었다. 청은 중국인 학자를 모아 고금의 도서를 수집하는 사업을 일으켰다.

한편 17세기 초부터 유럽인의 동양 진출이 시작되었고 동시에 기독교도 전해져 왔다. 중국이 아편전쟁 (1840-42)에서 영국에게 패하고 나서부터는 유럽 열강의 침략이 현저해지고 국내 폭동이 끊임없이 일어나 사회가 부패하기 시작하였다. 19세기 중엽의 태평천국의 난, 청일전쟁, 의화단 사건을 거쳐 1912년 청조는 쓰러지고 중화민국이 탄생했다. 이것의 지도 이념이 된 것은 손문(쑨원, 1866-1925)의 삼민주의다. 하지만 그 후 중국은 군벌의 손에 맡겨졌다. 그리하여 외국 제국주의의 침략을 물리치고 근대화를 촉진시키자는 운동이 일어났다. 노신(루쉰, 1881-1936)을 선두로 하는 문학 혁명이 시작된 것도 이 시기이다. 제1차 세계대전 후 이 풍조는 민족자결의 사상으로서 전개되었다. 5·4 운동을 비롯하여 손문 등의 중국 국민당이 이끄는 혁명운동이 계속되었고 한편 일본의 중국 침략이 심해져 갔으며 손문이 죽은 후 국민정부 총통이 된 장개석(장제스, 1887-1975)은 외국 세력과 타협했다. 중국 공산당은 차츰 힘을 길러 이윽고 국공합작(國共合作)에 의한 항일전선이 결성되어 일본군에게 대항했다.

식민지의 독립

민족주의는 아시아의 각지에 퍼졌다. 지금까지 유럽의 지배 밑에서 괴로움을 당하고 있던 아시아 인은 민족주의나 공산주의를 내세우고 독립운동을 하게 되었다. 그 가운데서도 인도의 독립운동은 커다란 위치를 차지하고 있다. 인도는 19세기 중엽부터 영국의 지배를 받고 있었던 것이다. 간디 (1869-1948)를 지도자로 하는 국민회의파는 무저항 · 비협력 · 경제 자립의 반영운동을 집요하게 계속했다. 이것은 곧 동남아시아 여러 지역으로 파급되었다.

이 움직임은 제2차 대전 후의 아시아 · 아프리카의 독립으로 결과되었다. 중국에서는 국민정부와 중국 공산당의 내전 후 1949년 중화인민공화국이 이루어 졌다. 인도도 네루 (1889-1964)의 지도 밑에 독립했다. 또 아랍 제국과 아프리카 제민족도 독립하여 세계사의 초점이 되었다. 나세르(1918-70)는 1956년 수에즈운하 국유화를 선언하고 1958년에는 아랍연합공화국의 대통령으로 취임했다.

인간과 사상

젊은 꽃 도화여 桃之夭夭
불타는 꽃이여 *灼灼其華*
이 아기 시집가면 之子于歸
가는 곳 좋으리. 宜其室家

젊은 꽃 도화여 桃之夭夭

커다란 열매지 有賁其實

이 아기 시집가면 之子于歸

가는 곳 좋으리. 宜其家室

젊은 꽃 도화여 桃之夭夭

무성한 잎이지 其葉蓁蓁

이 아기 시집가면 之子于歸

가는 곳 좋으리. 宜其家人

《시경》, 〈도요(桃夭)〉

　《시경》은 중국의 가장 오래 된 시집이다. 작품 중 오래 된 것은 그 저작 연대가 3천 년 이상 옛날로 거슬러 올라가지만 대개는 2천 7백 년 전 옛날 주나라가 하남성의 낙읍(洛邑)으로 옮겨 가 동주(東周)라는 나라를 세웠을 무렵의 것이다. 민요 같은 것도 있는데 언제 누가 지었는지는 물론 알 수 없다. 《시경》에 수록되어 있는 시는 국풍(國風 : 민요) 1백 60편, 소아(小雅 : 조정의 노래로서 향연이나 군악이나 주연의 노래 따위가 주된 것으로 대아보다 악기가 작다) 80편, 대아(大雅 : 주나라 선조 때부터 문왕 무왕에 이르는 덕을 칭송하고 자손을 가르치고 천자를 경축하는 노래) 31편, 송(頌 : 종묘제사의 악가) 40편, 도합 3백 11편이다. 공자는 '시 3백'이라고 했다. 이것은 오늘날 《시경》이라고 전해 내려오는 시가 당시에 노(魯)나라에 집중되고 있었던 것을 뜻한다. 노는 지금의 산동성의 한 지역을 점하고 그 서울은 곡부(曲阜)에 두고 있었다. 주나라 무왕의 아우인 주공 단(旦)이 세운 나라로서, 34대 8백 68년을 이어져 오다가 기원전 249년 초(楚)에게 멸망당했다. 나라는 작고 국력은 약했으나 예의를 존중했다. 공자가 태어난 나라로 알려져 있다. 공자의 《춘추》는 노나라의 역사서이다.

여기에 인용한 시는 당시의 민간 풍습의 한 모습을 노래한 것이다. 농업을 바탕으로 한 가족 제도를 배경으로 한 것으로서, 생명의 찬가라고 하고 싶은 밝고 낙천적인 감정을 바탕으로 하고 있다. 도화나무 열매나 잎은 한결같이 생명과 번영의 상징으로 생각되고 있었다. 식물이 아름답게 무성한 자태부터 노래하기 시작하여 사람을 칭송하는 형식의 노래는 이밖에도 많다. 《시경》의 배경이 되는 자연 환경은 따뜻하고 식물이 번성하던 지대였음을 알 수 있다.

공자는 말하기를, 내 나이 15세에 학문에 뜻을 두고 30세에 입(立)하고 40세에 불혹(不惑)하고 50세에 천명을 알아 60세에 비로소 이순(耳順)이라, 70세에야 그 마음이 바라는 바를 따라도 규구(천리)에 어그러지지 않는다.

子曰; 吾十有五而志于學, 三十而立, 四十而不惑, 五十而知天命, 六十而耳順, 七十而從心所欲, 不踰矩

공자[1]의 《논어》, 〈위정(爲政)〉

이것은 공자의 정신형성사를 말한 것이다. 40세를 불혹이라 하는 말은 오늘날에도 그대로 인용되고 있다. 그렇지만 사실상 불혹의 심경에 도달하는 사람은 물론 적다. 공자는

73세에 죽었으니까 그의 말대로 하면 완전한 인간으로서 산 것은 불과 3년 정도라는 말이 된다. 그렇다고 해서 우리들이 인생의 덧없음을 생각하고 슬퍼할 필요는 조금도 없다. 공자처럼 오래 산 사람에게 있어서도 인생은 끊임없는 정진(精進)이었다. 미완성에서 완성에로의 투쟁이었다. 즉 다시 말하면 도달점이 아니라 과정이었던 것이다. 인간이 사는 방법으로서 하루하루 만족하며 사는 방법도 있다. 그러나 이런 경우에는 향상심(向上心)이 들어갈 여지가 적다. 인간은 내일을 위해서 오늘을 희생하지 않으면 안 될 경우도 있는 것이다. 아니 공자 같은 위대한 성인까지도 최후의 3년을 위해 70년을 희생했다고 볼 수도 있다. 그러나 그 3년을 제한 다른 70년이 무의미한 세월이었다는 것은 아니다. 도달점을 향해 나가는 하루하루에 그 의미가 있는 것이다. 공자는 또한 이렇게도 말했다. "아침에 도(道)를 들으면 저녁에 죽어도 좋다"라고. 도라는 것은 공자가 밤낮 목표하고 있었던 이상이었다. 그 이상을 실현한다는 것은 인생의 도달점에 닿는

---

1) 공자(Kong-zi, 기원전 552-479), 중국 춘추 시대의 학자, 교육자. 이름은 구(丘), 자는 중니(仲尼). 노(魯)나라의 창평읍 사람. 출생 연도에는 이설(異說)이 있다. 가정은 몹시 가난했고 노나라의 관리가 되어 이윽고 대신의 지위에 올라가 주(周) 문화의 재흥을 사명으로 생각하고 정치적 수완을 보였으나 그 의견이 반영되지 않기 때문에 56세로서 노나라를 떠났다. 이후 여러 나라를 돌아다니며 유세하다가 만년에 노나라로 돌아와 저술과 제자의 교육에 힘썼다. 《시경》, 《서경》, 《춘추》 등의 고전을 정리하고 제자들에게 시·서·예·악을 가르쳤다. 특히 사람의 도로서 '인'을 가르치고, 인간을 외부적으로 규제하는 것으로서 '예'를 설하고, 정치는 덕치에 의해야 한다고 주장했다. 유학의 시조로서 후세까지 숭배되고 있다. 안회(顔回), 자로(子路), 자공(子貢), 자하(子夏) 등 다수의 제자가 있으며 그들의 손으로 공자의 언행록 《논어》가 편찬되었다.

것이다. 올바르게 사는 방법이란 도를 구하여 정진하는 하루 하루를 말한다. 공자는 인간이 사는 방법에 대해 군자(君子)와 소인(小人)으로 나누어 다음과 같이 말했다. "군자는 상달(上達)하고 소인은 하달(下達)한다." 상달이란 도덕적으로 진보하는 것이며 하달이란 이재(利財)의 길로 나가는 것이다. 이 태도에 대해서는 도덕적 귀족주의라는 비난도 있다. "여자와 소인은 다루기 힘들다"고도 하였다. 이것은 동양적인 여성 멸시의 사상이다. 현재에서 보면 공자의 인간관은 그리스도 등에 비해 다소 떨어지는 점이 있음을 부정할 수 없다. 단 공자를 위해서 변명한다면, 소인을 상대하지 않은 것은 인간에 대한 절망 때문이었다고 말할 수도 있다. 도를 구하고 도에 살 수 있는 인간은 처음부터 소수로 한정되어 있는 것이다. 물론 이 절망도 극단적인 것은 아니며 더욱 철저한 사고에 비한다면 상당히 미온적인 것이다. 괴력난신(怪力亂神)을 얘기하지 않은 공자는 항시 가장 좋은 의미로서 인간의 상식을 얘기한 것이다. 그 상식은 지금까지도 그 생명을 지니고 있다.

맹자는 이렇게 말했다. 사람은 모두 저마다 차마 행하지 못하는 마음이 있다. 선왕(先王)에게도 사람(백성)에게 차마 행하지 못하는 마음이 있음으로써 사람에게 차마 행하지 못하는 정사(政事)가 있다. 그러므로 사람에게 차마 행하지 못하는 마음으로 차마 사람에게 행할 수 없는 정사를 베푼다면 천하를 다스리는 일은 가히 손바닥 위에서 운용하듯 쉽게 할 수 있다. 여기서 사람이 모두 저마다 사람에게 행하지 못하는 마음이 있다는 것은, 예를 들어 이런 것이다. 지금 막 어린애가 우물에 빠지려는 것을 보면 사람은 누구나 놀라고 측은한 마음이 일어난다. 이것은 어린애의 부모와 친교를 맺으려는 것도 아니요, 스스로의 명예를 향당붕우(鄕黨朋友)에게 바라는 것도 아니며, 또 그 소리를 미워하여 그런 것도 아니다. 이로 미루어 보면 측은한 마음[惻隱之心]이 없으면 사람이 아니요, 수오지심(羞惡之心)이 없으면 사람이 아니며, 사양지심(辭讓之心)이 없으면 사람이 아니요, 시비지심(是非之心)이 없으면 사람이 아니다. 측은한 마음은 인[仁]의 끝[端]이요, 수오지심은 의(義)의 끝이며, 사양지심은 예(禮)의 끝이고 시비지심은 지(智)의 끝이다. 사람에게 이런 4단(四端)이 있는 것은 그 4체(四體)가 있는 것과 같은 것이다. 이 4단이 있으면서 스스로 불능하다고 이르는 자는 자기를 스스로 해치는 자이며, 그 임금이 불능하다고 하는 자는 그 임금을 해롭게 하는 자이다. 무릇 자기에게 4단이 있는 자가 모두 이것을 확충(擴充)할 줄 안다면 불이 타고 샘이 솟기 시작하는 것과 같다. 참으로 이것을 확충하면 족히 4해(四海)를 보전할 것이며, 만일 이것을 확충하지 못하면 부모를 족히 섬기지 못할 것이다.

《맹자²⁾》

 맹자는 '성선설'을 주장했다고 일컬어지고 있다. 그 근거가 되는 것이 여기에 인용한 부분이다. 인간의 성(性)이 선하기 때문에 인의예지(仁義禮智)의 싹을 키우고 인의예지의 덕을 완성시킬 수가 있다. 이 입장에 서서 지배자가 정치를 할 때는 이상적인 정치가 실현된다. 인간의 성이 선한 것은 선천적이며 또 내면적이다. 맹자는 성선설을 토대로 하여 교육론, 정치론, 도덕론을 전개했다. 정치에 대해서는 민주주의의 입장에 가깝고 국왕이 선정을 베풀지 않을 때는 혁명에 의해 바꿀 수가 있다고 생각했다.

맹자의 성선설과 비교해서 인용되는 것은 순자의 '성악설'이다. "인간의 성은 악, 그 선한 것은 거짓'이라고 주장하여 맹자를 반박했다. 사고방식은 천(天)과 인(人)을 나누고 예(禮)와 경(敬)을 존중하는 사상에서 발생한 것이다. 맹자는 왕자(王者)인 사람은 인을 존중하지 않으면 안 된다고 했다. 순자는 의와 예에 의하여 국가를 통치할 것을 주장했다. 맹자의 경우는 이상가였지만 순자는 이에 반해 현실주의자였다고 할 수 있다. 그러나 멀리 떨어져서 본다면, 맹자가 인간성의 선한 부분을 강조하고 격려한 데 대해 순자는 악한 부분을 취하여 그래서는 안 된다는 것을 가르쳤다고 할 수 있을 것이다. 그 근본이 되는 인간관에서는 그다지 큰 차이가 있는 것이 아니다.

---

2) 맹자(Meng-zi, 기원전 372-289?). 중국의 전국시대의 유자. 이름은 가(軻). 자는 자군(子軍, 또는 子輿). 산동성 사람인데 그 출생 사망 연도는 분명치 않다. 부친은 일찍이 별세했지만 모친은 몹시 현명한 분으로서 어린 가를 위해 세 번이나 집을 옮겼다고 한다. 자사(공자의 손자)의 제자에게 학문을 배우고 후에 양(梁)의 혜왕(惠王)을 비롯하여 제(齋) 송(宋)·등(膝)·노(魯) 등의 제국을 유세하며 인정(仁政)을 권하고 패도(覇道)를 공격했다. 그 때문에 제후들은 그를 받아들이지 않았다. 만년에는 고향에서 제자들을 교육시켰다. 공자의 천명설(天命說)을 계승·발전시켜 성선설을 주창하여 인간에게는 인의예지의 4덕이 태어나면서부터 갖추어져 있다고 했다. 그 언행은 《맹자》 14권에 수록되어 있다. 실제적인 정치에 대한 발언도 많으나 유심윤리학에 기초를 둔 이론적 사상이기 때문에 별로 채용되지 않았다. 주자(朱子)에 이르러 《논어》, 《대학》, 《중용》과 아울러 4서라 하게 되어 5경과 함께 존중받게 되었다.

도는 일(一)을 낳고, 1은 2[陰陽]를 낳고, 2는 3[陰陽과 沖氣]을 낳고, 3은 만물을 낳는다. 만물은 음을 지[負]고 양을 안아 충기(한쪽으로 기울어지지 않은 부드러운 천지간의 정기)로써 화(和)를 이룬다.

《노자》[3], 〈도화장(道化章) 제 42〉

노자와 공자가 회견을 하고 얘기를 주고받았다고 전해지고 있다. 그것을 본 이는 사마천(기원전 145-86?)이다. 그는 노자의 생각에 공감하고 있었다. 그래서 이 회견의 경우도 노자가 공자의 생각과 삶의 태도를 비난하고, 공자는 도리어 노자에게 찬사를 보내고 있는 듯이 그려져 있다. 공자의 가르침은 상식적인 범위에 머무르고 있었지만 노자는 인도의 요가 등과 통하는 신비사상가였으며, 굶주림을 면할 정도의 토(土)이지만 갈[耕]면 그것으로 살아갈 수 있다는 생각을 실행했다.

여기에 인용된 말은 노자의 세계관을 가장 간결하게 보여주는 것이다. 이 우주 원리는 공자가 말한 인간의 본질을 보다 더 진전시킨 것으로서, 인간이 사는 우주의 본질을 탐색하려 한 것이다. 그것은 '자연의 도'라고 불리고 있다. 그것

---

3) 노자(Lao-zi, 기원전 504?-531?). 중국 전국시대의 사상가. 성은 이(李), 이름은 이(耳), 자는 백양(伯陽), 시호는 담(聃) 공자와 거의 같은 시대 사람이라는 설과 백년 후 초나라 사람이라는 설이 있으나 분명치 않다. 《도덕경》이라고 불리는 《노자》 81장은 후세에 전승된 말을 편찬한 것인 듯하다. 그것은 우주의 실재를 무(無)로 생각하고 유교의 인의예학 따위 일체의 기교를 배격하고 무위자연의 이상을 설명하고 있다. 장자를 거쳐 노장사상으로 발전하여 유교와 더불어 중국의 사상사상 커다란 위치를 차지했다. 도교의 원류.

노자를 배알하는 공자

은 절대적인 실재이며 인식할 수도 설명할 수도 없다. 그런 의미로서 노자는 '무(無)'라고 불렀다. 공허라는 뜻이 아니라 설명할 말이 없다는 뜻이다. 이 '무'의 작용은 '무위(無爲)'이다. 아무것도 하지 않는다는 뜻이 아니다. 아무리 많이 하더라도 자기가 했다고 자부할 수 없다는 뜻이다. 즉 '자연의 도'에 따르는 것이 가장 행복한 삶의 태도라고 생각한 것이다. 공자의 경우는 인간의 노력에 의해 행복을 얻는 것이지만, 노자는 노력하지 않는다는 것보다 '자연적 도'에 따르는 노력을 통하여 행복을 구한 것이다. 그 밑바닥에는 일종의 아나키즘 같은 생각도 숨겨져 있다.

노자와 같은 계통의 사상가로서 장자를 들 수 있다. 이 두 사람의 사상은 '노장학'으로서 널리 알려져 있다.

"강호에 병에 깁퍼 죽림에 누엇더니……하는 정철(우리나라 조선 선조조의 시인이며 정치가)의 〈관동별곡〉에도 인용되었듯이 노장사상의 영향은 몹시 크다. 이것은 '죽림칠현', 즉 중국의 삼국시대 위(魏)의 말기 (3세기 중엽경)에 하남성 북동 일대의 죽림(竹林)에 모여 술을 마시고 거문고를 타며 담(談)을 나눈 7인의 고사다. 당시는 정치 사정이 불안하고 또 유교 도덕이 형식화되어 있었기 때문에 대나무 숲으로 피신하여 자유로운 생활을 즐긴 것이다. 그들이 그러한 행위를 하게 된 것은 노장사상을 실천한 것이며, 특히 장자의 사상에 영향을 받은 것이라고 한다. 장자는 개개인이 자기의 성능을 발휘하여 생(生)의 충족과 완성을 꾀해야 한다고 주장했다. 이것은 때로 독선주의와 은둔주의에 빠질 때도 있었다. 이에 반해 노자는 우주 전체의 입장에서 개물(個物)을 설명하고 종순(從順)의 덕을 처세의 도라고 생각했다. 노자의 사상은 장자를 통하여 설명될 때도 있다.

나라 파하니 산하만이 있구나.
성은 봄,
깊은 초목이여 .
시절을 느끼고는
꽃에도 눈물을 뿌리고,
이별을 한하고는
새에도 이 마음 놀란다.
봉화(烽火)
연 석 달을 이으니
가서(家書)는
만금(萬金)이라.
호호백발 흰 머릴 긁으면
이토록 짧아
모두
비녀를 이기지 못할 것 같구나.

두보[1]의 〈춘망(春望)〉

두보가 46세(757년) 때 봄에 장안(長安)에서 지은 시이다. 나라란 장안성을 말한다. 봉화는 위급을 알리는 신호불. 가서는 가족으로부터의 편지. 두보는 당(唐)의 현종(玄宗) 시대 사람이다. 두보가 33세 무렵까지는 당왕조가 번영하여 멀리 중앙아시아, 안남(安南), 조선까지도 그 세력이 뻗치고 국내도 잘 통치되었다. 그러나 이윽고 현종은 양귀비와의 열락(悅樂)의 생활에 빠져 정치는 문란해지고 사회는 불안에 휩싸였다. 두보는 세상에 받아들여지지 않는 개인적인 울분과 사회악에 대한 분노를 뒤섞어 사실적인 시를 썼다. 그럴 즈음 안록산(安祿山)의 난이 일어났다. 서력 755년 11월 북경땅에서 반기를 들고 14만의 대군을 휘몰아 낙양을 점령하고 이듬해 6월에는 국도 장안에 침입했다. 현종은 성도(成都)로 난을 피했다. 두보는 장안이 함락되었을 때 가족과 함께 연안(延安) 근처에 있었다. 현종의 아들 숙종(肅宗)이 영하성의 영무(靈武)에서 조정을 꾸몄기 때문에 단신 그곳으로 향했다. 도중에 안록산의 군대에게 붙들려 장안으로 끌려

---

4) 두보(Du Fu, 712-70), 당의 시인. 하남성 공현(鞏縣)의 사람. 자는 자미(子美). 호는 소능(少陵). 진조(晋朝) 무제(武帝)의 명신 두례(杜豫)의 자손이다. 조부는 당나라 초기의 시인 두심언(杜審言). 24세 때에 과거를 보았으나 실패하여 여기저기를 방랑하다가 이태백 등과 사귀었다. 후에 부(賦)를 바치고 현종에게 발탁되었으나 불우하였으며 안록산의 난에는 사천(泗川)으로 몸을 피했으나 붙잡혀 장안에 유폐되었다. 탈출 후 숙종 밑에서 좌습유(左拾遺)로 임관했으나 1년 후에 지방관으로 전출되고 거듭 기근 때문에 관직을 내놓고 처자와 함께 유랑했다. 그러나 빈곤과 싸우면서도 시작(詩作)으로 마음을 달래고 53세 때에 사천성 성도(成都)의 절도사 참모가 되어 상서공부원외랑(尙書工部員外郞)에 임명되었으나 병란의 세상에서 행복을 얻지 못하고 양자강상을 호북에서 호남으로 헤매다가 배위에서 세상을 떠났다. 그 시는 어두운 세상을 반영하면서도 자연 속에서 새로운 감동을 발견하고 또 인간의 거짓 없는 모습을 지켜보고 있다. 원진(元稹)은 '시인이 생긴 이래 아직까지 자미와 같은 사람은 없었다'고 격찬했다고 한다. 표현에도 신경을 쓰고 후세에 시성이라는 말을 들었다. 이태백과는 대조적인 존재이다. 우리나라에도 일찍이 전해져 이조 성종때에 《두시언해》, 인조 때에 《중간두시언해 》가 간행되었다. 〈북정(北征)〉, 〈병차행(兵車行)〉 등이 대표작이며 북송(北宋)의 왕수(王洙)가 편한 《두공부집》 20권이 전해지고 있다.

가 유폐(幽閉)의 몸이 되었다. 그것이 서력 756년 8월의 일이었다. 이듬해 봄 두보는 장안을 탈출하여 영무에서 봉상(鳳翔)으로 옮겨 있던 숙종에게로 달려가 그 공을 인정받아 소원이던 벼슬을 할 수 있었다.

두보는 유폐당하고 있던 시기에 시인으로서 크게 성장했다. 스스로의 고독을 통하여 인간 전체의 고독을 노래하는 휴머니즘의 시인이 된 것이다. 인생에 대한 성실한 태도는 그때까지도 두보의 특색이었지만 그것이 더한층 깊이를 보이게 되었다. 두보는 공자 이래로 중국의 전통이 되어 있는 휴머니즘을 시의 형식으로 노래한 시성(詩聖)이다.

> 천고(千古)의 우수
> 씻어 내리고
> 한 자리에 앉아
> 백호(百壺)의 술을 마신다.
> 어스름 초저녁은
> 청담(淸談)으로 보내자.
> 달빛이 교교하니
> 벌써 잠들 수야 있는가.
> 취하여
> 공산(空山)에 누우면
> 천지가
> 곧 금침(衾枕)인 것을.
>
> 이백[5]의 〈우인회숙(友人會宿)〉

벗과 함께 여인숙에 들었을 때의 시이다. 두보는 우수의 시인이었으나 이백은 정열의 시인으로 술을 사랑하고 유협(遊俠)의 인(人)이나 도사 즉 선인과 사귀었다. 또 많은 여인들과 연애를 했는데 이 점에서도 한 여인, 즉 아내만을 사랑한 두보와는 다르다. 활달하고 쾌활한 인물이었다. 두보가 인간의 심정을 아름답게 읊은 시인이었던 점에 비해서 이백은 인간 행위의 아름다움을 읊은 시인이라 할 수 있다. 인사(人事)를 외면하고 자연 속에 노닌 때도 있었으나 그것은 일시적인 현상이었으며 결국은 인간계의 아름다운 쾌락 속에 몸을 던지고 후회하는 일이 없었다. 다만 이 쾌락주의도 안으로는 두보 같은 우수를 감추고 있었다. 우수를 억제하고 잠시 동안만 쾌락 속에서 노닐자는 태도, 짧은 인생을 충실하게 지내자는 태도였다. 술을 즐긴 것도 같은 동기에서였다.

삼민주의란 무엇인가. 극히 간단히 정의하면 삼민주의란 구국주의를 말한다. 주의란 무엇인가. 주의란 일종의 사상이며 신념이며

---

5) 이백(Li Bai, 701-62), 중국 당대의 시인. 자는 태백(太白), 호는 청련(靑蓮). 촉인(蜀人). 사천(泗川)에서 자라나 어려서부터 시서에 능통하고 도술도 배웠다. 후에 양주(楊州)로 나왔다가 산동의 조래산(徂徠山)에 살아 '죽계육일(竹溪六逸)'의 한 사람이 되었다. 742년부터 잠시 현종 밑에서 한림(翰林)으로 있었다. 시주(詩酒)로 이름이 높았으나 방종하여 실각당했다. 그 후 도사가 되어 강남 각지를 유람했다. 일생의 태반을 방랑으로 보냈다. 안록산의 난 때는 영왕(永王)에게 가담하여 호남 지방으로 귀양살이를 하기도 했다. 얼마 후 면형이 되어 안휘성 당도(當塗)에서 죽었다. 그 시는 정녕 천의무봉(天衣無縫)하고 시풍으로서는 한위육조(漢魏六朝) 이래의 흐름을 집대성했다고 할 수 있다. 병칭(竝稱)되는 시인은 두보로서 그는 태백에게 '이백일두시백편(李白一斗詩百篇)'이라고 했다. 시문집 《이태백집》이 있다.

이백의 초상(량카이 작품)

힘이다. 원래 인간이 어떤 사항에 대해서 그것에 내포되어 있는 도리를 연구하면 우선 사상이 발생하는 것이다. 그리고 그 사상이 확실해지면 신념이 생기고 신념이 생기면 힘이 된다. 그러므로 주의란 우선 사상에서 신념이 되고 다음에 그 신념에서 힘이 생겨 거기서 완성되는 것이다. 그럼 왜 삼민주의를 구국주의라고 하는 것인가. 그것은 삼민주의는 중국의 국제적 지위의 평등, 정치적 지위의 평등, 경제적 지위를 평등을 촉구하고 중국이 영구히 세계 각국과 어깨를 겨누고 생존할 수 있도록 하는 것이기 때문이다. 그러므로 삼민주의를 구국주의라고 하는 것이다.

손문[6]의《삼민주의》

'삼민주의'는 민족주의, 민권주의, 민생주의의 세 주의로 이루어진다. 서구민주주의의 이념을 중국의 현실에 적용시킨 것이다. 손문이 민족주의를 중요시한 것은 당시 중국이 유럽 제국의 반식민지가 되어 있었으므로 민족의 단결에 의

---

6) 손문(Sun Wen, 1866-1925), 중국의 정치가. 중국 혁명의 아버지라고 불린다. 자는 일선(逸仙), 호는 중산(中山). 광동성의 중농의 집에서 태어나 하와이에 있는 형 밑에서 교회 학교를 통해 공부했다. 귀국 후 향항의학교(香港醫學校)를 나와 개업하면서 정치결사 홍중회(興中會)에 들어가 혁명운동에 나섰다. 구미에 망명하여 정치 사정을 연구한 후 삼민주의를 혁명의 원리로서 제창했다. 1905년 동경에서 중국혁명동맹회 총리에 취임. 미국 체재 중 신해혁명의 소식을 받고 귀국하여 원세개와 타협, 민국 건설에 노략했다 제2차 혁명에 즈음하여 원세개와 충돌, 일본으로 망명했다. 다시 귀국 후에는 군벌과 싸워 혁명 세력의 강화를 꾀하고 1919년 국민당을 결성. 1921년 광동정부가 수립되자 정부 총재에 취임했다. 24년 제1차 국공합작에 성공하면서 연소(連蘇) · 용공(容共) · 노농합작(勞農合作)의 3대 정책을 내걸고 국민당을 개편했다. 전국 통일을 위해 북벌군(北伐軍)을 일으켰으나 북경에서 객사, 저서로《삼민주의》,《건국방략(建國方略)》이 있다.

한 독립 회복을 목적으로 했기 때문이다. 이 생각은 제2차 대전 후의 아시아 · 아프리카 제국의 민족주의와 같은 성질의 것이었다. 손문의 민족주의는 오늘날에도 생명을 가지고 있다. 손문의 삼민주의는 그 후 5 · 4운동 기타로 민중의 힘을 인정하게 되자 자본주의에 부정적인 태도를 취하게 되었다. 즉 초기의 부르주아 민주주의에서 일보 전진한 것이다. '자본절제(資本節制)'라는 것을 표명했다. 또 농민에게 토지를 주자는 뜻에서 '경자유기전(耕者有其田)'을 주장하게 되었다. 그 이후는 '신삼민주의'라고 평가되고 있다. 이것은 국공합작의 통일전선의 강령이 되었다. 연소(連蘇), 용공(容共), 노농원조(勞農援助)의 세 가지 정책을 내세운 중국 국민당은 중국 공산당과 손을 맞잡고 국민혁명을 한 것이다. 손문의 사후에는 국민당의 우파가 특별한 해석을 내려 '삼민주의'를 반공이론으로서 주장했다.

'삼민주의' 가운데 민권주의에서는 삼권분립에 의한 헌법의 필요를 역설했다. 단 입법, 사법, 행정 이외에 관리의 채용 시험 제도와 관리의 부정을 감독하는 제도를 첨가한 것은 중국의 전통이나 실정을 중요시했기 때문이다. 또 민주주의는 중국어로는 사회주의라는 의미였다. 따라서 국민의 사회적 평등을 주장했다. 그러나 자본주의의 전부를 부정한다는 것은 아니었다. 이것은 당시 중국의 자본주의가 아직 발달되지 않아 노동자 농민의 정면의 적으로까지 인식되지는 않았다는 실정 때문이었다. 손문의 사고방식은 유럽의 사상을 공식적으로 모방하는 것이 아니라 중국의 실정을 충분히 살리고 있는 데 특색이 있다.

내 생각으로는 '죽은 호랑이를 친다'는 것은 겁장이가 용기 있는 자의 흉내를 내는 것으로서 무척 가소로운 것이다. 비겁하다고도 할 수 있지만, 차라리 미워할 수 없는 비겁이다. 그런데 '물에 떨어진 개를 친다'는 편은 그리 간단하지 않다. 개가 어쨌는가, 어째서 물에 떨어졌는가, 그것을 알고 나서 결정하지 않으면 안 된다. 생각해 보면 물에 떨어진 원인에는 대개 세 가지 경우가 있으리라. ① 개 스스로 발이 미끌어져 떨어진 경우. ② 다른 자가 쳐서 떨어뜨린 경우. ③ 자기가 쳐서 떨어뜨린 경우. 만약 앞의 두 가지 경우에 부닥쳐 남의 뒤꽁무니에 붙어 있다가 친다면 말할 것도 없이 그것은 그리 재미있는 얘기가 되지 않으며 혹은 비겁에 가까울지도 모른다. 만약 개와 분투(奮鬪)하여 자기가 물속으로 쳐서 떨어뜨렸다면 가령 나중에 대나무로 마구 후려쳐도 결코 비도(非道)는 아니다. 그것은 앞의 두 가지 경우와는 전혀 비교될 수 없다.

노신⁷⁾의 〈'페어플레이'는 보류할 것〉

노신 스스로의 해제가 붙어 있다. 이것은 임어당이 《어사(語絲)》라는 진보적인 지식인의 문예지에 쓴 글에 대한 반박문이다. 임어당은 페어플레이의 정신을 역설하고 이것이 중국에는 아직 부족하므로 그 육성에 힘쓰지 않으면 안 된다고 했다. 그리고 '물에 떨어진 개'를 치지 말 것을 페어플레이의 의미를 보충하는 뜻으로 덧붙였다. 노신은 이 보충 부분을 반박하여 중국의 실정으로는 페어플레이라는 정신이 하나의 기만에 불과함을 집요하고 강한 논리와 통렬한 어조로 역설하고 있다. 이 편에서 페어플레이로 나가자고 생각해도 상대방은 결코 그렇게 손쉬운 대상이 아니라고 말한다. "개혁자만이 아직 꿈을 꾸고 늘 손해를 보고 있다. 그 때문에 중국은 언제까지나 개혁이 이루어지지 않는 것이다"라고 결론을 맺고 있다. 중국에서는 근대 시민 사회의 페어플레이 따위는 통용될 여지가 없다고 한다. 영국이나 프랑스도 본국에서는 페어플레이를 하고 있는지 모르지만 그 식민지에서는 결코 그렇지 않다. 노신은 그런 식민지에 사는 한 사람의 인간으로서 항의한 것이다. 노신은 이런 종류의 조그만 글에 무척 능했다. 그것은 몹시 날카로와서 사람의 가슴을 찌른다. 노신으로서는 상대방을 쓰러뜨리는 칼로써 문장을 다듬은 것이다.

노신의 소설로서는 〈아Q정전〉이 유명하다. 아Q는 약하면서도 공연히 으스대기를 좋아하고, 졌을 때는 자기가 양보했기 때문이라고 생각하고 상대방이 약하면 마구 들볶는다. 축

---

7) 노신(Lu Xun, 1881-1936), 중국의 작가, 문학가. 본명 주수인(周樹人). 자는 예재(豫才). 절강성의 부유한 가정에서 태어났으나 몰락하여 온갖 고생을 다했다. 남경의 학교를 졸업한 후 1902년 일본에 유학, 선대의전(仙臺醫專)에 입학했다. 그러나 환등(幻燈)에서 중국인 스파이가 처형되는 장면을 보고 민족의식을 새로이 하고 중퇴하여 상경, 문학 공부를 시작했다. 동생 주작인(周作人)과 함께 각국의 단편소설을 선역 《역외소설집(域外小說集)》을 출판. 1909년 귀국하여 민국혁명에 의한 남경 정부에 협력하여 교육에 종사했지만 반동정치에 환멸을 느꼈고 그 사이 창작 〈광인일기〉를 발표, 중국 근대 문학의 출발점을 이루었다. 이어서 〈아Q정전〉에 의해 작가적 지위를 확립했다. 그 후 북경대학, 동 사범학교의 교단에 서는 한편 외국문학 번역을 했다. 군벌에 쫓겨 남하, 중산대학(中山大學) 교수가 되지만 나중엔 상해조계에 살며 극좌적 공식주의자와 싸우면서 마르크스주의 문예이론을 수립해 갔다. 1930년에는 중국좌익작가연맹을 조직. 또 항일전선의 결성에도 활약했다. 소설 〈눌함(吶喊)〉, 〈방황(彷徨)〉, 〈고사신편(故事新編)〉, 〈산문시집〉, 〈야초(野草)〉, 강의록 《중국소설사략》 외에 잡감평론집(雜感評論集)이 있다. 만년에는 판화(版畵)의 보급 운동을 일으켰다.

제 소동 때 폭동에 가담하며 그 일당으로 오해받아 함께 휩쓸려 처형된다. 중국 농민의 어떤 형을 묘사한 것으로서 인간의 노예 근성을 통렬히 파헤치고 있다.

실제는 오직 하나지만 현자(賢者)들은 이것을 여러 가지로 호칭한다.

《리그 베다》

《리그 베다》는 베다 가운데 가장 오래 된 것이다.

《베다》는 인도의 가장 오랜 종교 문헌의 총칭이다. '베다'라는 말은 지식을 의미하고 이어서 종교적 지식이라는 뜻이 되었다. 즉 신성한 지식을 수록한 브라만교의 근본 성질이다. 브라만교는 나중에 힌두교[인도교]가 되어 발전, 불교 및 자이나교와 대립했다. 《베다》는 아리안인이 기원전 1500년경 중앙아시아 방면에서 인더스 강 상류로 옮겨 와서 정주할 무렵에 시작되어 이윽고 문화의 중심이 갠지즈 강 유역으로 옮겨졌을 때 완성됐다. 아리안인은 선주민인 드라비다인을 정복 또는 추방하고 인도의 지배자가 되었다. 《베다》에는 《리그 베다》 외에 일정한 선율에 맞춰 노래를 부르는 우드가드리 제관(祭官)의 《사마 베다》, 제식의 실무를 담당한 아드바류 제관의 《야주르 베다》, 제식의 총감(總監)인 브라만 제관의 《아타르바 베다》의 4종류가 있다. 《리그 베다》는 태양신, 화신(火神), 뇌신(雷神), 천지의 신 등을 예찬하는 노래 이외에 철학시, 대화시, 서사시 등이 들어있는 소박하고 종교적인 서정시 따위도 포함되어 있다. 종교적 차원에서는 본질적으로 다신교의 단계이다. 여기에 인용한 구절은 다신의 신앙도 결국은 실재와 통한다는 것을 말한 것이다. 유태교, 기독교, 이슬람교 따위의 일신교에서는 이러한 태도가 결코 용납되지 않는다. 이 구절은 일신교를 모르는 사람들의 사고방식이라기보다는 오히려 다신교든 일신교든 종교의 본질을 직관적으로 인식한 현자의 지혜이다. 이 정신을 현내의 혼란에 대한 고대의 교훈으로 간주하고 싶다.

　　다른 신을 신봉하고 신앙을 갖추고 받드는 자들 ─ 그들도 또 (사실은) 나만을 받드는 것이다.

〈바가바드 기타〉

〈바가바드 기타〉는 힌두교의 복음서이다. 《마하바라타》의 제6편 속에 포함되고 18장으로 되어 있다. 《마하바라타》는 산스크리트어로 씌어진 대서사시이다. 비아사라는 전설적인 시인의 작품이라고 전해지고 있지만 정말은 오랜 옛날부터 전송(傳誦)되어 오는 사이에 차츰 수정 증보된 것으로, 현존 형태와 같이 된 것은 4세기 무렵이다. 이야기의 주제는 전쟁이지만 고대 인도의 종교, 신화, 전설, 철학, 법제, 경제, 사회에 관한 지식의 백과사전으로 되어 있다.

〈바가바드 기타〉는 바가바드, 즉 비시누 신에의 절대 귀의를 말하고 이기심을 떠나 결과를 도외시하고 의무를 행할 것을 주장한다. 인도 정신을 강력하게 대표하는 것이다. 이것은 간디에게도 영향을 미쳤다. "네가 전심(專心)할 것은 오직 행동 속에만 있다. 결코 결과 속에 존재하지 않는다. 행동의 결과에 좌우되는 일이 없도록 하라." 이것은 브라만교를 비판하고 힌두교의 정신을 수립한 말이다. 좋은 보답이 있으니까 선을 행한다는 브라만교의 태도를 부정하고 의무이기 때문에 의무를 실행하지 않으면 안 된다, 다른 것을 지향해서는 안 된다고 말한다. 이것은 확실히 한층 높은 입장이다. 여기에 인용한 말은 종교나 사상의 관용의 거점을 나타낸 것이다. 유태교의 신 야훼는 스스로 질투의 신이라 칭하고 우상숭배 기타를 엄격히 비난했다. 그 정신은 기독교에도 계승되어 카톨릭은 이단이나 이교에 대해 엄격한 태도를 취하고 종교재판이라는 야비한 행위를 신의 이름으로 되풀이했다. 힌두교의 비슈누 신은 다른 제신(諸神)을 허용하는 신이었다. 인도 정신의 관용이라는 측면을 가장 잘 나타내는 것이 〈바가바드 기타〉이다. 힌두교를 믿지 않는 사람 사이에서도 많은 영향력을 가지고 있다.

나는 이처럼 부귀에 싸여 이처럼 지나치게 호화로운 생활을 보내고 있었다. 그때 내게서 문득 이런 반성이 눈을 떴다. ― 모름지기 무지(無知)한 범부(凡夫)는 스스로 노쇠의 운명을 면할 길 없는데도 타인의 노쇠한 모습을 보고는 혐오를 느끼게 된다. 그러나 그가 느끼고 있는 그 혐오는 이윽고 자기 스스로에게 향하여 오지 않는가. 자기도 또한 이처럼 노쇠할 운명을 면할 길 없는데 타인의 그러한 모습을 보고 혐오의 염을 갖는다는 것은 무슨 일일까. 병환이나 죽음에 대해서도 마찬가지이다.

석가모니[8]의 《숫타니파아타》

석가모니가 태어났을 당시의 인도는 도시를 중심으로 한 소국가가 차츰 대국가로 발전하여 국왕의 지배 세력이 강해지며 왕족, 브라만, 서민, 예민(隸民), 찬달라〔도살업자〕 등의 계급이 있었으나 그것이 차츰 무너지기 시작하고 있었다. 도시가 번영함에 따라 예민(隸民)도 재보, 미곡, 금은을 갖게 되고 상급의 인간을 억누를 수 있다는 생각이 퍼지게 되었다. 지난날의 사회 체제가 무너지기 시작하고 있었던 것이다. 다른 한편 물질생활도 풍부해져 향락과 퇴폐의 기풍이 충만해 있었다. 석가모니가 인간의 욕망의 덧없음을 되풀이하여 말하고 있는 것도 이러한 사회 정세 하에서 새로운 종교를 역설했기 때문이다. 그러나 그는 스스로 행하는 수자(修者)들의 태도도 부정하고 중도(中道)를 가르쳤다. 그 깨달음〔悟〕에 달한 사람은 진인(眞人)이다. 쾌락과 고행의 어

---

8) 석가모니(Sakyamuni; Gautama Buddha, 기원전 466-386 혹은 기원전 564-484, 불교의 개조. 출생과 사망 연대에 대해서는 이설이 많으며 전기의 태반은 전설이다. 인도의 석가족 출신. 가비라 성의 왕 정반(淨飯)과 마야(摩倻) 부인의 장자. 인도·아리안 문화의 교양을 쌓고 결혼하여 한 아이를 낳았지만 29세에 출가하여 6년간의 고행을 계속한다. 종래의 교리에 만족치 못하고 35세 때 붓다가야〔佛陀伽倻〕 부근의 보리수 밑에 정좌하여 깨닫고〔悟〕 불타(覺者라는 뜻)가 되었다. 녹야원(鹿野園)에서 5명의 비구에게 최초의 설법을 했는데 이것이 승가(불교 교단)가 성립한 때로 되어 있다. 이후 45년 동안에 걸쳐 전도를 계속하고 갠지즈 강 남방의 마가다 국, 북방의 고사라 국 등지에도 가서 국왕을 비롯하여 천민에 이르기까지 교화했다. 후에 귀향하여 석가족 사람들도 귀의시켰다. 80세 때 병을 얻어 사라쌍수(娑羅雙樹) 사이에서 입멸했다고 한다. 보통 강탄(降誕)은 4월 8일, 성도(成道) 12월 8일, 열반(涅槃) 2월 15일이라고 한다. 불타의 가르침은 삼보(불·법·승)로서 정리되어 있다. 일체의 번뇌에서 벗어난 열반의 세계를 이상으로 하고, 자유 평등의 이념에서 괴로와하고 있는 중생에게 자비의 손을 뻗치려 했다.

느 것도 물리치고 그 중도를 행하려 한 것이다. 이것은 인간
이 가장 인간답게 사는 길이다.

　　우리들은 진리와 폭력의 부정을 그저 개인의 행위의 문제만으로
그치지 않고 집단, 사회, 국민의 행위의 문제로 삼지 않으면 안 된
다. 그것이 나의 꿈이다. 나는 그 꿈의 실현을 위해 살고 그리고 죽을
것이다.　　　　　　　　　　　　　　　　　　　　　　　　　　— 간디[9]

---

9) 간디 (Mohandas Karamchand Gandhi, 1869-1948), 인도적 철인. 민족해
　방운동의 지도자. 인도 서북부의 부호의 가정에 태어나 힌두교, 자이나파
　의 교육을 받았다. 18세 때 런던에 유학하여 법률을 공부하고 돌아와 변
　호사 개업. 1893년 소송 사건 때문에 남아프리카로 건너갔을 때 인도인이
　박해받는 참상을 보고 차별대우 철폐 투쟁을 시작했다 이후 23년간 동지
　(同地)에서 운동을 전개하다가 여러 번 투옥되었다. 이 시기에 비폭력ㆍ
　무저항주의를 근본으로 하는 민족 독립의 이념을 만들어 냈다. 1915년 귀
　국. 제1차 대전 초기에는 영국의 입장을 지지했지만 전후 영국이 인도를
　독립시킨다는 약속을 어겼기 때문에 항의운동을 일으켰다. 1919년 국민
　회의파는 대영비협력운동으로서 간디주의 방식을 승인하고 인도 최초의
　전국적인 저항운동에 들어갔다. 1921년 간디는 이 파의 최고 지도자로 되
　었다. 그 후 각지를 돌아다니며 물레[紡車] 운동 따위의 국산품 전용을
　장려하고 인도인의 자치에 의한 구제를 가르쳤다. 1929년 완전 독립을 선
　언한 국민회의파에 응하여 두 번째 반영불복종운동을 전개했다. 1931년
　탄압의 완화를 조건으로 투쟁을 중지하고 런던에서 열린 영인원탁회의
　(英印圓卓會議)에 출석했지만 성과는 없었다. 그동안 여러 번 투옥당했
　다. 회의파의 조직이 파괴되었기 때문에 개인적 불복종의 형식으로 운동
　을 다시 전개했다가 1934년 정치의 제일선에서 물러나 정신적인 지도자
　가 되었다. 1942년의 대규모 반영불복종운동 때 또 체포되어 2년 가까운
　옥중생활을 했다. 인도와 파키스탄의 융화에 힘쓰던 도중 광신적인 힌두
　교도에게 암살당했다. 그 사상이 샤타그라하[眞理把持]를 목적으로 하기
　에 인습적인 계급 제도의 타파, 불가촉천민(不可觸賤民)의 해방에도 헌
　신했다. 일생 동안 10여 회나 단식을 행하여 육체적 욕망을 극복한 것은
　유명한 일이다. 마하트마[大聖]라는 존칭을 받고 있다. 주저로 《힌두ㆍ스
　와라지[인도의 자치]》가 있다.

간디는 인도가 낳은 위대한 정치가이다. 철인 또는 성웅이라고 불리고 있지만 그 이상으로 정치가이다. 이제까지의 정치가는 전쟁을 위하여 폭력을 어쩔 수 없이 긍정했다. 간디는 그런 옛날부터의 사고방식을 정면으로 부정했다. 영국의 지배에 섣불리 폭력으로 저항해 보았자 결과는 오히려 실패라는 사실 때문이기도 했지만, 그 이상으로 인도의 전통이 되어 있는 평화의 사상을 현실로 살린 것이다. 그러므로 인도인의 마음을 넓고 깊게 사로잡을 수 있었던 것이다.

마르크스주의의 입장에 서는 사람들은 간디를 영국 제국주의와 타협하고 독립 인도의 참다운 독립을 방해한다고 비난, 조소했다. 그러나 '스탈린 비판' 이후 간디의 입장을 어느 정도 긍정하게 되었다. 그 비폭력주의는 원자폭탄·수소폭탄이라는 무서운 병기가 사용되게 되면서 더욱 현실적인 의미를 갖게 되었다. 일체의 폭력은 부정되지 않으면 안 된다. 가령 바른 목적을 위한 일일지라도 폭력은 폭력을 낳고 인류를 급속히 파멸의 구렁텅이로 이끌어 간다.

이렇게 하여 궁극적으로는 오늘날의 많은 문제를 논의나 전쟁에 의해서가 아니라 물자의 분배에 성공하는 방법에 의해 해결하려 하고 있는 것이다. 그 방법이 무엇이든간에 물자를 분배하고 필요한 변화를 일으키게 하여 대중을 만족시키는 방법이 그 자체를 정당화시키고 희망을 줄 것이다.

이 방법은 현재 대립하고 있는 두 개의 이데올로기의 어느 쪽인가에 굴복하는 것 같은 식으로 극단적일 필요는 없다. 아마 그 중간에 있는 무엇이리라. 사실 여러분은 오늘날 세계의 많은 나라들 가운데서 낡은 형의 자본주의와 깨끗이 작별하고, 또 일반적으로 알려져 있는 소위 사회주의에의 길이라는 것과도 다른 방법을 찾아내려는 시도가 있는 것을 발견하게 될 것이다.

인도에 있어서도 역시 우리가 민중의 조건에 가장 적합한 어떤 유(類)의 방법을 찾아내는 것은 '일종의 중도(中道)'에 의해서다. 거기서 나는 '이즘'에 열중하는 따위의 일은 하지 않는다. 나의 가치 판단은, 또 국가의 가치 판단도 그래야 한다고 말하고 싶은 것이지만, 차라리 문제를 냉정히 생각하는 담담한 평가의 방법이다. 나는 '이즘'에 관한 일은 잊고 싶다고 생각하고 있다.

— 네루[10]

네루는 간디의 정치적 후계자이다. 동시에 간디의 사상을

---

10) 네루(Jawaharlar Nehru, 1889-1964), 현대 인도의 정치가. 인도 민족운동의 지도자였던 모틸랄 네루의 아들로서 캐시미르의 명문 출신. 15세 때 영국으로 건너가 케임브리지 대학에서 공부한 후 귀국하여 변호사가 되었다. 간디의 영향을 받아 1916년 국민회의에 참가했다. 이윽고 동회의 위원이 되어 영국 황태자의 인도 방문시 스트라이크를 지도하여 투옥된 것을 비롯, 반영독립 운동 때문에 9회나 투옥되었다. 그동안 아라하람드시회의장을 거쳐 1929년부터 3회 국민회의장에 선출되고 1939년 전 인도왕후국 인민회의의장에 취임했다. 간디의 비폭력운동에도 협력했으나 그 종교적 정신주의에는 비판을 가하였다. 대외적으로는 1921년 브뤼셀의 피억압국 국민대회에 출석하고 후에 스페인과 중일전쟁 중의 중경(重慶)을 방문했다. 1946년 독립할 때까지 중국 내각에서 부수상을 지내고 이듬해 독립 이래 초대 수상, 외상 겸 연방관계상에 취임함과 동시에 국민회의 의장도 되었다. 그 이후 경제 5개년 계획을 진행시키는 한편 국내 및 국제정치면에서 활약했다. 네루의 외교는 평화 원칙에 나타난 것처럼 민주주의 국제협조를 근저(根底)로 하여 아시아 아프리카 민족주의의 기수로서 동·서 양 블럭에서 독립한 '제3세력'을 형성했다. 제네바회의, A.A회의 등 세계 평화에의 공헌이 컸다. 《세계사화(世界史話)》, 《자서전》, 《인도의 발전》 등 옥중에서의 저술이 있다.

현실면에서 한층 발전시키고 있다. '이즘'을 잊고 싶다는 것은 자본주의라든가 공산주의라는 이데올로기의 문제를 덮어두고 절실한 당면 과제를 하나하나 해결해 가고 싶다는 입장이다. '이즘'의 투쟁을 초월하며 현실에 당면한 새로운 길을 찾는 입장이다. 그것은 반드시 추상적인 것은 아니다. 독립 후의 인도가 직면하고 있던 정치적 경제적 과세의 해결 방식이었다.

> 자비 깊고 자애 그지없는 알라의 이름으로
> 1. 찬양하라 알라, 만세의 주,
> 2. 자비 깊고 자애 그지없는 신,
> 3. 심판의 날(최후의 심판의 날)의 주재자.
> 4. 당신이야말로 우리가 받들어 올리며 당신에게야말로 구원을 바라나이다.
> 5. 원하옵기는 우리를 이끌어 올바른 길을 걷게 하소서.
> 6. 당신의 노여움을 받는 자들이나 갈팡질팡 헤매는 자들의 길이 아니고
> 7. 당신이 사랑하시는 자들의 길을 걷게 하소서.
>
> 《코란》, 〈제1장〉

세계에서 가장 널리 읽히고 있는 것은 《성서》이며 가장 자주 읽히고 있는 것은 《코란》이라고 한다. "자비 깊고 자애 그지없는 알라의 이름으로"라는 말은 무슬림(이슬람교도)의 일상생활에 깊이 스며들어 있다. 무슬림은 1일 5회 일정한 시각에 성지 메카의 방향을 향해 예배하게 되어 있다. 《코란》은 알라의 말이다. 그리고 마호메트[1]의 종교적

체험을 말한 것이다. 이슬람교는 유태교, 기독교의 영향을
받은 일신교이다. 알라 이외의 신을 숭배하는 것은 금지되
고 있다. 단 그리스도도 한 사람의 예언자로서 인정되고
있다. 《코란》의 본문은 마호메트가 입신상태(入神狀態)에
빠졌을 때 얘기한 말로 되어 있는데 그 어조는 술주정꾼
같은 말투와 비슷한 부분도 있다. 유일신 알라를 말하고
천지창조와 아담과 이브의 얘기, 노아의 홍수 등으로부터
종말의 날, 최후의 심판에 이르기까지 말하고 있다. 동시
에 헛되이 쓰지 말라는 것과 같은 세속 생활의 규율에 관
한 부분도 많다.

원래 억지로 끌려 나온 세상이다.
살아서 괴로움뿐, 그 밖에 얻은 것 무엇이 있었나?
지금은 무엇 때문에 와서 살고 그리고 떠나는지
알지도 못하며 할 수 없이 세상을 떠나는 것이다.
내가 와서 우주에 무슨 이익이 있었나?
또 간다고 하여 특별한 변화가 있었나?
도대체 무엇 때문에 이렇게 왔다 가는 것인가를
내게 설명해 준 사람이 있었나?

영혼이여, 너는 수수께끼를 풀지 못한다.
현명한 지자(전지의 신)의 입장이 될 수는 없다.
차라리 술과 잔[盃]으로 이 세상에 낙토(樂土)를 열자.
저 세상에서 네가 낙토에 간다고는 정해져 있지 않다.
　　　　오마르 카이얌[2]의 《루바이야트》, 〈풀 수 없는 수수께끼〉

본 성서와 의미번역은

두 성지의 수호자이신 파하드 이븐 압둘아지즈 알사우드 왕의 선물입니다

성 꾸란

의미의 한국어 번역

파하드 국왕 꾸란 출판청

〈코란〉의 한국어 번역본

هذا المصحف الشريف وترجمة معانيه
هدية من خادم الحرمين الشريفين الملك فهد بن عبد العزيز آل سعود

القرآن الكريم
وترجمة معانيه إلى
اللّغة الكورية

مجمع الملك فهد لطباعة المصحف الشريف

《루바이야트》는 일종의 4행시이다. 이 시형(詩型)은 오마르 카이얌 이외의 다른 시인들도 시도하고 있다. 4행 속에서 세계관, 인생관을 멋있게 노래한다는 것은 격언을 애호하는 페르시아인이 좋아하던 것이었다. 《루바이야트》도 현재 격언처럼 얘기되고 있다. 술을 사랑하고 장미꽃을 즐기는 것이 페르시아인의 습관이었다. 오마르 카이얌은 페르시아인의 이 기분을 대표한 것이다. 그러나 단순한 민족시인이 아니라 유럽인의 마음에도 깊은 감명을 주었다. 감미로운 동양의 허무주의가 일부 사람들의 마음을 상쾌하게 스며 들어갔다. 그 하나에 이런 시가 있다.

구중(九重)의 하늘의 넓이는 허무다!
땅 위의 형체도 모두 허무다!
즐기자, 생멸(生滅)의 숙(宿)에 있는 몸이다.

---

11) 마호메트(Mahomet. 571?-632), 아라비아의 예언자, 이슬람교의 개조. 본명 Muhammad Abul Qasim ibn Abdullah. 메카의 유력한 지배자의 일족에 속했다. 부모를 일찍 여의고 조부에게 양육되어 후에 숙부를 따라 시리아 방면을 행상하며 다녔다는데 전반생에 대해서는 분명하지 않다. 25세 때 연상의 부유한 과부와 결혼. 명상을 즐기고 아랍 민족의 종교, 사회, 도덕의 개혁에 뜻을 두었다. 메카 교외의 히라산 동굴 속에 들어앉는 일이 많았는데, 40세 때 어느 날 여기서 천계(天啓)를 받아 유일신 알라의 존재와 그 전능을 믿고 스스로 알라의 사자라고 생각하여 포교를 시작했다. 빈민과 노예계급 속에서 속속 신자가 나왔기 때문에 귀족들의 박해가 심해져 제자인 아부 바크르 등과 야스리브(현재의 메디나)로 피했다. 이것은 헤지라[성천(聖遷)]라고 하며 후에 칼리프 오마르에 의하여 이슬람력의 기원으로 삼았다. 이후 종교 정치면의 세력을 확대, 메카군의 공격을 깨뜨리고 522년 메카를 순례하고 이듬해 드디어 메카 입성을 수행했다. 나아가서 아라비아 전토를 이슬람교의 지배 아래 두었다. 그 교설은 《코란》으로서 엮어져 있다.

아아, 일순의 이 목숨도 허무다!

옛날부터 허무적 감정을 얘기한 것으로는 《구약성서》의 〈전도서〉가 유명하다. "헛되고 헛되며 헛되고 헛되니 모든 것이 헛되도다"로 시작되는 〈전도서〉에 《루바이야트》의 몇 개의 시는 필적한다. 후자에는 시인의 작품이기 때문에 일종의 청징(淸澄)의 느낌이 흐르고 있다. 동시에 약간의 감미로움도 가지고 있다. 그러기 때문에 사람의 마음을 달콤하게 하고 취하게 하는지도 모른다.

힘을 구성하는 모든 요소의 분석에 즈음해서는 힘의 기초를 이루는 세 근원을 우선 먼저 지적하지 않으면 안 된다.

첫째의 근원이란 우리가 서로 인접한 인민의 일단이며 다른 사람들이 얻을 수 없는 정신의, 그리고 또 물질의 굴레로서 서로 맺어져 있는 것이다. 우리들 인민은 특성과 재능을 가지고 있다. 이 가운데서 세 개의 신성한 종교적 신념이 발생했다. 평화롭고 안정된 세계를 재건하려는 현재 아무래도 이것을 무시할 수는 없다.

둘째의 근원은 참으로 세계의 집회소, 십자로, 군사상의 회랑(回

---

12) 오마르 카이얌(Umar Khayyam, 1040-1123?), 이란의 시인, 천문학자, 수학자, 철학자. 니샤프르에서 출생함. 셀주크조 제3대의 멜리크샤가 설립한 천문대에서 자라리력(曆) 제정 사업에 종사했다. 수학면에서는 3차방정식의 기하학적 해결을 연구했다. 본국에서는 자연과학자로서의 명성이 높았으나 그의 작품이라고 하는 《루바이야트》가 1859년 피츠제럴드에 의해서 영역(英譯)되고 간행되게 되어 세계적으로 유명하게 되었다. 《루바이야트》는 쾌락과 우수, 회의와 반항이 뒤섞여 신비한 서정의 세계를 형성하고 있는데, 카이얌 자신의 작품은 소수일 것이라고 전해지고 있다.

廊)으로서 중대한 전략적 지위를 갖는 것은 우리들의 영토 그 자체이며, 세계 지도에 그려지고 있는 그 위치라는 것이다.

세째의 근원은 석유이다. 이것은 문명이라는 생명을 떠받치는 신경(神經)이다. 석유가 없으면 문명의 기구는 모두 그 기능을 정지시켜 버릴 것이다. 거대한 생산 공장도, 육·해·공의 일체의 교통이나 통신도, 하늘을 나는 비행기나 해저(海底)를 항행하는 잠수함이나, 모든 전쟁을 위한 도구도 석유가 없이는 녹슬고 전혀 움직이지 않는 무용한 한 조각 쇠붙이로 화하고 말 것이다.

나세르[13]의 《혁명의 철학》

나세르는 이집트의 지도자에 그치지 않고 아랍 민족의 지도자로서 받아들여졌다. 그 사상은 거칠고 간디나 네루에 비해 훨씬 깊이가 없는 것처럼 생각된다. 그러나 아시아·아프리카의 식민지에서 민족 독립을 위해 싸웠던 사람들에게는 힘찬 격려가 되었다. 그것은 이상보다도 현실을 말하고 실행했기 때문이다.

---

13) 나세르(Gamal Abdu'l Nasser, 1918-70), 이집트의 정치가, 군인. 알렉산드리아 태생 사관학교를 나와 제1차 대전 중 북아프리카 전선에서 영국군에 참가했다 1948년 팔레스타인 전쟁에 종군하여 부상을 입었다. 이집트 정계의 부패를 제거하려고 자유장교단을 결성했다. 1952년 나기브를 내세워 쿠데타를 일으켜 파르크 1세를 추방했다. 이듬해 공화국을 수립했다. 나기브의 실각에 의해 1954년 수상 겸 혁명군사회의 의장. 대통령에 선출되었다. 같은 해 영국군의 수에즈 운하 철퇴를 단행하고 본국의 독립의 기초를 굳건히 하면서 중근동의 민족주의도 지도했다. 반둥회의에서는 네루, 주은래와 함께 활약. 소련의 경제 원조를 받고 중립주의 강화에 힘썼다. 1956년 수에즈 운하 국유화를 선언하여 세계의 주목을 받고 1958년 아랍연합공화국 성립에 즈음하여 초대 대통령이 되었다.

제11장 한국 사상

개관

　아시아 동북부 소반도에 자리잡고 단일한 한국어를 사용하며 살아온 우리 민족은 약 2천여 년의 역사(삼국시대 이후)를 이루며 그동안 외국 문화와의 교류, 사상의 끊임없는 수입 과정을 겪었으나 그런대로 하나의 '한국 사상의 전통'을 지켜 왔다고 할 수 있다. 대체로 한국 사상사는 동양사의 공통적인 전통을 이룬 불교, 유교, 도교〔仙〕의 수입 전승을 말할 수 있을 것이나, 하부 서민의 민간 신앙인 무속(巫俗), 그밖의 제천사상(祭天思想) 등을 통해서 그 특성, 즉 한국인의 독특한 사상을 형성해 온 것이다.

　원효(元曉), 화랑도(花郎道), 이퇴계(李退溪), 동학(東學) 등 한국 사상의 두드러진 봉우리들을 거쳐 그 명맥은 면면히 이어져 내려오고 있으며 미륵불의 유토피아 사상과 같이 현신과 이상을 분리시키지 않고 아리스토텔레스의 내재론(內在論)처럼 '지상천국'의 민족 이상향을 꿈꾸어 온 것이다.

　이러한 '양극의 통일'이라는 전통적인 자세는 유 · 불 · 선

등 외래 사조를 수입하는 데 있어서의 변형, 즉 한국적인 수용 형식을 이루었으며 샤머니즘까지 넣은 4대 사상을 항상 종합하려고 노력해 온 것이다.

다음으로 우리나라의 풍토성(風土性), 즉 맑은 하늘과 순조로운 기후는 우리의 사색 활동에 큰 영향을 끼쳤다고 할 수 있으며, 우리 사상사 전반에 걸쳐 자연 숭배와 자연에의 경향 역시 이 점과 관련시켜 볼 수 있을 것이다. 그리하여 도피 미술, 시조 등이 그러한 풍토의 영향 하에 서정적이며 순진 담백한 훈향을 풍기고 있는 것이다. 또한 〈처용가〉에서 소월 시에 이르는, 체념과 무상을 밑받침으로 한 안이한 낙천주의는 항상 우리 민족을 내외의 지배자에게 굴복케 만들었고 고구려의 씩씩한 기상은 점차 약화되어 갔던 것이다.

언어면에서 우리말은 우아하면서도 억센 데가 있으나 논리성이 적고 감정적이며 그러므로 분석과 논증의 이론적 사색 경향이 희박하다. 주객어 관계에 있어서 그 이원적 분석화가 덜 되어 현상과 실재를 분리시키는 사고가 불충분하며 초월성을 인정치 않고 관념을 현상 속에 넣어서 생각하지 않았나 싶다.

상고 시대

상고 사상을 보여주는 〈단군신화〉 등 여러 가지 건국 신화들이 있으니, 이는 점차 한반도에 통일 국가를 건설해 가는 부족 국가 시대의 '신시(神市)' 등의 사회 의식을 말해 준다. 삼국 시대에는 고구려가 지금의 만주까지 세력을 크게 떨쳤고, 사상면에서도 유교·불교 계통에서 중국 등 외국까지 이름을 떨친 학자들이 많이 배출되었으며, 섬세하면서도 꿋꿋한 인간상을 보여주는 예술이 발달했으나, 고분 벽화(古墳壁畵) 이외에는 별로 전하는 것이 없고 백제 역시 그러하다.

통일 국가를 형성한 신라가 화랑도 정신으로 고유 사상의 일면을 대표하였으며, 난숙한 불교 문화는 동양 문화사의 일대 장관이었다.

사상면에서 이차돈은 불교 수입을 위해 순교했고 원효는 대승(大乘)을 받아들여 창조적인 사색을 통해 '해동종(海東宗)'을 이룩하였다. 원효의 진속일여(眞俗一如)의 사상은 그 후 쭉 한국 사상의 명맥을 이루었다.

유교 수입에서는 강수(强首)를 들 수 있고 중국에까지 이름을 떨친 최치원의 문집은 아직도 그 빛을 발하고 있다.

고려 시대의 사상

고려 태조 왕건(王建)은 신라를 무너뜨리고 불교를 호국(護國)의 대본(大本)으로 삼아 불교 중흥 시대로 들어갔다. 초기에는 도선(道先) 같은 명승이 있었으며, 중기에는 의천(義天)이 고려 대장경을 우리 문화의 위업 중의 하나로 만들고 지눌(知訥), 보조국사(普照國師)와 더불어 교선 양종(敎禪兩宗)의 합일을 완성했던 것이다.

고려 6대 성종대(成宗代)부터는 유학의 국자감(國子監)이 성립되고 최충(崔冲) 같은 이는 구경 삼사(九經三史)를 강(講)했으며 그 후 향교, 과거 제도, 동서학당이 성립되었다.

조선의 종교 사상

고려조가 망한 것은 국교화됐던 불교의 부패에 그 원인이 있었다. 그리하여 이태조에 와서는 정도전의 배불론(排佛論)을 중심으로 유교가 중흥했다.

서화담(徐花潭)이 송학의 정주 사상(程朱思想)을 받아들여 기일원론(氣一元論)을 전개했고 이퇴계, 이율곡 등 거유에 의해 성리학이 크게 떨치기 시작하여 그 사상은 동양유학 사상에 거업을 남겼다. 그러나 성리학은 형식에 치우치고 당쟁을 유발하는 한편 사대주의적인 모화사상(慕華思想)을 이룩했다.

이때 청나라에서 '북학(北學)'이라고 하는 실학이 들어와 유형원, 정다산 등에 의해 거대한 사회, 경제, 정치의 실천적 사상이 이루어졌다.

조선 말에 와서는 '민란의 시대'에 들어 말세 풍조가 생겨 정감록(鄭鑑錄)과 같은 위기의식이 형성되고 1860년대에는 동학의 최수운(崔水雲)이 나와 서민의 저항 사상을 제시했으며 1894년대에는 대규모적인 동학혁명이 일어났다. 동학혁명에서 유발된 청일전쟁은 일본의 승리로 돌아가 괴뢰 정부인 김홍집 내각이 성립되어 갑오경장을 행했다. 이것을 기점으로 우리나라는 일제 식민지화의 길을 걸었다.

일제 식민지 시대

일제 식민지 밑에서는 자유민권사상이 형성되고 3·1 운동을 통해 민족해방투쟁이 시작되었으며 서재필·안창호 같은 분들의 민중계몽사상과 근대 민족주의운동은 독립 정신의 기초를 이루었다. 1910년 이후 일제의 문화 정책 하에 서구 사조가 수입되기 시작했다. 최육당(崔六堂)의 계몽사상, 한용운(韓龍雲)의 불교유신론, 이광수(李光洙)의 인도주의 문학사상, 사회주의사상이 한참 동안 이 땅을 뒤흔들었다. 그 후 제2차 대전 중에는 일제의 파시즘이 모든 사상 문화의 자유를 억압했다. 시문학에서는 소월 같은 민족 시인이 민요의 가락으로 새 시문학의 영토를 열었고 최서해의 프로문학도 새로운 풍조를 이루었다.

8 · 15해방

8 · 15 해방 후 우리나라는 좌우익의 극렬한 대립으로 서구자유주의와 공산주의의 사상적인 각축전이 벌어졌다. 그 사이에서 몽양(夢陽) 여운형(呂運亨)의 중간적인 좌익이 건국준비위를 중심으로 좌우합작을 기도하였으나 실패로 돌아가고 극우적인 이승만(李承晩)과 극좌적인 박헌영(朴憲永)의 대립이 격화되어 결국 남북한의 분단이 실현되고 말았다. 이 혼란기에 민족진영을 중심으로 하는 사회민주주의 세력〔몽양〕이 물러나고, 북한에는 소련에서 직수입된 마르크스 · 레닌주의가 공식적 사상으로 강요되고 남한에서는 자유민주주의를 표방하고 나섰다. 그 후 15년 간 남한의 독재자 이 정권하에서는 외래 실존주의의 소개가 위주였고 점차 사상의 자유를 상실하여 4 · 19 전에는 단지 무교회주의파에 속하는 함석헌 선생의 사상이 그 저항의 자세와 간디주의, 마치니의 민족사상, 소로의 시민의 불복종정신의 전파와 날카로운 독재 비판으로 주목을 끌었다. 다시 4 · 19 이후의 사상

계는 보수, 혁신의 대립으로 자유민주주의와 민주사회주의의 대립을 드러냈다. 그러나 전부터 한국 철학계는 우리 사상에 관심을 가져 한국사상 연구가 활발해졌고 원효, 퇴계, 율곡, 다산, 성호에 대한 연구 저작이 나왔으며, 특히 박종홍 교수의 《부정에 관한 연구》는 서구 철학사상을 우리 사상의 입장에서 논구한 큰 업적이었다.

인간과 사상

선화 공주님은 남몰래 애인을 두고서 서동 서방(薯童書房)을 밤에 몰래 안고 간다.

백제 무왕(武王)의 〈서동요〉

달아, 이제 서방까지 가시나이까. 무량수불 전에 말씀 사뢰다가 맹서 깊으신 무량수불 곁에 우러러 두 손 모아 사룁기를 원왕생(願往生), 원왕생(願往生)이라고 그리워하는 사람 있다고 사뢰 주소서. 아아, 이 몸 버려 두고 48대원(大願)이 다 성취하실까 저허하노이다.

광덕(廣德)의 처, 〈원왕생가〉

무릇 잣(栢)이 가을에 시들어 떨어지매 너 어찌 잊어? 라고 말씀하옵신 우러러뵙던 낯이 계시온데, 달 그림자 옛 못에 가는 물결을 원망하듯 모래를 바라보나 세상도 싫증이 나는구나.

신충(信忠)의 〈원가(怨歌)

서울 밝은 달 아래 밤늦도록 노닐다가 들어가 자리를 보니 다리
가 넷이로다. 둘은 내해이고 둘은 누해런고. 본디 내해였건마는 남
에게 빼앗겼음을 어찌할꼬.

처용의 〈처용가〉

향가는 기록에 남은 가장 옛 노래들이다. 김부식의《삼국
사기》를 보충하는 뜻에서 중 일연이 낸《삼국유사》에 난해한
신라 때 말로 기록되어 있던 것이 많은 학자들의 연구를 거
쳐 현대어로 옮겨진 것이다. 오늘날 14수밖에 남지 않은 이
주옥같은 가락은 서기 6세기부터 9세기까지의 통일신라시대
의 작품이다. 향가는 원래 '사뇌가(詞腦歌)'라고 하여 신불
(神佛)이나 자연 숭배와 관계있는 축도 혹은 의식가라고 할
수 있으며 당시의 종교 사상이 민간에 침투하여 생활화된 일
면을 보여주는 점에서 의의가 있는 것이다. 특히 〈처용가〉는
무가(巫歌)로서 불교나 유교의 영향을 받아 읊어진 가락과
는 달리 깊은 서민 신앙인 샤머니즘의 노래인 것이다.

이상에서 사뇌가 시대의 우리 사상을 더듬어 보면 먼저 왕
과 귀족 등에 침투한 불교가 난숙한 신라 정신의 중추를 이
루었고 비교적 한국적인 샤머니즘이 하층 서민의 생활 감정
을 이루어 양자가 서로 관계하여 동화된 특이한 '신라 문화'
를 이룩했으니 그것이 곧 풍류도(風流道)라고 하는 화랑 정
신인 것이다.

신라 정신은 이렇듯 외래 불교와 민간 신앙인 무속의 2중
구조를 이루어 새로운 문화와 사상을 형성하여, 관창의 애국
심과 같은 화랑도의 호국 정신을 낳고 자연에 귀일(歸一)하

여 불교적인 무상감(無常感)과 융합된 일종의 '체념' 같은 것이 처용가의 "아사날 어찌할꼬"를 통해서 전승되고 있다.

먼저 〈서동요〉(600년)는 이웃 나라 백제 무왕이 선화 공주한테 장가들고자 서라벌에 몰래 들어가 기계(奇計)로써 이 동요를 지어 퍼뜨렸다고 한다. 이 동요답지 않은 좀 음탕한 노래는 석굴암의 "손으로 만지면 맥박이 뛰고 따뜻한 체온을" 느끼게 한다는 휴머니즘적인 육체미와 더불어 가식 없는 인간미와 본능과 사랑을 가진 인간성의 사상을 엿보게 한다.

〈원왕생가〉(661-681)는 신라인들이 불상 앞에서 염불로써 불렀다는 가락으로 미타정토사상(彌陀淨土思想)을 내포한 것이다. 신라인들의 미래관은 미륵 하생(下生)신앙을 통해 원효의 이른바 진속일여의 현실 세계에 불국토(佛國土)를 건설한다는 지상불국토 건설 사상이었다. 이러한 현실성을 가진 예토감(穢土感)이 진속일여와 서민 불교를 형성하고 신라인의 지상 천국 건설이라는 미래상을 형성한 것이다.

〈원가〉는 충신이 왕에 대한 원망을 탄식조로 내뿜은 가락으로 데카당스와 페이소스를 내포한 허망감을 나타내고 있어 무상감을 엿보게 한다.

〈처용가〉는 무속과 관계있는 가장 서민적인 가락이다. 잡귀를 쫓는 데 쓰여졌다고 전해지는 이 가락은 무력한 체념 사상을 전해 주며, 아내를 약탈당한 처용이 현장을 목격하고도 "아사날 어찌할꼬"라며 자포자기하고 마는 체념은 '아리랑'의 가락에서처럼 처절한 패배주의를 말해 준다. 고구려의 씩씩한 기상과는 달리 신라의 서민 사이에는 학대받는 사람들의 노예적인 '니힐'이 체념의식으로 나타났다고 볼 수 있다.

첫째, 임금에게 충성할 것[事君以忠].
둘째, 부모에게 효도할 것[事親以孝].
셋째, 친구 간에 신의를 지킬 것[交友以信].
넷째, 전쟁에 임해서 용감할 것[臨戰無退].
다섯째, 살생을 가려서 할 것[殺生有擇].

《삼국사기》, 〈화랑 오계〉

화랑도는 진흥왕 37년 봄에 처음 시작된 것으로 무예와 충의와 풍월을 겸비한 청년 인재 양성을 위한 교육 조직이었다. 이 화랑도는 신라 특유의 정신적 수양 단체로서 신라 통일의 기초가 되었다. 화랑도는 일명 '풍류도'라고 한다. 최치원의 〈난랑비(鸞郎碑) 서문〉(삼국사기)에 "우리나라에는 현묘한 도가 있다. 이를 풍류라 하는데 이 교를 설치한 근원은 선사(仙史)에 상세히 실려 있거니와 실로 이는 3교를 포함한 것이다"라고 씌어 있다. 여기서 '현묘한 도'란 풍류도를 말한다. 화랑도는 유·불·선 3교를 신라의 입장에서 통합하여 만든 것으로 이 3교 합일의 기반은 역시 가무와 산수를 좋아하는 무속인 것이다. 그러므로 화랑도는 감정 교육이며, 예술과 윤리를 종합하여 3교라는 동양 정신을 자기 것으로 재형성한 것이다. 따라서 화랑 오계에는 그 3교의 정신이 고루 들어가 있다. 그리하여 호국과 미륵의 이상은 신라의 풍류 정신과 더불어 근세 동학에까지 면면히 계승되고 있다.

대승(大乘)이란 그 실체가 공적(空寂)하고 충현(沖玄)하다. 그러나 비록 현현하다 하나 만상의 표(表)에 나가지 아니하고 적적하다 하나 오히려 백가(百家)의 담(談)에 재(在)한 것이다. 또한 그러나 만상의 표가 아니라고 하나 오안(五眼)으로 그 몸을 볼 수 없고 담리(談裏)에 있으나 사변(四辨)으로 그 형상(形狀)을 말할 수 없으며, 대(大)를 말하고자 하면 내(內)가 무(無)한 데까지 들어가서 남김이 없고 미(微)를 말하고자 하면 외가 무하도록 싸서 남음이 있으며 유(有)에 인(引)하여서는 일여(一如)가 용(用)하여 공(空)하고 무(無)에 획(獲)하여 가지고는 만물이 승(乘)하여 생(生)하는 것이다. 그러므로 이 내용을 어떻게 말하면 좋을지 모르는 고로 억지로 대승이라고 이른다고 말한다.

원효의 《기신론소(起信論疏)》

외래 불교를 신라에 수입하여 자기 것으로 만들어 이른바 '해동종'의 시조가 된 원효는 우리 사상의 선구자로서 가장 위대한 인물이었다. 동양 문화사상 빛나는 업적을 남긴 원효는 중국에서는 '해동법사'로 알려졌고 백여 종의 경과 논을 주해했다고 하여 '백부론주(百部論主)', 《화엄경(華嚴經)》의 소(疏)로 이름이 높을 때에는 '화엄소주(華嚴疏主)'라 했다.

31세 때 원효는 도우(道友)인 의상(義湘)과 당에 불법을 배우러 유학의 길을 떠났다. 가다가 길은 저물고 해서 밤에 움집 같은 토굴에 들어가 먼저 고인 물을 떠서 목을 축이고 잤다고 한다. 다음날 아침 일어나 보니 밤에 그토록 달게 갈증을 채운 물이 바로 송장 썩은 물이었음을 보고 모두 토해 버렸다고 한다. 그때 "옳다" 하고 깨달은 것이 "마음먹는 데 달렸다"는 진리였던 것이다.

"어젯밤에 마음으로 분별해 내지 아니함에 물이 달고 편히 잤는데 오늘 아침에 분별을 일으키니 오장이 불안하고 구역이 나는구나. 마음을 내면 가지가지 법이 나고 마음이 멸하니 갖가지 법이 멸한다. 삼계(三界)가 유심(唯心)이요 유식(唯識)이라 한 말씀이 어찌 나를 속이는 것이랴."

이렇게 '삼계유심'의 진리를 깨달은 원효는 당으로 가기를 그만두고 돌아와 미친 듯이 거리를 돌아다니며 노래를 지어서 불렀다고 한다. "누가 자루 없는 도끼를 가지랴? 나는 하늘 버티는 기둥을 깎으련다." 이 노래를 듣고 태종은 법사가 귀부인을 얻어 '지천주(支天柱)' 즉 현자를 낳겠다는 말이라는 것을 알고 원효를 요석궁 공주에게 보냈고 원효는 그녀와 통해 총(聰)을 낳았다.

이 전설에서도 알 수 있듯이 원효는 형식이나 틀에 박힌 소승(小乘)이 아니고 거침없이 속세, 즉 현실로 내려와 불법을 닦은 '무애인(無碍人)'이다. 이것이 원효의 대승불교 사상의 자세인 것이다.

3월 초에 6부 조상들이 각기 제자들을 데리고 함께 알천(閼川) 언덕 위에 모여서 의논하기를, 우리가 위로 군주가 없어 여러 백성을 다스림으로 백성들이 모두 방일해서 제멋대로 하니 어찌 덕 있는 인물을 찾아서 군주를 삼고 나라를 세우며 도읍을 베풀지 않으리오.

《삼국유사》 권1의 〈혁거세장〉

이 알천 언덕 위에서 한 모임을 '화백(和白)'이라고 한다. 6부는 성을 달리하는 원시 부족이요, 화백은 부족 회의로서 고대 국가 성립 초의 사정을 말해 준다. 이 회의에서는 왕위와 선전(宣戰) 문제가 토의되었고 이를 성(誠)' 혹은 '함언(咸言)'이라 하여 전 성원이 발언권을 가진 원시적 데모크라시였다. '함언'이란 '다스리다(治)'의 뜻이며 민주주의의 싹을 엿볼 수 있는 것이다.

3년 10월에 왕비 송(松)씨가 돌아갔다. 왕은 다시 여자를 취하여 계실(繼室)로 삼으니 하나는 화희(禾姬)란 이로 골천인(鶻川人)의 딸이요, 하나는 치희(馳嬉)라는 이로 한인(漢人)의 딸이었다. 두 여자가 사랑 다툼으로 서로 불화하매 왕이 양곡(凉谷)이란 곳에 동서 2궁을 짓고 각각 두었다. 그후 왕이 기산(箕山)이란 곳에서 사냥을 행하고 며칠 돌아오지 아니하였는데, 이때 2녀 사이에 싸움이 일어나 화희는 치희를 꾸짖되 "너는 한가의 첩으로 무례함이 어찌 그리 심하냐"고 하니 치희는 부끄럽고 분하여 도망가 버렸다. 왕이 이 말을 듣고 말을 채찍질하여 쫓아갔으나 치희는 노해서 돌아오지 아니하였다. 왕이 어느 날 나무 밑에서 쉬다가 황조[꾀꼬리]가 모여듦을 보고 느낀 바 있어 노래하되,

꾀꼬리 오락가락
암숫놈 노니는데
외로운 이몸을사
뉘와곰 돌아가랴

《삼국사기》 권13의 〈황조가〉

이 노래는 고구려 가요로서 유일한 것이다. 넓은 판도와 고분 벽화에 나오는 것처럼 씩씩한 기상을 가진 고구려인의 사상은 중국보다 뛰어나 당나라의 이적(李勣)이 전적(典籍)을 질투한 나머지 불살랐다고 하며, 후백제의 견훤이 망할 때 자신이 수집한 삼국의 유서를 전주(全州)에 모아 놓고 불살라 당대의 사상이나 문학을 찾아볼 길이 없는 것이 슬프다.

〈황조가〉는 솔직하고 사랑에 용감하며 퍽 서정적이었던 생활면을 반영하고 있다. 중국의 《시경》이나 《구약》의 〈시편〉처럼 남녀의 애정을 그대로 박진하게 표사하고 있어 흥을 돋운다. 아직 형식적인 겉껍질만을 내세우는 유교 사상이 그리 침투하지 못한 당시의 생활 감정의 일면을 엿보게 한다.

선(禪)이 좋기는 하나 이심전심 불립문자(不立文字)만을 위주함은 최상근지(最上根智)의 사람이 할 수 있는 일이요, 그렇다고 단지 구이문학(口耳文學)에 의하여 일법(一法)을 인득(認得)함으로써 자족함은 추구(芻狗)며 조백(糟粕)이라 볼 만한 것이 없다고 하였다. 성범(聖凡)이 본래 일체이니 미혹하면 번뇌생사요 깨치면 보리열반이라. 이것을 심(心)에서 추궁(推窮)하면 심이요 물(物)에서 추궁하면 물이라. 일체제법이 다 동일한 것이니 성(性)에 차별이 있는 것이 아니다. 이 법이 중생에 있어서는 만혹(萬惑)이 되고 보살에 있어서는 만행이 되고 여래에 있어서는 만덕이 되나니, 중생이 날마다 쓰고 있으면서도 자각을 못 하고 있는 것이다. 만일 정견을 파탈하여 법계가 원현(圓現)하면 일체 중생이 성불 못 할 리가 없는 것이다.

— 의천

고려의 의천(1055-1101)은 대각국사라고 하여 입송구법(入宋求法), 드디어 저종(藷宗)을 습득하고 교관겸수(敎觀兼修)와 선교일치(禪敎一致)의 사상을 세웠다. 특히 고려의 대장경 판각의 일대 국가적 사업은 의천의 위대한 업적이라 할 것이다.

진심(眞心)은 보리, 법계, 여래, 진여 등등, 여러 명칭을 가졌으나 내가 본래 불인 것이다. 따라서 진심의 요체는 일체중생이 본유(本有)하는 불성이요 일체 세계 생명의 근원이며 성범(聖凡)이 다 같이 구유하고 있는 것이나, 오직 범부는 망심에 덮여 백옥이 진흙 속에 묻혀 있음과 같다. 그리고 이 진심은 일체소에 편재한 것이니 이를 체증(體證)함에 행(行)도 가(可)요 좌(坐)도 가(可)다. 진심은 무지(無知)이면서도 알고 증오(憎惡)가 없고 수사(收捨)가 없는 평등심이요 평상심이다. 오직 이 진심의 성숙은 소를 목(牧)함과 같이 공부의 공을 참아야 된다.

지눌의 《진심직설(眞心直說)》

지눌(1158-1210)도 선가와 교학의 일치를 꾀하여 원효 이래 진속일여의 우리 불교 전통을 이었다. 지눌은 교학은 구성성불(具性成佛)하는 원오(圓悟)의 경지를 모르므로 굴하기 쉽고 선학(禪學)은 밀의상전(密義相傳)이라고 해서 자칫하면 도로좌수(徒勞坐睡)하고 실심하여 속없는 불교가 된다고 비판했다. 본래 사람은 몸과 마음이 둘이 아니요 하나이며, 따라서 "체(體)와 용(用)은 서로 뗄 수 없는 것인 만큼 정(定)하면 혜(慧)하는 고로 적(寂)하면서 항상 지(知)하고,

혜(慧)하면 정(定)하는 고로 지(知)하면서도 항상 적(寂)한 다"고 했다. 그리하여 지눌은 조계종의 존재를 일본에까지 떨친 것이다. 그의 출현으로 선종은 세력을 회복하여 새로운 양종합일의 사상을 이룩했다.

본래 무시무종하며 무궁무진하여 미만(彌滿)되어 있지 않은 곳이 없는 단 하나의 기(氣)가 있을 뿐이다. 이 기를 그 체(體)에서 보면 심연허정(湛然虛靜)하여 형체가 없으므로 이것을 대허(太虛)라 하며 또 선천 (先天)이라고도 한다. 이 태허는 붙잡을 수 없음이 마치 무(無) 같으나 일호의 빈틈도 없이 충실하여 있는 것인 만큼 그저 무라고도 할 수 없다. 그리하여 태허는 허하면서도 허하지 않은 허라 하겠다. 이러한 허가 곧 기(氣)다. 그러므로 아무것도 없는 허로부터 기가 생겨난다는 것이 아니다. 만일 허가 기를 낳는다면 바로 그 생하기 전에는 기가 없을 것이니 기 없는 허란 죽은 허밖에 될 수 없다. 죽은 허가 기를 담을 수는 없다. 그런 것이 아니라 기선(其先)이 무시(無始)하고 기래(其來)를 불가구(不可究)인 심연허정의 허이면서 허 아닌 허가 곧 기 자체인 것이다.

서경덕의《화담 문집》

조선조에 들어와 배불론이 왕성하여 유교가 대대적으로 수입되어 성리학의 시대가 시작된다. 원래 고려 말부터 들어온 송학, 즉 성리학은 석학 거유를 많이 낳았고 마침내는 유기론과 주리론, 주기파의 세 갈래로 갈라졌다.

'이(理)'란 것은 서양철학상의 '관념'이므로 주리론은 관념론이니, 주자는 서구의 칸트와 같은 존재이다.

유기론은 말하자면 일종의 유물론이다. 고대 중국 사상 중 음양오행설은 결국 수·화 목·금·토의 다섯 가지 물질을 5대 실체로 만물의 변화를 설명하는 것인데 송대에 와서 주자의 태극도설, 장횡거(張橫渠)의 사상으로 발전된 것이다.

이 송나라 성리학의 영향을 받아 정주(程朱)의 이기론을 승계한 서화담은 우리 유학사상 특이한 기일원론(氣一元論)을 제창했다. 화담 서경덕 선생은 송도에서 조선 초 성종 20년에 탄생했다. 그는 수학·물리학·역학에도 조예가 깊었으며 당대의 명기 황진이와도 교우가 두터웠다.

청산리 벽계수야
수이 감을 자랑 마라
일도창해면
다시 오기 어려웨라
명월이 만공산하니
쉬여간들 엇더리

동지ㅅ돌 기나긴 바믈
한 허리 둘헤 내어

춘풍 니블 아래
서리서리 너헛다가
어룬님 오신 날 밤이여든
구뷔구뷔 펴리라.

— 황진이

조선 11대 중종 때 개성 명기로 황진이가 있었으니 후대에 그를 일러 '송도 삼절'(박연폭포, 서화담, 황진이) 중의 하나로 꼽았다. 그녀는 한시, 서화, 시조에 능했고 지금 남은 작품은 6수인데 모두 비단결 같은 절조들이다.

이 가락은 벽계수(碧溪水)를 녹이려고 만든 노래라고 전해지고 있는데 어딘지 모르게 인생 무상과 찰나주의적인 일면을 보여준다. 역시 기생 황진이는 님에 대한 다감한 사랑과 자연미의 예찬을 통해 후대의 자연도피사상을 보여주고 있으니, 작품에는 '수심가'와 같은 쾌락주의적인 '절망'마저 깃들여 있는 것이다.

살어리 살어리랏다.
청산에 살어리랏다.
멀위랑 ᄃ래랑 먹고
청산에 살어리랏다.
얄리 얄리 얄라셩 얄라리 얄라.

우러라 우러라 새여
자고 니러 우러라 새여
널라와 시름 한 나도
자고 니러 우니노라.
얄리 얄리 얄라셩 얄라리 얄라.

가던 새 가던 새 본다.
믈 아래 가던 새 본다.

잉무든 장글란 가지고
를 아래 가던 새 본다.
알리 얄리 알라셩 알라리 알라.

이링공 뎌링공하야
나즈란 디내와 숀뎌
오리도 가리도 업슨
바므란 쏘 엇더호리라.

어디라 더디던 돌코
누리라 마치던 돌코
괴리도 업시
마자셔 우니노라,
알리 얄리 알라셩 알라리 알라.

살어리 살어리랏다.
바 래 살어리랏다.
ᄂ ᄆ자기 구조개랑 먹고
바 래 살어리랏다.
얄리 얄리 알라셩 알라리 알라.

가다가 가다가 드로라.
에정지 가다가 드로라.
사 ᄉ 미 짒 대예 올아셔
해금을 혀거를 드로라.

얄리 얄리 얄라셩 얄라리 얄라.

가다니 ㅂ|브른 도긔
설진 강수를 비조라
조롱곳 누로기 ㅁ|와
잡ㅅ와니 내 엇디 ᄒ리잇고
얄리 얄리 얄라셩 얄라리 얄라.

《악장가사》, 〈청산별곡〉

　고려 때 가락으로 작자 미상이나 당대의 생활 감정을 엿보
게 한다. 이 노래는 사회에서 실의한 나머지 슬픔과 우울 속
에서 꾸역꾸역 살아가다가 마침내 삶에의 애착을 내던지고
청산, 즉 자연에 깊이 파묻혀 술이나 마시고 모든 것을 잊어
보자는 것, 곧 동양 정신의 바탕을 이루는 은둔주의적 현실
도피 사상을 여실히 나타내고 있다. 이 애수는 일종의 체념
을 통한 값싼 낙천주의 사상을 내포하고 있으며 현실을 떠나
안빈낙도하려는 도피 정신으로 무르익어 있다.

　성화(成化) 초에 경주에 박생이라는 자가 있었으니 일찍이 유학
에 뜻을 두어 태학관에 보결생으로 추천되었으나 마침 시험에 합격
되지 못하여 늘 불쾌한 감정을 가지고 있었다. 그는 뜻이 매우 높고
권세에 굴하지 않았으므로 사람들이 거만하다고 하였지만 사람들
을 대할 때는 온순하여 평은 좋았다. 그러나 그는 일찍부터 불교 ·
귀신 · 무격 등의 설에 대하여는 의심을 품는 한편 중용과 주역을 읽
은 뒤는 더욱 자신을 얻게 되었다. 그러나 불교 신자들과도 친하게

지내었다. 하루는 신자와 문답이 있었는데 생(生)은 "천지는 음양 하나로 되어 있는데 어찌 천지 바깥에 또 천지가 있으리오" 하니 신자는 쾌답을 못 하다가 죄복향응(罪福響應)의 설로 답하였으나 생은 심복하지 못하고 일리론(一理論)이라는 논문을 지었다. 그 요지인즉 이단의 의혹에 빠지지 않으려고 힘쓰는 것으로 음양오행설과 이기설을 주장하고 삼강오륜의 유교 사상을 풀이한 것이었다.

박생은 이 논문을 쓴 뒤에 어느 날 밤 등불을 돋우고 책을 읽다가 잠깐 졸더니 홀연 한 곳에 이르니 바다 속의 한 섬이었다. 그 땅에는 초목도 모래도 없고 발에 밟히는 것은 모두 구리[銅]가 아니면 쇠끝이었다. 낮이면 사나운 불꽃이 공중에 뻗쳐 땅덩이가 녹아나는 듯하고 밤이면 쌀쌀한 바람이 서쪽으로 불어 사람의 뼈끝을 에이는 듯하였다. 그리고 철성(鐵城)이 바다에 닿았고 높이 솟은 철문은 굳게 잠겼었다. 꼴사나운 수문장은 창과 철추를 가지고 외적을 방어하고 그 가운데서 살고 있는 사람들은 흑철로 세운 건물에 처하되 낮이면 철액이 흘러내리고 밤이면 얼어붙는 상태였다.

이 상태를 본 박생은 공포를 느껴 어쩔 줄 모르던 차에 수문장이 박생을 부르는지라. 박생은 당황하면서 인도를 받고 편전에서 염왕을 대면하는데 왕은 박생을 정직한 인간으로 특별 대우하여 중화의 삼황(三皇), 오제(五帝), 주공(周公), 공자(孔子)로부터 서역의 불교와 귀신의 일까지 순순히 그의 진수를 설명해 주는 것이었다. 생의 질문에는 친절히 답변해 주고 인간세의 일은 도리어 박생에게 묻기도 하는데, 더구나 삼한의 흥망을 듣고 백성을 위하여야 할 국왕의 정도(政道)를 상세히 논평하여 주었다.

이리하여 문답을 마치자 연석을 거두고 박생에게 왕위[염왕]를 전하고자 하여 선위문(禪位文)을 지어 박생에게 내려 주고 박생의 재질과 덕망을 찬양하며 하늘의 뜻을 받들고 요순의 옛일을 본받아 이 자리를 양도하는 것이라 하였다.

박생이 선위문을 받들어 예식을 마치고 물러간 뒤 염왕은 다시금 신민들에게 명령하여 축하를 드리게 하고 박생을 고국으로 잠깐 돌려 보낼 제, 박생은 하직을 고하고 대궐문을 나와 수레를 탔다. 수레를 끌던 인부의 발이 진흙에 빠지자 수레가 자빠졌다. 박생이 놀라 깨니 곧 일장의 꿈이었다. 박생이 눈을 뜨니 책상 위의 서적은 흩어져 있고 가물가물한 등불이 그의 마음을 산란케 하였다. 박생은 자기가 오래 살지 못할 것을 짐작하고 날마다 집일을 처리하기에 진력한 지 수개월에 병이 발생하였으나, 의사와 무당을 사절하고 드디어 세상을 떠나게 되었다.

그 이웃 사람의 꿈에 신인(神人)이 와서 말하되 '당신 이웃에 살고 있는 박모는 장차 염라왕이 될 자이다'라고 하였다 한다.

동봉(東峰) 김시습의 〈남염부주지(南炎浮州志)〉

조선 초 전기문학(傳奇文學)의 백미라 할《금오신화》의 작자 김시습(1435-93)은 역겨운 현실에 대한 반항인이었다. 그는 전환기의 지성인으로서 불교를 깊이 연구한 후 많은 작품을 썼으며 때로는 인생을 부정하면서 밉살스러운 현실과 타협치 않는 야인이요, 마침내는 극락의 유토피아를 꿈꾸며 산 사상가이기도 했다.

김시습은 계율에 얽매인 중이 아니라 자유로운 불교 사상가였던 것이다. 즉 "부처를 섬기되 마땅히 어짊과 사랑을 다하여 써 중생을 건짐이 그 근본이요, 법을 구하되 마땅히 그 지혜로 배워 써 사기(事機)를 감철(鑑徹)함이 먼저니라"(《문집》, 〈인주장(人主章)〉고 하여 그는 격물치지(格物致知)를 거쳐 치국평천하의 안민제중을 목표로 한 불국토 건설의 정치 사상을 제시했다.

앞에 나온 〈남염부주지〉는 불교에 대한 믿음이 없는 서생이 꿈속에서 지옥 염부주에 다녀와서 우주를 달관했다는 이야기로 동봉의 인생관, 우주관을 엿볼 수 있다.

사람의 날(정월 초7일)이건만 찾아오는 사람 하나 없어
나 홀로 문을 닫고 옛사람들의 글을 읽고 있거니,
이 늙은 꼴이 어린 것들의 부산함에 어찌 어울리단 말가.
넓지 못한 나의 성미 고요함만 사랑하오.
참새 떼 수풀 사이에 지저귀고 연기는 막막한데
소는 울타리 밑에서 졸고 있고 햇빛은 느릿느릿,
뜻하는 일거리 큰소리 침은 나의 푼수 아닐세.
홀로 떠나 있어 길이 미혹을 물리치지 못할까 근심하오.

《퇴계 문집》

7정 외에 따로 4단이 있는 것이 아니다. 지금 만일 4단이 이(理)에서 발(發)하여 선(善)하지 않음이 없고 7정이 기(氣)에서 발하여 선악이 있다 하면 이는 곧 이와 기를 판(判)하여 양물(兩物)을 삼는 것이며 또 이는 7정이 성(性)에서 나오지 아니하고 4단이 기(氣)에 승(乘)치 아니한 것이다……

《퇴계 문집》

이(理)는 기(氣)와 더불어 서로 모름지기 체(體)가 되고 용(用)이

되어 이 없는 기 없고 기 없는 이가 없으나 거기에 대하여 분석해 말하면 부동(不同)한 바가 있으니 또한 별(別)이 없는 것이 아니다. 정에 4단 7정의 분이 있는 것은 성(性)에 본성·기품의 이(異)가 있는 것과 같다 성에 있어 이미 이기로 나누어 말할 수 있다면 독(獨)히 정에 있어 이기로 분언(分言)함이 불가하다 할 것이 있으랴…… 4단 7정의 2자가 다 비록 이기에 불외(不外)하다고 말할 수 있지만 이는 그 소종래(所從來)를 인하여 각각 소주(所主)한 바를 가르쳐 말함인즉 모(某)는 이(理)가 되고 모(某)는 기(氣)가 된다 함이 무에 불가할 것이 있느냐.

이황의《퇴계 문집》

퇴계 이황(1501-70) 선생은 우리나라가 낳은 동양적인 거유요 세계적인 철학자이다. 그의 치밀심오한 사색은 '박학(博學)·인문(寅問)·신사(愼思)·명변 (明辨)'의 네가지 방법을 통해 당시 철학상의 문제가 되었던 이기 논쟁을 전개했던 것이다.

퇴계 선생은 연산군 7년 11월 21일 경북 안동 토계리(土溪里)에서 탄생했다. 당대 거유 율곡과 더불어 해동 거유의 쌍벽을 이루었으며 만년에는 명종왕의 현영(顯榮)의 관직마저 사양하고 상경치 않으며 도산서원에서 후배를 많이 배출했다. 특히 퇴계의 저서인《주자서절요》는 일본에 전해졌다.

퇴계의 사상을 한마디로 요약하면 '이기호발사상(理氣互發思想)'이라 할 수 있다. 즉 그는 4단〔인의예지〕도 물(物)에 혹(惑)하여 동(動)함은 7정〔희·노·애·락·애·오·욕〕과 다름이 없으나, 4단은 이가 발하여 기가 이에 따르는 것이요, 7정은 기가 발하여 이가 이것을 타는 것이라고 해서 후기에는 이기이원론의 색채를 흐리게 했다. 이 4 · 7논쟁이 후대 한국철학사에 끼친 바 공헌은 큰 것이며 퇴계를 한국의 칸트로 만든 것이다. 즉 그는 이와 기의 이원론을 어떻게 선험적 관념론처럼 서로 촉발하는 관계에서 지양시키는가의 문제를 가지고 고심했던 것이다.

군이 인(仁)하면 인치 않을 이가 없고 군이 의로우면 의치 않을 이가 없나니 예전 인군이 치(治)하려고 하지 않은 것이 아니겠지마는 치일(治日)이 항상 적었고 난일(亂日)이 항상 많았던 것은 단지 이 수기(修己)를 다하지 못하여 만방(萬邦)을 표정(表正)치 못하였기 때문이다. 그런 고로 정심(正心)으로써 수(首)를 삼아야 하는데 그 조목이 또 세 가지가 있으니, 첫째 대지(大志)를 세울 것이고 둘째 학문에 힘쓸 것이고 셋째 정인(正人)을 친히 할 것이다.

《율곡 전서》

준예(俊乂)를 구한다는 것은 금세의 사(士)가 다만 과제(科第)만을 구하고 실행을 힘쓰지 않는 까닭에 이 염치와 도가 상실되어 얻기를 근심하고 잃기를 근심하기 때문이다. 무릇 부귀는 사람의 욕(慾)하는 바이니 만일 구하는 이만 얻고 구하지 않는 이는 얻지 못한다면 비록 회도포재(懷道抱才)의 선비가 있더라도 마침내 현양(顯場)할 길이 없어서 의에 어둡고 부끄러움을 잊는 무리가 모두 그 원을 이룩하게 될 것이라고 한다.

《율곡 전서》

1. 다욕이 그 중심을 흔들고 중감(衆感)이 밖에 공(攻)하여 민력(民力)을 다하여 자봉(自奉)하고 충언(忠言)을 배척하여 자성(自聖)이라 하여 스스로 멸망하는 데 이르는 이는 폭군이고

2. 구치(求治)의 뜻은 있으나 변간(辨奸)의 명이 없어서 믿는 바가 현(賢)이 아니고 임(任)하는 바가 재(才)가 아니어서 패란(敗亂)을 순치(馴致)하는 이는 혼군(昏君)이고

3. 나약해서 뜻이 서지 못하고 우유(優游)해서 정(政)이 진(振)치 못하여 인순(因循) 고식(姑息)하여 날마다 쇠미(衰微)에 나아가는 이는 용군(庸君)이다.

이이의 《율곡 전서》

퇴계가 순수한 형이상학 내지는 인식론 분야에 관심을 가진 데 비해서 율곡은 유학을 정치사상면에서 발전시킨 사람이다. 특히 율곡이 임금께 올린 '십만양병론'과 경장점진주의는 우리나라 정치사상·사회사상의 연원을 이루는 것이다.

율곡 이이(1536-84)는 모든 어머니들의 사표라 할 신사임당을 어머니로 모신 분으로 16세 때 어머니를 여의고 19세 때 입산하여 공부하고 23세 때에는 '천도책(天道策)'이라는 논문으로 별시에 장원급제하고 나라에 중용되어 청주목사, 황해관찰사, 승지, 부제학, 대제학, 병호이조의 3판서를 역임했다.

선생의 철학 사상은 한마디로 '기발이승일도설(氣發理乘一途說)'이라 할 수 있다. 그는 또한 '이통기국(理通氣局)'이란 새 술어를 만들어 이(理) 자체는 어디까지나 원통무애

한 것이나 기(氣)는 편전(偏全), 청탁(淸濁), 수박(粹駁) 등 국한성을 가진 것이라고 보았다.

무엇보다도 선생의 사상은 정치·사회사상상의 탁견이며 낡은 폐단을 버리고 '혁신'의 필요성을 역설한 것이었다. 그는 "국무가 급급(岌岌)하여 장차 말세의 혼탁한 시대와 같이 난망으로 돌아갈 지경이라 신은 참으로 우매하여 그 이치를 밝히지 못하다가 주야로 생각에 잠겨 그 이유를 해득하였으니, 마땅히 경장하여야 될 것임에도 불구하고 경장하지 않는데 그 잘못이 있다"고 했다.

경제(토지소유관계)가 똑바르면 만사가 필(畢)한다. 만일 전제가 바르지 못하면 민산(民産)이 마침내 떳떳하지 못할 것이요, 부역이 마침내 고르지 못할 것이요, 호구(戶口)가 마침내 밝혀지지 않을 것이요, 군오(軍伍)가 마침내 정비되지 않을 것이요, 사송(詞訟)이 마침내 끊이지 않을 것이요, 형벌이 마침내 간략히 되지 못할 것이요, 회뢰(賄賂)를 마침내 막을 수 없을 것이요, 풍속을 마침내 막을 수 없을 것이요, 풍속이 마침내 두텁지 못할 것이니, 이와 같고도 정교(政敎)를 행한다는 것은 있을 수 없었던 것이다. 그 까닭은 무엇인가? 토지는 천하의 대본이기 때문이다.

유형원의 《반계수록》

조선 후기 영조대에 '실학' 사상이 들어왔는데 '실사구시'를 슬로건으로 내세운 실학은 과거의 모든 공리공론을 배제하고 당면한 현실 사회의 정치·경제 문제를 파악하여 제세안민(濟世安民), 자립실천(自立實踐)의 새 학풍을 일으켰다. 중국 청초부터 유행한 이 사상을 '북학(北學)'이라고 하여 우리나라에 먼저 받아들인 학자는 유형원(1622-1673)과 성호 이익(1681-1763) 선생이었다.

유형원의《반계수록》은 그 규모가 광대할 뿐만 아니라 전제·수리·전화·병제·도로·용차 등 각 방면에 걸친 실제적인 경세론을 전개하여 경제·정치·행정학상의 거대한 업적을 남겼다.

앞에 든 글에서 보는 것처럼 반계는 토지 문제를 기초로 삼아 조세·재정을 논하고 봉건 사회의 구체적인 구조 개혁을 역설한 것이다. 그가 이상으로 한 국가는 집권적 봉건 체제를 탈피하여 개혁을 도모하면서 왕도, 농본주의, 균전제도에 의한 균산주의(均産主義)를 근본으로 하는 국가였다.

논자는 흔히 조종(祖宗)의 법을 경솔히 고칠 바 아니라고 말한다. 그러나 조종의 법은 대개 창업 시대에 제작되는 것인데 이 때는 인심이 미정(未定)한 때요 또 원훈장상(元勳將相)에 무식한 사람이 많은 때문에 제정되는 법이 흔히 구법을 인순(因循)하게 되고 획기적으로 참신한 것이 되지 못하는 것은 고금의 통환(通患)이다. 그러므로 우리나라의 법도 고려의 구법을 인순(因循)한 것이 많다⋯⋯⋯

그 법이 임진왜란 이후로는 백폐가 구생(俱生)하야 국정은 문란하고 재정은 고갈되며 탐관은 횡행하고 생민은 초췌하니 이 법과 이 제도를 급금불개(及今不改)하면 반드시 국가는 망하고 말 것이니 어찌 충신지사가 수수방관(袖手傍觀)할 시기랴.

정약용의《다산 전서》

다산 정약용(1762-1836)은 실학의 대가로서 《경세유표》, 《목민심서》 등 방대한 저서를 냈으며 제세목민(濟世牧民)의 사회 정책을 구체적으로 논하고 적극적인 활동을 강조했다. 다산은 '무위이화(無爲而化)' 즉 요순이 마치 아무것도 하지 않고 가만히 앉아 있었을 것이라고 하나, 사실은 분발하여 천하 사람들로 하여금 분주히 노력하여 줄곧 일하게 하고 거짓도 꾸미지 못하게 하는 덕치를 행했기 때문이라는 것이다. 다산은 서학 천주교 문제로, 형이 사학(邪學)을 신앙했다고 하여 관헌에 붙들려 옥사하였다.

지자(至者)는 극언지위지(極焉之爲至)요, 기자(氣者)는 허령창창하야 무사불섭하고 무사불명하니 연이여형이난상(然而如形而難狀)하고 여문이난견(如聞而難見)하니 시역 혼연지 1기야요, 금지자는 어사입도하야 지기기접자야요, 원위자는 청축지의야요, 대강자는 기화지원야요.

《동경대전》

한나라 무고사(巫蠱事)가 아동방 전해 와서 집집마다 위한 것이 명색마다 귀신일세, 이런 지각 구경하소, 천지 역시 귀신이요 귀신 역시 음양인 줄 이같이 몰랐으니 경전 살펴 무엇하며 ……(도덕가)
사람의 수족 동정 이 역시 귀신이오. (도덕가 3)
인하지지(人何知之)리요, 지천지이 무지귀신하니 귀신자도 오야(吾也)라. (논학문 4)

최제우의 《용담유사》

수운(水雲) 최제우(1824-64)는 19세기 중엽 조선 사회가 흔들리기 시작할 때 태어나 말세에 처한 사회 병리를 통찰하고 "삼각산 한양도읍 4백 년 지난 후에 하원갑 이 세상에 남녀간 자식 없어……"라고 노래하며 사회 멸망의 예언을 하고 새로운 사회 질서, 즉 '만득자(晩得子)'의 탄생을 선언한 것이다. 그것이 수운의 동학사상이요 "사람이 곧 하늘[人乃天]"이며 "사람을 하늘처럼 섬기라"는 근세 만민 평등의 인권사상을 전개한 것이다.

수운은 우주의 근본으로 지기(至氣), 즉 모든 물질의 근본에 있는 기운을 말하고 그것은 신이나 초월자가 아니라 물심이원(物心二元) 이전의 실재라고 했던 것이다.

그리하여 수운은 "선천(先天), 즉 낡은 질서가 물러가고 새 질서 즉 후천(後天)에로 나가는 개벽[혁명]이 있어야겠다"고 제창했고, 그 후 30년간 철종조는 민란의 시대를 연출했으며 1894년에는 동학도들에 의해 동학혁명이 일어났던 것이다.

우리가 의(義)를 들어 차(此)에 지(至)함은 그 본의가 단단타(斷斷他)에 있지 아니하고 창생을 도탄에서 건지고 국가를 반석 위에 두려 함이라. 안으로는 빈학한 관리의 머리를 베고 밖으로는 횡포한 강적의 무리를 구축하려 함이라. 양반과 호강(豪强)의 앞에 고통을 받는 민중들과 방백과 수령 밑에서 굴욕을 받는 소리(小吏)들은 우리와 같이 원한 깊은 자라, 조금도 주저치 말고 이 시각으로 일어서라.

전봉준의 〈창의문(倡儀文)〉

1. 도인과 정부와의 사이에는 숙혐(宿嫌)을 탕척(蕩滌)하고 서정 (庶政)에 협조할 사(事).
2. 탐관오리는 그 죄목을 사득(査得)하여 일일이 엄징할 사.
3. 횡포한 부호배는 엄징할 사.
4. 불량한 유림과 양반배는 징습(懲習)할 사.
5. 노비 문서는 소거(燒袪)할 사.
6. 칠반천인(七班賤人)의 대우는 개선하고 백정두상(白丁頭上)의 평양립은 탈거할 사.
7. 청춘 과부는 개가를 허할 사.
8. 무명 잡세는 일병물시(一並勿施)할 사.
9. 관리 채용은 지별을 타파하고 인재를 등용할 사.
10. 외적과 간통하는 자는 엄정할 사.
11. 공사채는 물론하고 기왕(己往)의 것은 병 물시할 사.
12. 토지는 평균으로 분작케 할 사.

동학혁명의 12개 조 폐정개혁안

전봉준 장군에 의해 지도된 동학혁명은 우리나라 근대사 상최대의 혁명이었으며 그 슬로건에 있어서 봉건성의 부정, 서구자본주의 침략에 대항(척양척왜), 민족주의의 선양, 토지 개혁 등으로 그 빛나는 혁명사상의 전통을 후세에 남긴 것이다.

조선의 국토는 산하 그대로 조선의 역사며 철학이며 시며 정신입니다. 문자 아닌 채 가장 명료하고 정확하고 또 재미있는 기록입니다. 조선인의 마음의 그림자와 생활의 자취는 고스란히 똑똑히 이

국토 위에 박혀 있어 어떠한 풍우라도 마멸시키지 못하는 것이 있음을 나는 믿습니다. 나는 조선 역사의 작은 1학도요 조선 정신의 어설픈 1탐구자로 진실로 남다른 애모, 탄미와 한 가지 무한한 궁금스러움을 이 산하 대지에 가지는 자입니다.

최남선의《심춘순례》,〈권두사〉

육당 최남선(1890-1957)은 3 · 1선언문의 기초자요 근세 사학자로서뿐만 아니라 신문학운동의 선구자로서 빛나는 업적을 남겼다. 그는 〈소년〉, 〈청춘〉 지를 통해 신시 운동을 일으켰고 당시 출판 등을 통해 서구자유주의 사조를 우리나라에 도입했으며 우리나라 고전의 발굴과 번역에도 큰 공로가 있는 분이다.

육당의 사상은 그의 사학 연구와 사관에 나타나 "역사는 종교이다"라는 말을 강조했으며, 특히 그의 논문 〈불함문화론(不咸文化論)〉, 〈조선 문화의 본질〉과 백두산, 금강산 등에 대한 기행문을 통해 우리 강토의 아름다움을 예찬하고 민족주의 사상을 고창하여 이른바 '조선주의'를 제창한 분이다. 육당은 시문학, 사학을 통해 '조선혼'의 발굴에 힘써 민족 예찬, 풍토애 등을 통해 그의 민족 사상을 이룩하였다. 일종의 애국주의 민족사관의 제창자라고 할 것이다. 육당사학은 그 특색이 교훈 사관이요 우리나라 근대 계몽주의 사학으로 높은 평가를 받아 무방할 것이다.

① 무진보적(無進步的) 사상 ─ 사회와 절연하고 산간에 파묻히게 되면 소견소문(所見所聞)이 수류화개(水流花開)나 조제운

공(鳥啼雲空)에만 그치니 진보적 사상일 수가 없고,

② 무모험적 사상 – 산간에 은둔하는 것은 모험을 싫어하는 도피적인 방편이니 범을 잡기 위해선 범의 굴에 들어가는 모험을 해야 한다는 것.

③ 무구세적 사상 – 불교는 소부(巢夫) 허유(許由) 같은 염세적 사상이 될 수 없는 것이니 과거 사원 위치는 염세에 적당하고 구세에 부적당하므로 이를 시정해야 되고,

④ 무경쟁적 사상 – 불교는 마치 이해득실을 떠나 무경쟁적인 것으로 되기 쉽다. 그러나 타교의 침투가 불교의 교세를 해한다면 여기서 단연 경쟁적인 태도를 취해야 한다.

《조선 불교유신론》

선교(禪敎)를 떠나 불교를 말할 수 없나니 선교는 곧 불교요 불교는 곧 선교다. 선은 불교의 형이상적 순리를 이름이요 교는 불교적 문을 이름이니, 교로써 지(智)를 득하고 선으로써 정(定)을 득하는 것이라. 정을 득해야 바야흐로 생사고해를 건너서 열반피안에 이르게 되는 것이요 교를 말미암지 않으면 중생을 제도하는 보불의 지침을 얻을 수가 없는 것이다. 그러므로 선과 교는 새의 두 날개와 같아서 하나를 궐할 수가 없는 것이니, 불교의 성쇠는 선교의 흥체(興替)를 영향하는 것이다.

한용운의 《조선 불교의 개혁안》

만해 한용운(1879-1944)은 〈님의 침묵〉의 시인이요 3 · 1운동의 지도자로 그의 승화된 민족주의 사상은 문화와 불교개혁운동뿐만 아니라 반제독립투쟁의 행동으로 나타났다.

만해가 처음으로 민족 의식을 깨친 것은 동학혁명에서였고 민중을 구출하고 망해 가는 민족을 구하고자 '민족갱생운동'에 투신한 것이다.

특히 3·1운동 당시 만해는 '독립운동이유서'를 기초하여 "자유는 만유의 생명이요 평화는 인생의 행복이라. 고로 자유가 무(無)한 인(人)은 사해(死骸)와 동하고 평화가 무한 자는 최고통의 자라, 압박을 받는 자의 주위의 공기는 분묘로 화하고"라고 하여 자유주의와 평화라는 세계사적 사실을 역설하고 "자존의 범위를 초월하여 타를 배(排)함은 배타가 아니요 침략(侵掠)인 고로다"라고 하여 일본제국주의 침략의 정체를 폭로하는 '3·1독립선언이유서'로서 그 예필(銳筆)을 날린 것이다.

다음 선승(禪僧)인 만해는 불교 개혁에 뜻을 두어 대중의 반야사상에 입각하여 불교를 산간에서 민중 속으로 끌어내어 대중 불교를 만드는 데 크게 힘썼다.

그 후 불교사상 면에서는 권동진(權東鎭) 등 수많은 불교학자를 배출했으나 최근 《불교학개론》이란 대저서를 낸 김동화 교수가 대승적인 불국토 건설의 사상을 전개하여 원효 이래의 한국 불교의 특성을 발전시켜 오고 있다.

제1재정(삼전론에서는 도전[道戰]을 제일로 하였는데 여기서는 재정을 제일로 했다)이란 것은 하늘이 주신 물대(物貸)요 만민의 이용(利用)이 되는 것이다. 어찌 중대치 아니할까 보냐? 그러므로 예나 지금이나를 물론하고 장차 천하에 횡행하려는 자는 먼저 재정으로써 국가를 다스리나니 지모(智謀)가 있는 사람의 소견은 고금이 일반이기 때문이다…….

대개 이와 같이 할 것 같으면 우리나라의 부강이 또한 외국에 떨어지지 아니 할 것이다. 그러므로 개문(開門)의 지속(遲速)이 또한 국교의 우열(優劣)에 달린 것이다. 일을 성취하지 못하고 말부터 먼저 함은 자못 염치없는 몰각자(沒覺者)에 가깝다고 할 수 있으나 만일 이것을 써서 증험이 없을진대 국률(國律)로써 시행하여도 이것을 감수하겠다.

목하 우리나라 사세(事勢)는 독립이든지 중립이든지간에 외국의 핍박은 피하지 못할 것이요 이권의 청구도 또한 없지 않을지라. 한 번 청구에 쫓아서 응종하게 되면 국토 재산은 없는 지경에 이를지니 그때에 당하여 정부가 무슨 힘으로써 외국에 대항하겠는가? 민심을 거두어서 민권을 발양하여야 천하를 대할 것이다. 그러면 나라의 근본은 민심이요 국민을 교화하는 근본은 도라. 그런고로 제2로 필요한 것은 도정(道政)인 것이다.

손병희의 〈삼전론(三戰論)〉

의암 손병희 (1861-1922)는 동학혁명군의 영도자요 3·1 운동의 지도자일 뿐만 아니라 근세의 위대한 정치사상가로서, 그는 천도교의 인내천사상을 발전시켜 민족주의를 구현한 분이다.

일본 유학을 마치고 돌아와 3·1운동을 준비한 의암은 먼저 동학교도의 대열을 정비하기 위해 과거의 동학의 교리, 역사를 재정리했으며 한편 보성전문 등 육영사업에도 힘썼다.

그는 〈기체법경(氣體法經)〉이라는 논문을 썼으나 실제적인 정책 논문으로는 그의 〈삼전론〉이 유명하다. 재전(財戰)

— 경제적 재건, 도전(道戰) — 이데올로기의 재무장, 언전(言戰) — 언론 출판 등을 통한 홍보·선전의 강화를 역설한 경세 대강을 내세웠다.

우리가 하려고 하는 위대하고 신성한 사업의 성공을 허(虛)와 위(僞)로 기초하지 말고 진(眞)과 정(正)으로 기초합시다.

이제 말하려 하는 것은 통상 사회에는 으레 그럴 것이지마는 우리 사회는 너무나 유치하니까 몇 가지 주의하려 합니다.
1. 남의 일에 개의하지 말라 — 우리가 걸핏하면 남의 허물을 용서한다 하오. 그러나 이는 너무나 주제넘은 말이오. 남의 허물을 개의하지 맙시다.
2. 성격이 나와 같아지기를 바라지 말자-매끈한 돌이나 껄껄한 돌이나 다 장처가 있는 것이오. 다른 사람의 성격을 내 성격과 같게 하려는 것은 어리석은 짓이오.
3. 자유를 침범치 말라 — 아무리 동지라 하더라도 각 개인의 자유가 있소. 타인을 내 요구대로 쓰려다가 안 들을 때 욕함은 어리석소.
4. 물질적 의뢰가 정의돈수가 아니다 — 우리네의 친구들은 돈 아니 주면 틀리오. 우리는 우인에게 결코 물질적 의뢰는 하지 맙시다.
5. 정의를 혼동치 말라 — 부자, 부부, 친구의 정의가 다 각각 있소. 단우(團友)의 의와 사우(私友)의 의는 따로 있소. 다 한몸 같이 지낸다는 것은 거짓말이오.
6. 신의를 지켜라 — 약속을 안 지키면 정의가 무너집니다. 약혼

한 남녀라도 약속을 안 지키면 정의가 무너지는 것 보았소.

《도산 유훈》, 〈정의돈수(情宣敦守)〉

도산 안창호(1878-1938) 선생은 근세가 낳은 위대한 민중 지도자요 민족주의자였다. 그는 민족 독립을 위한 기초는 각 개인의 자기 인격 완성에 있으며 민족성 개조에 있다고 생각했다. 원래 원만하고 인격이 높았던 선생은 대해(大海)와 같은 관용성과 이해력을 가지고 민족 개조를 위한 교육을 역설했다. 그것이 수양동호회 흥사단 운동으로 나타났다. 도산은 독립을 자기 생명으로 삼았고 "밥을 먹어도 민족을 위해, 잠을 자도 민족을 위해"라고 왜경 앞에서 외쳤다.

도산은 독립 민족이 되기 위해서는 민족 종교 같은 이상을 가지고 온 민족의 자기 혁신이 있어야 한다고 생각한 것이다.

자기가 지금껏 '옳다' '그르다', '슬프다', '기쁘다' 하여 온 것은 결코 자기의 지(知)의 판단과 정(情)의 감동으로 된 것이 아니요, 온전히 전습(傳襲)을 따라 사회의 관습을 따라 하여 온 것이었다.

예로부터 옳다 하니 자기도 옳다 하였고 남들이 좋다 하니 자기도 좋아하였다. 다만 그뿐이었다. 그러나 예로부터 옳다 한 것이 자기에게 무슨 힘이 있으며 남들이 좋다 하는 것이 자기에게 무슨 상관이 있으랴. 내게는 내 지(知)가 있고 내 의지가 있다. 내 지와 의사에 비추어 보아 '옳다' 든가 '좋다' 든가 '기쁘고 슬프다' 든가 하는 것이 아니면 내게 대하여 무슨 상관이 있으랴.

나는 내가 옳다 하던 것도 예로부터 그르다 하므로, 또는 남들이 옳지 않다 하므로 더 생각하지도 아니하여 보고 그것을 내버렸다.

이것이 잘못이다. 나는 나를 죽이고 나를 버린 것이로다. 자기는 이제야 자기 생명을 깨달았다. 자기가 있는 줄을 깨달았다.

마치 북극성이 있고 또 북극성은 결코 백랑성(白狼星)도 아니요 노인성도 아니요 오직 북극성이듯이. 따라서 북극성은 크기로나 빛으로나 위치로나 성분으로나 역사로나 우주에 대한 사명으로나 결코 백랑성이나 노인성과 같지 아니하고 북극성 자신의 특징이 있음과 같이 자기도 있고 또 자기는 다른 아무러한 사람과도 꼭 같지 아니한 지와 위치와 사명과 색채가 있음을 깨달았다. 그리고 형식은 더할 수 없는 기쁨을 깨달았다.

이광수의 《무정》

근대 사상과 문학상의 2대 개척자로 육당과 춘원 이광수를 들 수 있다. 이광수(1892-?)는 우리나라가 낳은 위대한 문호요 근대 문화사상적 혁명을 일으킨 천재적인 사상가인 동시에 계몽사상과 민족주의 그리고 톨스토이적인 인도주의에 불교적 인생관이 가미된 철인이었던 것이다.

동학혁명이 일어나기 4년 전 정주에서 탄생한 춘원은 이 민족사의 격동기에 문학을 공부하여 〈소년〉, 〈청춘〉, 〈동광〉지 등을 통해 신문학운동을 일으키고 봉건적인 낡은 습관을 타파하고 새 연애관, 〈민족개조론〉 등을 통해 새로운 서구윤리를 제창하기 시작했다. 그의 작품의 주인공들은 모두 근대적인 자아를 자각한 혁명아들로서 《무정》, 《유정》 등 초기 작품은 그 언문일치의 새 문장 스타일과 더불어 근대 문학 개척의 기념비인 것이다.

그의 근대사상은 일종의 계몽사상이요 인도주의로서 《사

랑》과 같은 작품을 통해 '플라토닉 러브'로 상징화되었으며 〈단종애사〉, 〈이순신〉, 〈세종대왕〉, 〈원효대사〉 등 역사물은 그의 민족주의 사관의 전망으로서 높이 평가되어야 할 것이다.

이러한 계몽적 민족주의 사상은 결국 이상농촌운동으로 나타나 《흙》의 주인공 '허숭'으로 하여금 "농민 속으로 가자. 돈이 없으면 없는 대로 가자. 가서 가장 가난한 농민이 먹는 대로 먹고 가장 가난한 농민이 입는 대로 입고 — 글도 가르쳐 주고 소비조합도 만들어 주고……" 하게 하였으나 아직 소시민적인 값싼 인정과 인도주의에 머물러 깊이 민중 속에 파고들지 못하여 결국 흙 은 농민 문학이 못 되고 말았다. 춘원의 사상사적 위치는, 근대 사상의 개척자로서의 휴머니즘과 민족주의로서 큰 영향을 미쳤다고 할 것이다.

지금은 남의 땅! 빼앗긴 들에도 봄은 오는가?
나는 온몸에 햇살을 받고
푸른 하늘 푸른 들이 맞붙은 곳으로
가르마 같은 논길을 따라 꿈속을 가듯 걸어만 간다.
입술을 다문 하늘아, 들아
내 맘에는 내 혼자 온 것 같지를 않구나.
네가 끄을었느냐, 누가 부르더냐.
답답워라, 말을 해다오.
바람은 내 귀에 속삭이며
한 자국도 섰지 마라 옷자락을 흔들고
종달이는 울타리 너머

아가씨같이 구름 뒤에서 반갑다 웁네.

고맙게 잘 자란 보리밭아

간밤 자정이 넘어 내리던 고운 비로

너는 삼단 같은 머리를 감았구나. (중략)

짬도 모르고 끝도 없이 닫는 내 혼아,

무엇을 찾느냐 어디로 가느냐 우스웁다 답을 하려무나.

나는 온몸에 풋내를 띠고

푸른 웃음 푸른 설움이 어울어진 사이로

다리를 절며 하루를 걷는다.

아마도 봄신령이 잡혔나 보다.

그러나 지금은 들을 빼앗겨 봄조차 빼앗기겠네.

이상화의 〈빼앗긴 들에도 봄은 오는가〉

3·1운동 이후 감상적·퇴폐적인 경향으로 흐르지 않고 일제에 대한 민족적인 저항 정신에 불타 민족의 비애를 노래하며 그 저항 정신을 나타낸 시인이 있었으니, 그는 바로 이상화(1900-41)였다. 그는 단순히 시인의 저항 의식을 형상화한 데 그치지 않고 후에 신경향파의 선구적 역할을 했다.

당시 서구의 '데카당스' 한 여러 사조를 받아들여 자기의 개성을 살린 두 문인이 있었으니 소월과 이상이었다. 소월은 시인적인 천재와 우리 민요의 가락으로 〈진달래〉 등의 시를 통해 체념적인 페이소스를 풍겼고 이상은 키에르케고르적 절망과 다다이즘을 〈날개〉 등에 나타난 권태 의식으로 옮겼다.

자본주의의 횡포는 사실이다. 귀족주의가 횡포하여 민중을 박해하다가 민중의 분노를 따라 파괴되었지마는 이제는 자본주의의 횡포가 극한지라 이를 각성한 민중이 현사회제도에 불평을 포(抱)함은 또한 당연한 사실이니 정치상 전제를 부인함이 이미 정의가 됨과 같이 경제상 전제를 부인함이 또한 대세니라. 이제 노서아 노농 정부는 세계의 자본주의를 적대하는 본산인 동시에 세계자본주의자를 경성(警醒)하는 은사(恩師)니 세인은 이에 주의함이 가하도다.

《조선지광》 창간호, 〈만필하의 5문제〉)

1930년대에는 로망주의, 자연주의와 아울러 무산계급문학운동이 일어났다. 1925년 '조선프롤레타리아 예술동맹'이 발족되고 일본의 마르크스주의 사조가 식민지였던 우리나라에도 들어오기 시작했다. 주로 〈개벽〉지를 통해서 프로문학과 사회주의 사상이 소개되었으며 최서해, 심훈, 김기진(金基鎭), 박영희(朴英熙), 이상화(李相和) 등이 이 방면에서 활약하였다.

당시 우리나라의 사회주의와 민족주의의 연합체였던 '신간회'도 이 방면의 영향이 컸으며 30년대 우리 사상계는 러시아 10월혁명의 영향 하에 사회주의 사상이 한참 동안 유행하였다.

이마에 땀을 흘려 네 바탈을 갈아라 일러준 말씀 심어 가꿔 내는 뿌리 밑에 한낮에 받는 한 을 이 천도 복성 아니냐.

너는 작지만 씨알이다. 지나간 오천 년 역사가 네 속에 있다. 오천 년만이냐? 오천 년 굴 속에서 살던 시대부터의 모든 생각, 모든 행동, 눈물, 콧물, 한숨, 웃음이 다 통조림이 되어 네 안에 있다.

오! 사나운 서풍이여, 이 말라 버린 강산에 불어라! 불어서 저 염병 맞은 잎새들을 날리고 이 씨알들을 날려 그 겨울 심장으로 보내라! 거기서 우리가 소리 없이 울며 봄이 올 때까지 시체처럼 기다리라. 서풍아, 너야말로 씨알의 글월이로구나.

하늘 고요에 동이 트고 닭이 운다. 붓을 놓고 호미를 잡자! 새 날이로다.

함석헌의 〈씨알의 설움〉

함석헌 선생은 자유당 독재 정권에 저항한 민중 사상의 전위였다. 테러와 언론 탄압으로 모든 지식인이 침묵을 지킬 때 홀로 함석헌 선생은 날카로운 붓끝을 들어 청년들을 향해 독재의 허를 찔렀다.

그는 '씨알'이란 말을 즐겨 쓴다. 씨알은 민중이요 민중은 불멸이라는 것이다. 봄이 오면 다시 살아나는 씨알처럼 학대받는 민중을 위한 예언자와 같은 품격으로 황야와 같은 현실의 등불이 되었다.

함선생은 간디주의자요, 민족주의자요, 창조적 크리스챤이다. 과거 일제 때에는 오산중학에서 교편을 잡으며 민족 의식을 고취했다. 이승훈 선생을 존경하는 함선생은 동경고사(東京高師) 사학부 출신으로 《뜻으로 본 한국 역사》라는 이채로운 저작도 했다.

반독재 민중계몽의 사상적 선구자로서 선생의 야인적(野人的) 자세는 찬연히 빛난다.

참은 본래 하나인 줄 안다. 우리의 국어로는 진(眞)도 성(誠)도 모두 '참'이다. 우리는 오로지 하나의 '참'을 동경하여 왔는지도 모른다. 그것이 우리의 걸어갈 길이다. 그 하나의 '참'으로서의 길이 우리의 유일한 활로인 줄 안다. 그러므로 우리의 활로는 이 '참'이 과연 실현되는가 안 되는가에 달렸다고 본다. 이 '참'을 과학적인 진리만으로 생각하고 그 길로만 걸어갈 때 그것은 매우 위태한 때가 있으리라고 짐작된다. 어느 나라 사람을 막론하고 자꾸 밖으로 뻗기만 하는 그 힘만 믿을 때에 그것은 까딱하면 침략이 되고 까딱하면 탄압이 되기 쉬운 것이다. 그것을 항상 밑에 속 깊이 '참[誠]'이 놓여 있을 때에 진정한 활로가 열리고 세계 인류에 공헌하는 바가 될 것이다.

박종홍의 《철학적 모색》, 〈길〉

열암(洌岩) 박종홍(1903-76) 교수는 최근 서구 철학 사조, 특히 헤겔, 하이데거 등 독일 관념론과 실존철학을 우리나라에 널리 소개한 우리나라 현대 철학 사조의 대표자이다. 청년 시절부터 퇴계, 율곡 등 우리 사상과 동양철학에 관심이 깊었으며, 동서양사상의 종합으로 유럽계 관념론을 극복하여 우리 사상의 중요한 개념인 '천(天)'의 문제에 관심을 집약시켜 그 방면의 업적으로 우리나라 최초의 철학박사학위 청구 논문인 〈부정에 관한 연구〉를 냈다. 이는 우리 철학사상 서구적인 철학논문의 최초의 수확이다.

그러므로 그의 근본 사상은 서구 실존주의와 동양철학의 공통점인 '성실성' 내지는 '경(敬)', '자각'이고 이 입장을 기초로 하여 한국 사상 방면에도 깊은 관심을 표하고 있다. 그러나 이 점이 박종홍 철학의 한계이기도 하여, 현실과 동떨어진 관념성을 면하지 못하고 있는 것이다.

철학 이야기(하)

발행일 | 2023년 9월 25일 초판 1쇄 발행

엮은이 | 현대사상연구회　　　**펴낸이** | 윤형두 · 윤재민
펴낸곳 | 종합출판 범우(주)　　**교 정** | 마희식
표지디자인 | 윤 실　　　　　　**인쇄처** | 태원인쇄

등록번호 | 제406-2004-000012호 (2004년 1월 6일)
　　　　　　 (10881) 경기도 파주시 광인사길 9-13 (문발동)
대표전화 | 031-955-6900　　　　**팩 스** | 031-955-6905
홈페이지 | www.bumwoosa.co.kr　**이메일** | bumwoosa1966@naver.com

ISBN　978-89-6365-544-4　03100